是 澤 博 昭

教育玩具の近代

教育対象としての子どもの誕生

世織書房

はじめに

遊びと「教育玩具」

乳幼児にも教育的な働きかけが必要であるという意識を、いつ頃から日本人は持ち始めたのだろうか。このような意識が多くの日本人に共有され始めるまでの道のりを、私たちに身近な玩具の歴史をとおして考えてみたい。

かつて私が、都内の某デパートの積木やブロックなど主に幼児玩具を扱う売り場でアルバイトをしていた頃、「頭の良くなる玩具」をくださいという客が現れた。「玩具は楽しく遊ぶためのもの」としか考えていなかった、私が戸惑っていると、痺れを切らした客に「箱に対象年齢が記されている、六歳以上の玩具が欲しい」、といわれた経験がある。

たしかに箱には対象年齢が印刷されており、宣伝用のパンフレットには、発達段階に応じた玩具の分類表や遊ばせ方が記されている。しかし、「遊び」や「遊び道具」に楽しく遊ぶこと以外に目的はあるのだろうか？　それ以来、玩具が教育に役に立つことを日本人が意識し始めたのはいつ頃なのか、という疑問を抱きつづけてきた。

幼児教育では、「遊び」は「心身の調和のとれた発達の基礎を培う重要な学習」（『幼稚園教育要領』）と位置づけられているが、そもそも「遊び」は「学習」なのだろうか？　それは遊び道具である玩具も同じであり、教育に役立つと大人が一方的に思い込む「教育玩具」は、教具とどこに違いがあるのだろうか？「遊び」と「教育」が一体となった「教育玩具」は、矛盾する語といえるかも知れない。

近代教育・子ども・玩具

ではなぜ、大人は子どもの「遊び」に教育的な関心を払うのだろう。それは近代の「子どもの発見」という現象に結びついている。つまり大人とは異なる子どもの存在を認め、子どもにどのような教育を与え発達させるか、という意識がたかまると、子どもの遊びが注目され、やがて、遊び道具である玩具への関心がたかくなる。しかし、モノである玩具に「良い」「悪い」の区別があるのではなく、そこに教育上の意義を認めるのは、私たちの価値観の問題であろう。

日本の伝統的な社会では、子どもに対するまなざしは、現在とは大きく異なっていた。その名残は、今でも雛祭りや端午の節句、七五三などの身近な年中行事のなかにも見出すことができる。

江戸時代から、危険で不衛生な玩具や賭け事につながる遊びなど、大人が子どもの遊びや玩具を規制することはあった。だが、「頭の良くなる玩具」（教育玩具）を乳幼児に与えて、成長や発達を促そうという意識は、日本の伝統的な社会にはなかったのではないだろうか。日本で「良い玩具」「悪い玩具」、「良い遊び」「悪い遊び」が、子どものために教育的に選別され始めるまでの過程は、幼児期を含む広い意味での「子ども」が、近代教育の対象として日本人に意識され始める過程と、どこかでつながっているのではないだろうか。

玩具から見えるもの

二〇世紀が創り出した「子どものために」という価値観が、社会全体の構造の変化とともに揺らぎ始めた（本田和子『子ども一〇〇年のエポック』フレーベル館、二〇〇〇年）とされる今日、そのような子ども観を受け入れるなかで、私たちはなにを捨て去り、付け加えてきたのだろうか。近代的な教育制度を受け入れさせられた国民の側が、そのような教育観をどのように内面化したのかを探る手掛かりが、「教育玩具」という造語には隠されているのである。W・ベンヤミンが指摘するように、「玩具は大人が子どもに投げかけた議論から産まれたもの」（丘澤静也訳『教育としての遊び』晶文社、一九八一年）である。玩具で遊んだり、受け入れたりするのは子どもだが、それを創り出し、与える役割は主に大人である。玩具から見えるものは、子どもの姿ではなく、子どもというフィルターをとおして見た大人の姿ではないだろうか。玩具には大人の子どもへの思いが映し出されている。そして、そのネーミングや素材、使用方法などのあらゆるものが、史料には容易に表れない、その時代の人々の生活意識を無言のうちに証言しているのである。

以下、幼児教育が受け入れられるなかで、玩具への教育的まなざしがどのように変化していったのか、という問題に注目して、近代の日本における「子ども」の誕生を私なりに考えていきたい。

教育玩具の近代

目 ＊ ＊ 次

第Ⅰ部　教育玩具の誕生——玩具への教育的まなざしの展開

第3章　「教育玩具」の受容と浸透……………………………65

第Ⅱ部 幼稚園教育の展開と教育玩具の普及

引用文は一部現代仮名遣い、常用漢字に改めた。また適宜、濁点、句読点、ルビ等をつけた。

なお、特に断りのないかぎり、引用文中の括弧内及び傍点は引用者の補足である。

教育玩具の近代

序章

幼児教育と教育玩具

1　研究の目的と課題

幼児教育と「教育玩具」

今日、乳幼児のお稽古ごとや勉強の低年齢化、いわゆる「早期教育」(1)が進む一方で、子育てに不安や苛立ちを感じる母親が増え、「育児不安」という問題も指摘されている。これらはある意味で表裏一体の関係があり、「早期教育」にはしり、あるいは「育児不安」に陥る母親たちの主要な動機の一つには、「わが子の成長・発達が他の子に劣っている(遅れている)のではないか」という共通した意識がある、という報告もある(2)。

たしかに入学試験の季節が近づいてくると有名幼稚園や小学校への受験、いわゆる「お受験」の話題がマスコミに取り上げられることが多くなる。また学習塾だけでなく、英語やパソコン、水泳、ピアノ、絵画など、早い段階からよりよい教育を受けさせたいと考え、幼児の習い事に熱心な親も多い。ある幼児教室のパンフレットには、「一～五歳のためのあそびとまなびの教室」「自発的に頭をはたらかせる子どもに育てる」など、人間形成にもっとも大切な乳幼児期に、質のたかい「人」「環境」「遊び」をとおして豊かな心と思考を育てる、という目的が謳われている。

子どもの将来の幸せを願って、教育環境を整えるために心をいためる親の姿には、もちろん賛否両論があるだろう。しかし乳幼児のうちから、何らかの教育的な働きかけをしないと、社会で落ちこぼれになるかもしれないという意識は、いつ頃から、日本人を蝕み始めたのだろう。

幼児教育や児童文化の立場からいえば、子どもにとって「遊び」は生活そのものであり、成長発達に欠かせないものである。その意味において、遊びのきっかけをつくり、それを長続きさせるために作られた玩具は、子どもにとって重要な意味をもつが、日本で乳幼児期の遊びに教育的な関心が向けられるのは明治以降であり、「遊びをとおして教育する」という幼児教育（フレーベル思想）が紹介されることで、日本人はこれまで知らなかった、楽しみながら能力をたかめる「教育玩具」に出会うのである。

この「教育玩具」こそ「近代教育」を特徴づけるものであり、これによって「人々は『玩具』による『教育』とその有用性を発見」したといえるが(3)、「教育玩具」をめぐる明治期の一連の動きを中心に、幼児教育の受容過程を検証することで、発達や年齢、あるいは学校という枠組みのなかに押し込まれていく「子ども」の姿を再確認したい。それによって教育される対象として「子ども」が日本人に意識され始めるまでのプロセスを、探っていきたいと本書は考えている。

日本の玩具教育論の流れ

先行研究の検討の項でもふれるように、「遊び」と「教育」という一見相反する言葉が一体化した「教育玩具」という概念が近代日本で形成される過程について、これまでほとんど論じられてこなかった。日本で子どもの遊びに教育上の意義を認め、「遊びと玩具」の関係に注目して(4)、「教育玩具」の検討に取り組んだのは、児童研究運動に関係する人々であった。

一九世紀末から二〇世紀初頭にかけて、アメリカでは子どもの発達を科学的に研究する、いわゆる「児童研究運動」への関心がたかまるが(5)、これが日本に紹介され定着するのは、心理学者高島平三郎や松本孝次郎が中心となり、雑誌『児童研究』が東京教育研究所（後の日本児童学会）から発刊される、明治三〇年代であった。ここには子どもの身体と精神を科学的に研究しようとする児童心理学者や教育者、小児科系の医師が多くかかわっていた(6)。

しかし、学齢児童・生徒を主な対象としたアメリカとは異なり、日本では主に乳幼児（infancy）を対象とする「子育てについての諸原則を科学的に開発する」(7)、「啓蒙・普及的色彩が強」い児童研究が主流であり(8)、松本や高島は心理学的な立場から、遊びと子どもの発達段階に応じた玩具について論じる。

例えば、『児童研究』創刊直後に松本は、世間の人々が軽く見過ごしてきた子どもの遊びの意義を認知させるために、遊戯と玩具を科学的に研究する必要性を説き、子どもの遊びを五つに分類し、日本における遊びや玩具の「教育的価値」や種類、その変遷など「科学的に考究」するために（『児童研究』第一巻四号）、「児童の日常行ふ所の遊戯を観察し日誌を作る」ことを読者に呼びかけている（同、第一巻五号）。そして、松本は『児童研究』（帝国通信講習会、明治三四〔一九〇一〕年）において「児童と遊戯」の章をもうけ、玩具の教育性を論じている。

その後『児童研究』誌上では、当時流通している玩具の紹介やその教育上の意義の解説（第二巻五号）、有毒塗料等の調査に関連した対象玩具の教育的価値の解説など、次第に玩具そのものの安全性や教育性に関心がむけられる（第三巻二号）。そして、明治四二（一九〇九）年には、高島により発達段階に適応した玩具分類表が発表される（第一二巻一一号）。

またその頃、東京女子高等師範学校附属幼稚園（現、お茶の水女子大学附属幼稚園）の和田実も現実の子どもの遊びを観察し、それに適応する玩具を選択し、開発することを提唱し、分類表を発表するなど、幼児教育界にも玩具の教育性に関する議論がひろがる（中村五六・和田実『幼児教育法』フレーベル会、明治四一〔一九〇八〕年、『保育法便覧』フレーベル館、明治四四〔一九一一〕年）。

このように日本では明治三〇年代から、発達段階・遊び方・年齢・性別などから玩具選択の基準がしめされ、子どもの精神と身体の発達の面から適切な玩具を具体的にしめす実証的、論理的な研究が進むが、このような流れを徹底的に推し進めたものが、関寛之『玩具と子供の教育』（広文堂、大正一五〔一九二六〕年）である。

関は、当時のあらゆる既成の玩具を「教育的価値」「年齢」「性格」の三つの観点から詳細に分類し、機能別にあてはめた、子どもに与えるべき優良玩具の手引き書を作成する。しかし、これは「遊び道具」というよりも、「子どもの発達を促進させる教具」という傾向が強く、「玩具は教育の方便の道具ではない」（『玩具教育篇』雄山閣、昭和一〇〔一九三五〕年）という、倉橋惣三による批判が表れる。

倉橋は「玩具の教育性は遊びの本義と同じ」であり、玩具の「教育性」と「興味性」は対立するものではなく、子どもに楽しみを与えない「世間謂うところの教育玩具なるもの」は教育用具であるという。つまり、「生活に楽しいことに教育性があると見るのでなければ子どもの遊びの本義は完うせられない」（同前）として、玩具論を展開する。第二次世界大戦前のものだが、倉橋の著書は「遊びと玩具」の関係に注目した玩具教育論の一つの方向性をしめしたものといえ、現在も通用する言説であるといえよう。

課題の設定

以上の流れからもわかるように「日本でオモチャの教育性について本格的に論じられるようになったのは、明治期」に「幼児教育の重要性が認識され」てからであり、まず、子どもの「『遊び』が取り上げられ」、「子どもの『遊び』が上程されてくると、はじめて『遊び相手』であるオモチャが教育の範囲にはいってくる」(9)のである。そうであるならば、「年齢」などに応じた子育てや「発達」を促進させる玩具の与え方などが議論され、「教育」と「玩具」が結びつき、「教育玩具」という造語が流行する過程は、日本人が近代教育を受ける対象として子どもを意識し始める過程と連動する、と考えられるのである。

玩具の教育性が本格的に論じられる以前の玩具は、「教育玩具」とはまったく異なる状態で、当時の生活や習俗のなかに深く根ざしていた。玩具に教育性が発見されていく過程は、伝統的な生活や習俗とは明らかに異なる教育思想や制度、教育実践の登場や浸透とかかわっているはずである。

そこで本書は、以上の点を解明するために二つの課題を設定する。

〔設定課題一〕　幼児教育と玩具が密接な関係をもつことが社会通念になるまでを明らかにする。

ここでは①明治期に登場してきた幼児教育論のなかで、玩具がもつ教育性がどう言説化されていったのか、②教育性を意識的に与えられた「教育玩具」が、どのように登場し、普及していったのか、という問題を中心に解明する。

〔設定課題二〕　このような社会通念を積極的に支持した人々の教育意識を考察する。

玩具の教育性が発見されていく過程は、伝統的な生活や習俗との対立や断絶をはらんでいたとすると、誰が、どのように、その新しい思潮にそった幼児教育を求めたのか、という問題を考察しなければならない。教育玩具の商品化や幼稚園の拡大・普及は、それらを求める人々の心のなかに形成された、新しい教育意識なしにはありえない。いいかえれば幼児教育と玩具が密接な関係をもつ過程は、新しい階層が新しい価値観を身につけ、それが社会のなかで受け入れられていく物語でもある。誰が、どのように、その新しい思潮にそった幼児教育を求めたのかを考察することで、教育玩具に対するまなざしの登場・拡大の歴史的・社会的文脈を明らかにする。

2　研究の視点――幼児教育と教育玩具

民間の教育意識と幼児教育

ではなぜ、本書が幼児教育に注目するのか、その理由を説明しておきたい。

日本の学校教育が、国家によって整備されたことはいうまでもないが、制度史料からは教育を受け入れることによって、人々の心のなかに形成された教育意識の変遷を推し量ることはなかなか困難である。しかし、第二次世界大戦前の幼児教育は、学校制度のなかで異質な存在であり、「教育上ノ一部」ではあっても「学校ノ一種」ではない「家庭教育ノ補助」機関という位置づけであった(10)。あくまで学校制度の出発点は小学校であり、幼児教育は、各家庭の教育意識や上昇志向・経済力に見合った自由競争の場であった(11)。

つまり幼児教育は、教育政策上、緊急の課題ではなかったために、それがかえって幸いし、他の教育機関にくらべて比較的自由な展開をとげることができたのである。ここに制度史料にはなかなか表れない、民間の教育意識が映し出されていることに、着目したのである。

幼稚園の動向と幼児教育の浸透

もっとも明治から昭和前期にかけて、幼稚園は制度上あまり普及していない。例えば、五歳児の就園率は、明治三〇（一八九七）年〇・九％、ようやく明治四四（一九一一）年に二％に達する程度であり、第二次世界大戦前はほぼ一〇％以下である(12)。国民の多くは幼児教育に無関心だったように見える。

たしかに、制度上はそのとおりだが、これは就学が強制されなかったことに加えて、幼児教育の必要性を認識することが、幼稚園の普及や就園率の上昇に直接つながらないという事情があったからである。あくまで幼稚園は、家庭教育の不足を補う施設であり、健全な家庭教育を行っている家では、あえて子どもを入園させる必要がないという考え方が強かった(13)。従って、幼児教育の普及・浸透という問題は、幼稚園数の増減には反映されないのである。

指針としての「教育玩具」とその定義

そこで本書は、明治期には教育制度の表面にこそ現れないが、幼児教育への関心は中上流層を中心に国民の各層に確実にたかまっており、それは玩具への教育的な関心のたかまりのなかに見出すことができる、という立場をとる。そして、具体的な形をもたない保護者の教育意識の変遷を明らかにするための指針として、「遊び」と「教育」という矛盾した言葉が一体化した「教育玩具」という造語に注目するのである。

もっとも一般の玩具にも教育的な要素は備わっているし、それらが教育的に機能することはある。例えば、天保八（一八三七）年『八十翁壽昔話』によれば、雛祭りが「嫁入して世帯持ちの稽古」になると述べるなど、遊びや玩具に教育的な効果があることは江戸時代から論じられてきた。また、一般に「悪い遊び」「悪い玩具」とされるメンコやビー玉遊びなども、集団遊びのルールを学び、それが結果的に道徳的な能力をたかめることに役立つこともある。たしかに、大根の葉でも木片でも、その創造的な活動のなかに位置づけられれば、教育的効果をあげることができるのであり、人間形成の社会的な過程を広い意味で教育と定義すれば、「教育玩具」の範囲は無限定に広がる。

しかし、本書でいう「教育玩具」の「教育」は、「個人のあるいは特定の機関が一定の理想あるいは価値を志向して、未熟な子どもや青年を指導して社会の維持と発展のためとする意識的な活動」（『岩波教育小辞典』）という限定した意味である。つまり学校や塾、藩校・寺子屋、あるいは家庭などで、意識的に知的発達を促すものとして、教育的な視点から作られ、選択され、何らかの教育的な効果を期待して子どもに与える玩具である。従って、メンコやビー玉、雛人形などが、結果的に学習を引き起こす契機となったとしても、そこに「教育」は介在していないと考える。この点が一般の玩具と「教育玩具」との分岐点である。

また、子どもにとって玩具とは、広い意味では遊び道具となるすべてのものをさすが、本書でいう「玩具」は、遊びのきっかけをつくり、遊びを長続きさせるために、大人が「子どもの遊び道具」としてつくったものをさす。生活用品・草花・虫や運動用具などは、たとえ子どもの遊び道具になっても、本書では「玩具」として取り扱わない。

分析の対象と方法

本書は、近代日本における幼児教育の始まりを、大衆の教育要求の動向という面から、学校教育制度史料以外の史料を広く収集することによって跡づけようとする研究である。それによって、近代日本における保護者の幼児教育意識の形成過程の一端を解明することが期待されるであろう。

大衆とは、「属性や背景を異にする多数の人々からなる未組織の集合的存在」と定義されるが、明治期に知的大衆ともいえる人々が集団で現れ始め、いわゆる大衆社会が誕生する。本研究が主に分析の対象とするのは、このような大衆社会の担い手であった都市部の人々である。つまり、子どもの教育に関心をはらい「教育玩具」を購入する余裕がある中上流層を中心に、そのような「教育玩具」ブームを身近にのぞき見て、有名無実の廉価品を弄んだ市井の人々である。

そこで博覧会や人形商・玩具商、さらに百貨店の玩具部門の営業方針をはじめ、玩具・恩物の実物資料等、幼児教育関係以外の史料を広く探索することで、「教育玩具」という言葉の成り立ちやそれが流行する時期、その普及を進める人々の意識や社会的な背景を掘り起こす。それによって、日本人が玩具に教育的な価値を見出し、玩具を教育の手段として捉え、玩具によって子どもの能力をたかめ、成長を促そうという考え方が社会的に浸透するまでを検証することで、幼児教育の普及過程を探るという方法をとる。

なお本書では、幼児教育を「家庭・保育所・幼稚園を通じて、幼児期に行われる教育」と定義する(14)。一般に「幼児」とは生後一年から小学校入学前の子どもをさすが、本書でいう「子ども」は、必ずしも幼児をさすとはかぎらない。教育対象として玩具を与えられる「子ども」、あるいは地域の共同体や家で保護される「幼い子」という意味が強く、幼児期を中心に広く「子ども」という概念を使用していることを予め断っておきたい。

3　各章の概要と先行研究の検討

本書の構成

このような研究目的、課題にもとづいて構成された本書は二部構成で、計五章と序章・結章でなりたっている。

第Ⅰ部では、江戸時代後期以降の子どもと玩具の歴史をふりかえることで、玩具の教育的なまなざしの展開を明らかにする。第1章で、江戸時代後期の玩具観を整理し、日本の伝統的な社会では「遊びを通して子どもを教育する」という発想がなかったことを明らかにしたうえで、第2章、第3章で、幼児教育と玩具が密接な関係をもつことが社会通念となるまでの過程を考察する。

第Ⅱ部では、視点を幼稚園に移し、幼稚園教育のなかで「教育玩具」はどのように位置づけられ影響を与えたのか、そして、「教育玩具」ブームを生み出した背景を探る。第4章で幼稚園教育における「教育玩具」への影響を、フレーベルの恩物から一般玩具として独立した積木をとおして考察する。第5章では、明治三〇年代の幼稚園の動向から幼児教育熱のたかまりの実態を明らかにすることにより、「教育玩具」を積極的に支持した人々の教育意識を明らかにする。

結章では、設定した二つの課題に論及し、結論を導き出す。

先行研究の検討

第1章～4章の「教育玩具」の検証については、本書のような視点のもとに行われた研究は皆無に近い。「教育玩具」をテーマにした研究は低調であり、第二次世界大戦後は個別論文もほとんど見られない。例えば、一九八九年に発足した日本人形玩具学会の学会誌も一七号を数えるが、「教育玩具」に目を向けた論文は筆者の発表した二編だけである。また、「国立国会図書館雑誌記事索引」において、「教育玩具」で検索される学術論文は三編、そのうち二編が筆者、後の一編が二〇〇三年に『児童研究』八三号に掲載された月例報告会国枝里美・神宮英夫「感性教育玩具の開発とその効果に関する研究」である。

「教育玩具」の発想の源は、フレーベルにあり、彼が幼児期の遊びを教育的見地から理論づけし、そのための玩具として考案した「恩物」は、明治期の幼稚園で重視された。そこで幼稚園史では、清原みさ子「我が国幼稚園における手技の歴史(一)~(四)」(『愛知県立大学児童教育学科論集』二二~二五、一九八九年~一九九二年)、湯川嘉津美『日本幼稚園成立史の研究』(風間書房、二〇〇一年)など、幼稚園における恩物(教育玩具)の導入の経路と普及過程の解明を中心とする研究が行われてきた。また、近年の業績として、田中まさ子『幼児教育方法史研究――保育者と子どもの共生的生活に基づく方法論の探求――』(風間書房、一九九八年)、橋川喜美代『保育形態論の変遷』(春風社、二〇〇三年)、柿岡玲子『明治後期幼稚園保育の展開過程――東基吉の保育論を中心に――』(風間書房、二〇〇五年)など、それぞれの立場から恩物について論じたものがあるが、幼稚園の枠外にある既成の玩具にまで目を向けた検討は、これらの研究の設定外のことであり、当然行われていない。

玩具に関する研究は、滑川道夫『オモチャ教育論』(東京堂、一九六九年)などがあるが、これは戦前の玩具教育論のながれをコンパクトにまとめた啓蒙書であり、新しい視点は見られない。深谷庄一『日本金属玩具史』(日本金属玩具工業組合、一九六〇年)、斉藤良輔『おもちゃの話』(朝日新聞社、一九七一年)、『昭和玩具文化史』(住宅新報社、一九七八年)などの歴史研究は別として、藤本浩之輔『子ども遊びの空間』(日本放送出版協会、一九七四年)まで、これまでの主な玩具研究は、「遊び」と「教育」という観点から、子どもの玩具遊びの意味を追求してきた。

児童文化の業績として、明治から昭和にかけての玩具観の変遷をたどった永田桂子『絵本観玩具観の変遷』(高文堂出版社、一九八七年)があるが、歴史的な考察があまりなく、玩具論・絵本論の紹介にとどまっている。また、文化人類学的なアプローチである岩田慶治編『子ども文化の原像――文化人類学的な視点から――』(日本放送出版協会、一九八五年）などにも、玩具観の起源を問うという視点はない。なお、春日明夫『玩具創作の研究――造形教育の歴史と理論を探る』（日本文教出版、二〇〇七年）は、造形教育史のなかで創作玩具を位置づけたものである。

その意味で、唯一の先行研究といえるのが、湯川嘉津美「教育玩具のパラドックス」である。湯川は、近代日本の「教育玩具」の受容過程を追跡することで、明治末から大正期にかけての新中間層の教育熱が、本来「遊ぶという行為によってしか価値をもたない無償のもの」である玩具に教育的効果を期待し、玩具を教育の手段へと変化させるまでの過程を描いている（湯川前掲論文、二五〇頁）。だが、小論であり、その研究は、新中間層を中心とする教育意識の検討にとどまり、「教育玩具」の実態や出現の過程、社会的な背景など、多くの検討課題が残されている。

従ってこれまでの玩具研究は、湯川を除き、「子どもの遊び」と「玩具」の関係という前提にたったうえでの業績であり、このような前提（玩具観）が近代日本で形成された起源と過程については、ほとんど論じられてこなかったといえよう。第1～4章は、それを明らかにする試みである。

第Ⅰ部の概要

第1章では、幼児教育（フレーベル思想）が紹介される前の、江戸時代後期の育児観に見られる遊びと玩具の役割を整理する。

幼児教育の重要性が認識されてくると、教育という視点から「遊び」と「玩具」の関係が問題とされ、子どもの発達と教育という視点から玩具が再編成される、という前提に立つとき、まず明治以前の日本に、「教育玩具」が存在しなかったことを証明する必要がある。湯川も「教育玩具」が明治期に輸入された概念であるという前提から出発しているが、これを実証した研究はない。

「教育玩具」が誕生するためには、近代的な幼児教育思想を国民レベルで普及させることが必要である。そして、そのためにはまず国民の啓蒙から始めなければならない。その際、幼児教育が「遊ばせながら学ぶ」ことを基本とするかぎり、「玩具の教育的意義」を周知させる必要があった。第2章では、玩具の教育的意義にいち早く着目し、それを啓蒙した近藤真琴と手島精一を幼児教育と玩具の役割に注目した先駆者として位置づけることで、再評価する。彼らは、草創期の幼児教育の理解者であり、幼児教育普及の下地を作った人物でありながら、従来の制度史を中心とする研究ではあまり顧みられることがなかった人物である。

手島精一の工業教育の父という評価は教育史の分野では確立しているが、彼の幼児教育の普及と啓蒙に果たした役割に注目した研究はない。また、近藤真琴については、岡田正章が『明治保育文献集』第一巻（日本らいぶらり、一九八三年）で近藤のウィーン万国博覧会の報告書『博覧会見聞録別記子育の巻』（以下、『子育の巻』と記す）を復刻、紹介したのをはじめ、その別巻で解説を行っている。また、湯川嘉津美『日本幼稚園成立史の研究』も西洋の幼児教育の紹介者として、近藤の幼児教育論を論じている。しかし、それらの検討は『子育の巻』に限られており、その後の彼の活動や草創期の幼児教育や教育玩具の啓蒙に果たした近藤の役割には注目していない。

第3章では、「教育玩具」ブームの実態を、「教育玩具」という造語が現れた時期や普及過程、実物資料、そして児童研究運動の成果を商品化する百貨店業界の動向などをとおして、玩具が子どもの知的発達を促進させるという社会通念が日本で形成されるまでを明らかにする。

湯川は、新中間層の教育熱が、玩具を教育の手段へと変化させるまでの過程を描いているが、その主な関心は玩具の教育性について論じた教育書の検討であった。しかし、「教育玩具」は玩具業者が作り出した商標である。そのような商品が作り出された時期や実態等の総合的な検討をとおして、初めて近代日本における「玩具の教育的なまなざしの変化」が論じられるのである。しかも、「教育玩具」は新中間層にとどまらず安価な玩具を購買する層の人々まで受け入れられ、「教育」という言葉は一つの社会現象になっている。

そこで「教育玩具」そのものの成立過程を検証することで、そのブームの実態を解明する。すなわち、内国勧業博覧会や子ども博覧会の出品玩具の傾向、人形商・玩具商、さらに三越を中心とする百貨店の玩具部門の成立や営業方針と児童研究運動との関係、当時の出版物に掲載された玩具の広告・博物館や旧家の保存する実物資料等を広く収集し、「教育玩具」という造語が表れた事情と「教育玩具」ブームがうまれる時期、そしてその実態と改良、及び販売戦略の変化や購買層の分析など、多様な視点からそれらの変遷を時系列的に跡付けることで、「教育玩具」の誕生の過程と本質を明らかにする。

第Ⅱ部の概要

第4章では、「教育玩具」ブームのもう一つの源流である幼稚園に視点を移す。

「教育玩具」は、子どもを科学的に研究する児童研究運動の成果を取り入れるとともに、上層の子女の教育機関というイメージが強かった幼稚園で使用される教具(特に恩物)を商品化するなど、いわゆる「最先端の教育」という付加価値をつけて、業者が商品化した玩具である。しかし、遊び楽しみながら能力をたかめる「教育玩具」の発想の源は、フレーベル思想にある。特にフレーベルが、幼児期の遊びを教育的見地から理論づけし、そのための玩具として考案した恩物は、明治期の幼稚園で重視された。

「子ども」が学校教育を受ける対象として、国民に意識され始めると、このような風潮を感じ取った玩具商は「教育」を商品化するが、「恩物」と「教育玩具」との間には、明らかな違いがある。そこで、恩物の一つとして明治期の幼稚園に紹介された「積木」が、「教育玩具」として一般家庭へと普及するまでの過程を掘り起こすことで、幼稚園関係者が「教育玩具」に与えた影響について考察する。

第5章では、明治三〇年代の「教育玩具」ブームの背景にある民間の幼児教育熱のたかまりの実態を、幼稚園の動向から検証する。

家庭の教育熱のたかまりについては、中内敏夫「『新学校』の社会史」(『国家の教師・民衆の教師』新評論、一九八五年)、沢山美果子「教育家族の成立」(『叢書産む・育てる・教える』第一巻、藤原書店、一九九〇年)などの業績がある。

そこで一九一〇年～一九二〇年代に新中間層を中心に教育熱心な「教育家族」が誕生したとされるが、それ以前の検討はなされていない。

日本の幼稚園は、欧米のフレーベル主義幼稚園をモデルとしながら、欧米の幼稚園がもっていた幼児の「保護」と「教育」の二つの機能のうち、「保護」の側面を欠いた「教育」の施設として成立、発展する。だが、明治一〇年代中頃から三〇年にかけて、文部省は幼稚園を働く人々のための施設（現在の「保育所」）として普及させる方針であり、簡易幼稚園を奨励する。湯川嘉津美『日本幼稚園成立史の研究』では、簡易幼稚園の奨励から明治三二年の「幼稚園保育及設備規程」制定までの動きを詳細に検討し、同規程は、文部省が奨励した簡易幼稚園を排除し、「中上流層の幼児教育機関として普及しつつあった普通幼稚園を『幼稚園』として制度化」したものであることを明らかにしている。たしかに、岡田正章が指摘するように、同規程は幼稚園を「中産以上の家庭の幼児のための教育機関」として性格づけたが（『日本の保育制度』フレーベル館、一九七〇年）、そのような方針の転換について湯川は、「幼稚園の濫設」を防ぐための取締りであると指摘する。しかし、なぜ文部省が私立幼稚園の設立ラッシュをいち早く予感し、規制を設けたのか、という問題は必ずしも明らかにされていない。

本章では、なぜ文部省の思惑とは反対に幼稚園が富裕層の子弟の為の施設として普及したのか。そして、その支持層である親は、幼稚園に何を期待し、それはなぜ明治三〇年代なのかという問題を、民間の教育熱のたかまりという視点から再検証することで「幼稚園保育及設備規程」制定の背景を明らかにする。

なお小山静子『良妻賢母という規範』（勁草書房、一九九一年）では、女性が家事・育児などに責任を負うという良妻賢母思想の確立が公教育制度の成立と大きく関わっていることを明らかにし、厳密な研究書ではないが『子どもたちの近代――学校教育と家庭教育』（吉川弘文館、二〇〇二年）において、当時の家庭教育論を中心とした検討により、明治三〇年代に、家庭教育の担い手である母親が行う教育が学校教育の補完物になり、「論理上、家庭教育は完璧に学校教育体制の中に組み込まれてしまった」ことを指摘している。ここでは、小山の指摘を踏まえながら、そのような母親を中心とする保護者の教育意識を幼稚園の動向から探ることにする。

これによって明治三〇年代の日本の幼稚園の性格を教育意識のたかまりという視点から位置づけることで、幼児教育の支持層の「教育意識」を解明することで、彼らが「教育玩具」の中心的な担い手であったことを明らかにしたい。

第 I 部
教育玩具の誕生
—玩具への教育的まなざしの展開—

第1章　江戸時代後期の子どもと玩具

日本に幼児教育が紹介される以前の江戸時代後期(1)、玩具はどのように位置づけられていたのか。当時の子どもと玩具の姿を確認することから始めたい。

1　江戸時代の玩具・人形——子どもの健やかな成長を願って

1　乳幼児の死亡率と人形・玩具

雛祭りが季節の変わり目（節句）に、「人形《ヒトガタ》」を川や海に流して穢れを祓う信仰行事を起源の一つにしていることからもわかるように、日本の人形玩具は単なる遊び道具ではなく、子どもの災厄の身代わりや災難除け、健やかな成長を願うお守りという性格をもっていた(2)。それは「七歳までは神のうち」という諺があるように、当時の乳幼児の死亡率はたかく、子どもは死に近い存在であったことが、大きな理由の一つであったと考えられる。

例えば、濃尾地方の「宗門改帳」から江戸時代後半の農村の人口指標を導き出した速水融によれば、男子では全死亡数の二二%、女子では二三%が五歳以下に集中しているという(3)。しかし、この数字には一年以内に死亡した乳児は含まれていない。これまで数え年二歳での死亡率などから乳児死亡率を二〇～二五%程度と推定してきたが(4)、宝暦四(一七五四)年以降に毎月確認が行われている大坂の菊屋町の史料から、同町では一〇〇〇人中二一〇人ぐらいの乳児が一年以内に死亡していることがわかった。一ヶ月以内に死亡したものを考慮すると、乳児の死亡数は二五〇～三〇〇人ほどという推測が成り立つという(5)。

また「宗門改帳」と「懐妊書上帳」から江戸時代後期の北関東の農村の乳児死亡率を推定した鬼頭宏は、一三～一八%程度とし(6)、出生児一〇人のうち六歳を無事に迎えることができるのは七人以下、一六歳まで生存できるのは五、六人と推定している。地域や階層などさまざまな事情により違いはあると考えられるが、いずれにしても生後一年未満の乳幼児の死亡率が一%に満たない現在と比較するとき、その数は膨大である(7)。

前述の速水が分析した美濃国西条村(岐阜県)では、一四九組のなかで六八組の夫婦が幼児の死亡を経験している(8)。実に約四五%もの夫婦が子どもを失った経験をもつ計算になるが、それに乳児の死を考慮すると、その数はさらに多くなる。乳幼児の生死は、人間の力の及ばない範囲が大きく、子どもの無事な成長は親の悲願であったのである。

2 縁起物としての玩具

医療が今日のように発達していなかった時代には、病気を治し、病気にかからないようにするために、神仏の力などに頼ることも必要であった。

特に、天然痘(疱瘡)はウイルスによる伝染病だが、ほとんど風土病といっていいほど蔓延し、子どもの死病と恐れられた。明治政府が国家の事業として種痘を制度化し、それが普及するまでかなりの死者がでた。

疱瘡は種痘による予防が唯一の対抗手段だが、ジェンナー(Edward. Jenner)の種痘法は、幕末に日本に紹介されている。弘化四(一八四七)年小山肆成が、中国語訳されたものを和訳し、『引痘新法全書』として刊行したのもその一つである(9)。弘化二（一八四五）年、速水が調査した西条村で、小山の弟子である脩安という医師が開業したという。彼は同村で種痘を施したらしく、その開業と軌を一にして、幼児の死亡率は激減する。例えば出生数と幼児死亡数の比は、安永二（一七七三）年～寛政一二（一八〇〇）年二八〇：六一、享和元（一八〇一）年～文政八（一八二五）年二四八：四三、文政九（一八二六）年～嘉永四（一八五一）年二六一：五二、嘉永五（一八五二）年～明治二（一八六九）年二〇三：一七で、それぞれ二一八、一七三、一九九、八三パミールと激減している。しかも、医師脩安が死亡した最後の一〇年間は、幼児死亡は再び増え、この村の人口状態は、再度「前近代型」に戻ってしまったという(10)。「疱瘡は見目定め、麻疹は命定め」という俗諺があるが、流行する地は限られていたが、毎年流行する疱瘡にくらべ、麻疹は二〇～三〇年と流行の周期が長く、「麻疹に対する恐怖は、持続的に存在していたものではなかった」(11)。

人々がいかに疱瘡を恐れたかについて、鈴木牧之『北越雪譜』（天保七〔一八三六〕年頃）は、次のようなことを述べている。

信濃と越後の国境にある僻村秋山という里の入り口には、注連縄《しめなわ》をひきわたし、子どもが書いたような「いろは文字」の高札がある。それには「ほふそふ（疱瘡）あるむらかたのものはこれよりいれず」と記されている。

秋山の人は疱瘡をおそる、事死をおそるゝが如し。いかんとなれば、もしはうそう（疱瘡）するものあれば我子といへども家に居らせず、山に仮小屋を作りて入れおき、喰物をはこびやしなうのみ。すこし銭あるものは里より山伏をたのみて祈らすもあり、されば九人にして十人は死する也。此ゆゑ秋山の人他所へゆきてはうそう（疱瘡）ありとしれば、何事の用をも捨て逃げかへる也(12)。

秋山の里では、罹病したものを看病もせず、小屋に強制的に隔離して、疱瘡の蔓延を阻止した。金のあるものは山

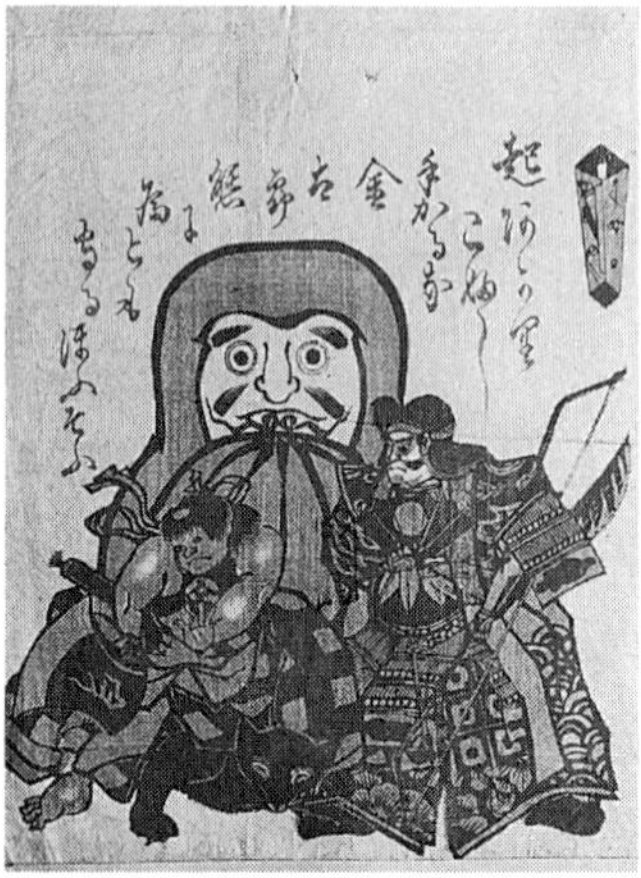

図1　疱瘡絵（吉徳資料室蔵）

図2『小児必用養育草』元禄16年

伏に祈らせたが、感染したものはほとんど死んでしまうという。つまり、種痘法を知らない時代、一度罹病すると幼児の生死は、運を天に任せる以外方法がなかった。そしてそれは、疱瘡神の仕業であるという民間信仰が生まれる。疫神を迎えて歓待し、速やかに退散してもらう儀礼が行われ(13)、上方では猩々、江戸では達磨、ミミズクなどが疱瘡棚などに祭られ、疱瘡神祭りにおいて特別な位置を占めていたという(14)。また、赤物玩具や疱瘡絵（図1）などが病気を軽くするための見舞いに贈られている(15)。

香月啓益『小児必用養育草』（元禄一六〔一七〇三〕年）の第四巻・第五巻は疱瘡についてふれているが(16)、赤い色が病魔を退散させるという俗信に関する記述がある（図2）。

疱瘡神は赤色を好むので、神の機嫌を取り早く退散してもらうために、まず部屋を清潔にして、屏風や衣桁にも赤い衣類を掛け、子どもや看病人も赤い衣類を着ることを勧めている。

同書の挿絵には、病気の子どもの前に人形が並んでいるが、これも赤い衣裳を着た人形であろう。達磨・金時・鯛車などの赤物といわれる郷土玩具はその名残である。赤色の玩具類は、疱瘡だけでなく、病気見舞いに盛んに利用されている。

雛壇や五月の節句人形の下に敷く毛氈の赤色(17)や赤鐘馗とよばれる五月人形なども、魔除け病除けの意味が含まれている。このように日本の玩具の多くは、全国の土人形の源流といわれる伏見人形をはじめ、その一つひとつが何らかの俗信、縁起、説話、伝説に結びついている(18)。例えば、江戸の今戸焼きの鳩笛でさえも、食事が喉につかえないための呪《まじな》いという謂れがあると、『宝暦現来集』は記している。

寛政五、六年の頃、今戸焼の鳩大さひよ鳥の如くに拵へ、専ら売弘める、其譯は老若に依らず、食事胸につかえし時の占ひのよし(19)

天保から嘉永にかけて記された桑名藩の下級武士の日記『桑名日記』『柏崎日記』を分析した皆川美恵子は、「玩具は子どもの成長儀礼と深く結びついて」おり、男子では疱瘡の病気見舞い、女子は初節句の雛祭りに、特別に玩具が集中している(20)。しかも、「縁日祭礼などで売られる商品化された」玩具が数多く登場し、「寺社の霊験にあやかった縁起もの」として、玩具が行楽や旅先での子どもへの土産物になっているという(21)。すなわち、江戸期の玩具の多くは、節句や通過儀礼などを中心として売りだされ、はじめは神社、仏閣の縁起にまつわる信仰の対象であったものが、次第に土産物として売られるようになり、それが時を経て玩具として定着したと考えられる(22)。

3　手遊・持遊・ワルサモノ

今日幼児教育では、「遊び」は「心身の調和のとれた発達の基礎を培う重要な学習」(『幼稚園教育要領』)と位置づけられているが、江戸期の「遊び」には教育上の意義などなく、「よい遊び」も「よい玩具」という考え方も存在しなかった。

江戸時代、玩具は「手遊」「持遊」などと呼ばれていた。斉藤良輔によれば、「玩具」は書き言葉に用いられ、「てあそび」「もちあそび」は話し言葉として使われたという(23)。

安永二(一七七三)年に刊行された北尾重政『江都二色』(24)は、当時の代表的な玩具(「手遊」)を絵入りで紹介し

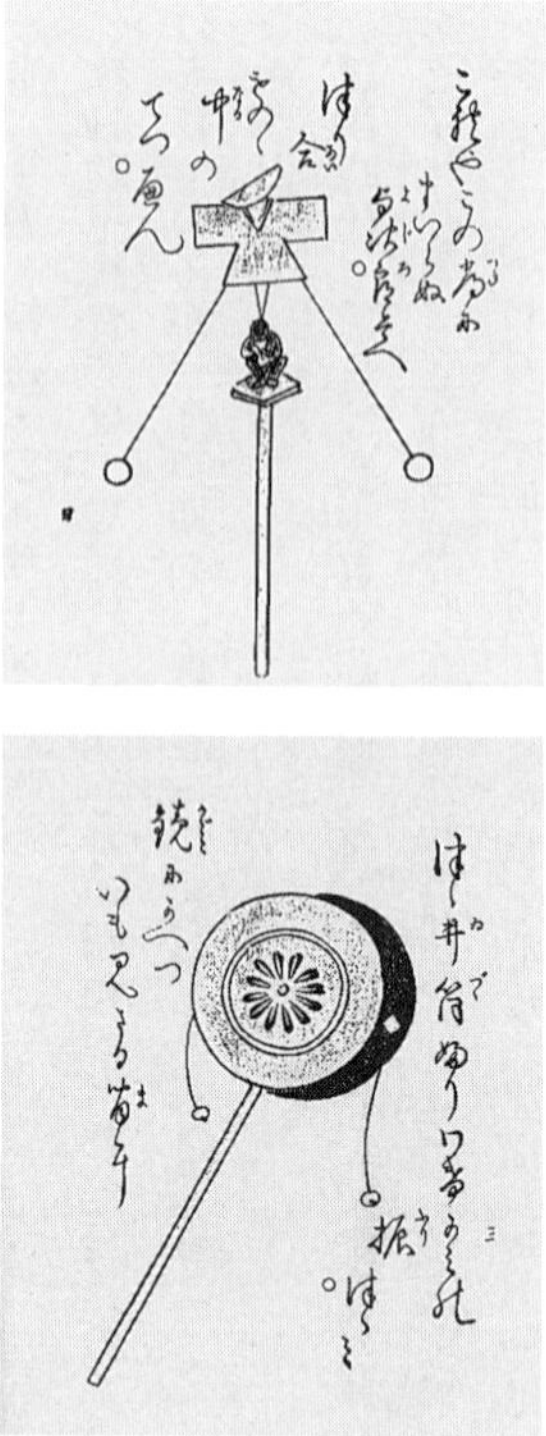

図3　上・与次郎人形、下・振鼓（北尾重政『江都二色』より）

ている。それは現在の玩具とはまったく趣を異にし、「犬張子・羽子板・与次郎人形・笛・凧・独楽」といった、どちらかといえば手作り的な、簡単なものである（図3）。

おもちゃ絵とよばれる子どもの手遊び用に描かれた絵草子などを含めて、「手遊」という言葉がしめすように、主に当時の玩具は値段の安い素朴なものであり、手にもって遊ぶ、手慰みものにすぎなかった（図4）。

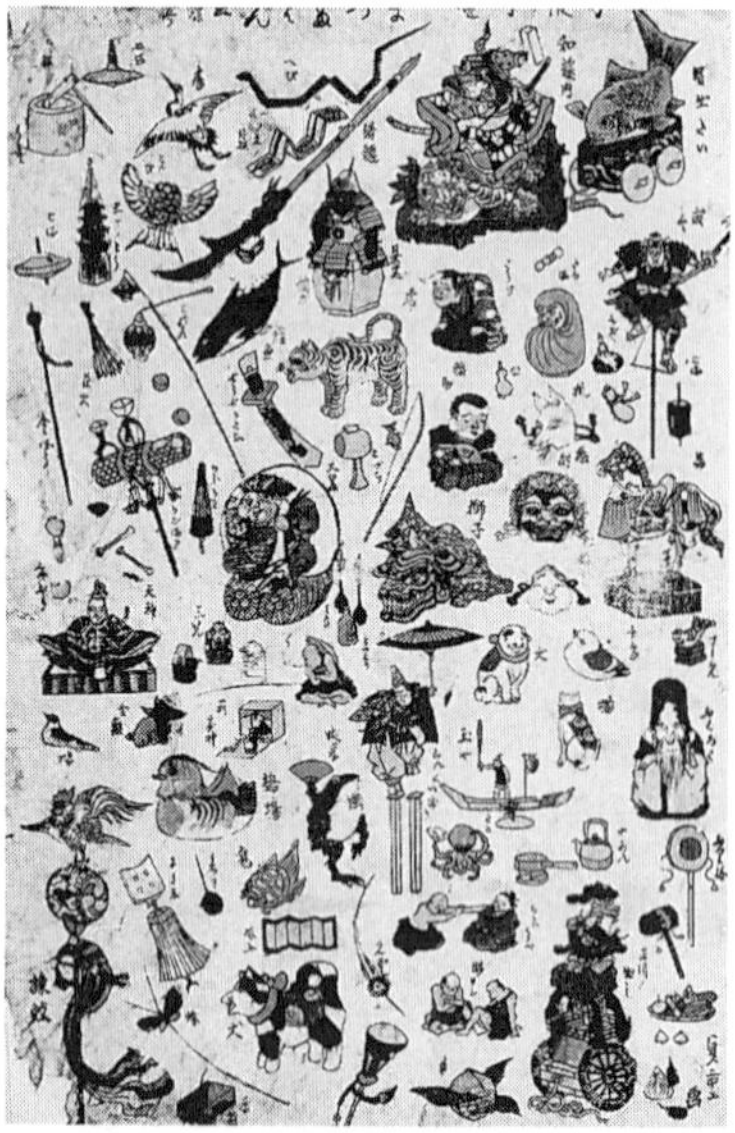

図4　おもちゃ絵「子供手遊」幕末頃（吉徳資料室蔵）

幕末に大蔵永常が農業の振興を目的として著した『広益国産考』（弘化年間〔一八四四―一八四七年〕）では、雛や土人形の作り方を紹介し、農閑期にそれらを製作することを奨励している[25]。ここからも手内職として玩具の製作・販売をするものが多かったことがわかる。また、素材や機能の面から見ても、玩具は、安価で壊れやすい素朴なものであった。

これについて老舗の人形問屋の主人であり、日本人形史の研究者としても知られる山田徳兵衛（一〇世）は、次のように述べている。

> おもちやは端銭で買ふものだといつたが、それはおもちやといふものが教育的のものであるとか、教育のために買ふものであるといふ考へが当時の人々にはなかつたのである。今から考へるとをかしいくらゐ、一般のおもちや観は相違してゐた。「可愛い子供のために與へる」といふ考へは、今日とちつとも違つてゐないのであるが、たゞそれが子供を喜ばすといふ意味より出でなかつた。……外出の際、おみやげに買つてやるとか、珍しいものを買つて来て袂から俄かに取出して喜ばすとかいふやうなことが多かつた。……（玩具も）一般に手遊、もちあそびといつた。更に、わるさものとも称したことを思へば、当時のおもちや観も思ひ半ばに過ぎるであろう……(26)。

今でこそ「おもちゃ屋」といえば、デパートや大型専門店など、比較的高価な商品がならぶ、立派な売り場や玩具店を想像するが、当時は街頭で売り歩く行商か縁日の露店などで玩具を販売する人々がほとんどであった。玩具は、主に祭礼や縁日の露店で売られたり、普段の日に肩に売り荷を担いだ行商によって売られるものであった。例えば、『宝暦現来集』（天保二（一八三一）年）には、「雛売、明和安永の始迄は二月中旬より、乗物ほかい雛の道具と呼びて、葛籠の両掛にして売来なり」(27)、「安永五六年の頃迄にて、子供の持扇に黒塗骨にして、あやしげに彩色して、一本十六文二十四文位にて売りけり」(28)という記述がある。玩具店はあったとしても、参詣客の多い寺社の付近か、盛り場にある小規模な店であった。

図5　『人倫訓蒙図彙』元禄3年

今から三〇〇年以上も前の元禄三（一六九〇）年『人倫訓蒙図彙』には、「持遊《もちあそび》細物《こまもの》」、つまり「おもちゃ屋」の店先が描かれている（図5）。この頃から、玩具の専門店があったことがわかる(29)。しかし、構えが立派な大店の多くは、「雛人形手遊問屋」と称する人形商か、小間物屋など、兼業か副業で玩具を扱う店ばかりで

図６　明治30～40年代の浅草仲見世（山田徳兵衛『日本のおもちゃ』芳賀書店、1968年より）

あった。当時は、大商いであった節句人形にくらべて玩具の地位は相対的に低く、玩具商と人形商のはっきりとした違いはなく(30)、玩具（手遊）は、人形屋の店先でひっそりと売られていたのである。

明治になっても玩具専門店はよほどの都市でなければ見られず、たいていは小間物屋などの兼業であり、それも参詣客の多い寺社の付近か、盛り場であったという。それが東京では浅草の仲見世や神楽坂、人形町などであった（図６）。

例えば、明治二三（一八九〇）年の『第三回内国勧業博覧会』の報告書にも、

……浅草ノ如キ玩具ヲ販売スルモノ店ヲ並列シ又神仏ノ縁日ニ於テ玩具ヲ販売スルノ露店其数多クシテ其ノ需要多キヲ知ル……(31)

という一節がある。

また、風俗画家三谷一馬『明治物売図聚』によれば、明治中期には、ほとんどの物売りは車を使うようになるが、江戸時代そのままの姿で行商するものも多かったという。三谷は、『風俗画報』『東京風俗志』などから題材をとり、露天の「おもちゃ屋」をはじめ、「独楽売り」「与次郎兵衛売り」「風車売り」「紙風船売り」「鳩のおもちゃ売り」など、三十数種類の玩具関連の行商人の姿を描いている(32)。

当時の玩具の呼称である「手遊」「持遊」は、手にもって遊ぶ、手なぐさみものという意味を暗示しており、子どもを楽しませるもの、あるいは健やかな成長を願うもの、という以上の意味はなかった。やがて節句行事のなかで、玩具（手遊）で

ある人形は素朴な信仰心（病気や災いからまもる「ヒトガタ」など）と融合し、雛人形・五月人形として独自の発展をとげるのである。

4　節句行事と江戸の人形文化

今日節句といえば雛祭りや端午、七夕というイメージが定着しているが、これらのほかに幕府は、一月七日の人日、九月九日の重陽を五節句と定めて祝日とした。節句は、公家や武家など特定の階層の間で行われていたものが、次第に大衆化し、広く人々に親しまれる行事として定着したものと考えられている。特に、子どもを中心とする上巳と端午の節句は、賑やかな行事であった。そして、そこに大きな役割を果たしたのが人形である。

もっとも江戸時代初期から五月の節句はすでに男子の出生の祝いとなっているが(33)、雛祭りが女子の出生の祝いとなるのは、少し後のことである(34)。

武家の町江戸では、はじめ男子の勇壮な五月飾りが盛んであった。江戸時代初期の五月飾りは、屋外や家の道路に面した部分にたて、往来の人々に見せる大掛かりなものであった。戸外に飾った甲は、厚紙か、薄い板で作り、鉢（甲の頭の上部をおおう部分）に人形などの細工物をのせたが、この飾りが独立したものが五月人形である(35)（図7）。

図7　『日本歳時記』貞享５年。甲の上部に細工物が見られる。

犬公方で知られる五代将軍綱吉の頃になると、禁令などの影響で甲の上の人形の作り物は段々衰えて、別に人形を家の前の柵に飾るようになり、一八世紀の後半には現在のように座敷に飾ることが多くなったという。

そして、世の中が落ち着き泰平の世を迎えると、優美な雛祭りも盛んになる。当時の俳諧を分析した有坂与太郎によれば、春の季語として、上巳の節句と「雛遊び」が結びつくのは、延宝（一六七三〜一六八〇年）の頃、「雛遊び」から「雛祭」という語に変化し定着するのは、宝暦・明和（一七五一〜一七七二年）頃という[36]。寛保（一七四一〜一七四四年）頃には、子どもの初節句を祝う民間行事となり始めたことは、西川祐信『絵本和泉川』（寛保二（一七四二）年）からわかる[37]。同書では、乳飲み子を抱いた母親の傍らで雛遊びをする娘たちが描かれ、その絵の上段に、次のような文章が記されている（図8）。

図8 『絵本和泉川』寛保2年

娘の子はかり
四五人
産つゞきて
今度はよもやと
幟の下ぢたく
する内
又此度もと
にが笑ひして
雛棚の張出
するハさたのない事[38]

江戸時代後期になると、雛祭りを中心とする日本の人形玩具文化は最盛期をむかえ、「手遊」（玩具）でも信仰の対象物でもない、大人の鑑賞にもたえうるさまざまな人形玩具が作り出される。そして、幕府はその贅沢さを戒める禁令をたびたび出すまでになる。

例えば、江戸時代後期に流行する極小の雛や雛道具、特に上野池之端の七沢屋の雛道具は、「値は実に世帯をもつよりも貴し」(39)とまでいわれた、贅沢品の代名詞のような存在であった(40)。従って一口に「江戸時代の玩具」といっても、上は高価な雛人形や雛道具から、下は露店や行商で扱われる粗末な「手遊び」まで、さまざまである。だが、総じてこのような人形類と比べると、玩具はあくまでも卑小な存在であった(41)。

繰り返すが、当時乳幼児の死亡率はたかく、子どもの無事な成長は親の悲願であった。そこで両親は、生まれた娘の健やかな成長と幸せを美しい雛に託して祈ったのである。また親類縁者もそれぞれ人形を贈って初節句を祝った。こうして江戸の人々は楽しく目出度く雛祭りを祝ったのである。娯楽の少ない時代、年中行事は庶民の大きな楽しみの一つであった。おそらくその賑わいは私たちの想像をこえていたであろう。そして、江戸時代後期、雛祭りは、子どもだけでなく、大人も含めたすべての女性をよろこばせる行事へと発展するのである。

2　身分制社会の子どもと遊び

1　子どもと大人の境界——通過儀礼と生存権

江戸時代中後期には、「間引き」や「堕胎」防止用の教訓書が幾度となく発行されたように、子どもが「育てられるか」否かも大きな問題であった。従来の研究では、嬰児殺しの原因は、飢饉等による経済的な困窮に求められた。だが、嬰児殺しを行った当事者の史料を分析した研究によれば、誕生前の男女を占う「うらない」とは異なる性別の子どもを間引きするなど、迷信などにより慣習的に行われた例も少なくないという(42)。「子供を殺すのではない、育てないのであって、子供にしない」のだ、という考え方に代表されるように、子どもの生存の選択権は親の力が大きく、「子供の生存を承認する」ことが、子どもを一人前にするときの社会的儀式よりも重大であったという(43)。

柳田国男は出生後の「名付け祝い」や「宮詣り」などは、子どもの生存を近隣に承認してもらう儀式であると述べている。これは神仏などの力により子どもの健やかな成長を願うという一面もあるが、「大きくなって村人になる子供であると云ふことを、氏神さまにも、また、近隣故旧の間にも承認して貰う儀式である」(44)。

たとえば七日目に名付け祝ひをする名訊きの習慣は、何と云ふ名を付けましたかと訊きに来る時一つの生存権の承認となるのであって、どうしても育てる事の出来ない子供だったらそんなことを人に告げる事はしないわけなのである(45)。

特に農村では、出産・育児は村全体の関心事であり、彼らの教育は若者組や子ども組等の集団生活のなかで行われていた。子どもは、幾つかの成長の節目を人々に確認され(通過儀礼)、庇護され、見守られ、励まされながら「一人前」となっていった。そしてその目的は、生きるのに必要な力を身につけ、共同体の一員となることであった。従って彼らは早い時期から大人と一緒にされ、仕事や遊びを共にしていた。「昔の大人は自分も単純で隠しごとが少なく、じっと周囲に立って視つめていると、自然に心持の幼児にわかるようなことばかりしていた」のであり、前近代の青年はことに子どもから近かった(46)。当時は、大人と子どもの区別なく、往来で凧揚げをするのでお武家様の通行の邪魔になるとして、次のような禁令が出されている。

例えば、文政七(一八二四)年、江戸の町では、大人と子どもの垣根は低かったのである。

一、此節より二三月頃迄、子供江大人交り大凧揚、往来之相成、別而武家方御通行の障ニ相成候間、右躰之儀無之様可致候事(47)

明治五（一八七二）年制定された「東京府下違式詿違条例」には、「第五十四条巨大ノ紙鳶ヲ揚ケ妨害ヲ為ス者」(48)という条項がある。同条例は、文明開化の首都東京にふさわしい外面を繕うためものだが、明治九（一八七六）年には、「便所ニ非サル場へ小便スル者」（四四九五人）、「店前ニテ幼稚ニ小便サセシ者」（一〇一人）等とともに、「紙鳶ヲ揚ケ妨害ヲナス者」（八人）が検挙されている(49)。江戸後期から明治の初めにかけて、大人も子どもも共に凧を揚げ楽しんでいたらしい。遊びや玩具は、必ずしも子どもの占有物ではなかったのである。

文政五（一八二二）年には、次のような禁令もみられる。

鍛冶屋共ふいこ祭り之節、子供ニ交り多く人集メいたし、礫を打、其外あばれ候者有之由相聞へ候、若右之輩有之ニおゐてハ召捕置、番所江可訴出旨町中可相触候……(50)

「ふいご祭」は、今ではほとんど見られなくなったが、金属加熱のために火をつかう鍛冶職人が、旧暦の一一月八日に行う内祭りである。斉藤月岑『東都歳事記』（天保九〔一八三八〕年）には、

鞴祭、稲荷を祭る行事なり。世に火焼といふ。鍛冶、鋳物師、餝師、白銀細工其余吹乾を遣ふ職人の家にて、これをまつる。今日早旦に二階の窓より往還へ蜜柑を投げる(51)

と記されている。近所の子どもたちが「まけまけ拾え、鍛冶やの貧ぼ」と大声で怒鳴ると、職人の家ではお供えの蜜柑などを撒き、それを子どもたちが拾うのである(52)。そのどさくさに乗じて石を投げつけたり、大騒ぎする不心得な若者が多かったのであろう。

2　無邪気な遊び

柳田国男がいうように、子どもは何でも大人の真似をするところがあり、その遊びや行事には、かつて大人が真面目に行っていた古い信仰や行事が保存され、無意識の記録者として過去保存の役割を果たしていることもある(53)。つまり大人の所作のなかで、「最も面白かった部分を残して、他を新たなる環境に適する」よう、子どもは「自分たちの遊戯を改良し、また発達させる能力を具えている」(54)が、遊びそのものに教育的な意義を見出すことはなかった。

例えば、『北越雪譜』は、北国の生活を紹介したものだが、随所に子どもの遊びも描かれている。「修羅」という大きなソリで、山から大木材や大石を引き出す、「大持ち」に関する記述には、次のような一節がある。

京都本願寺普請のための大木を引き出すときは、雪の降らない秋に木を切り、そのまま山中におき、冬にソリで引き出す。左右に大綱をつけ、「まつさきに本願寺御用木という幟を二つ持つ、信心の老若男女童等まで蟻」のように集まり、材木の上には木遣りの音頭取りが五、六人いて、木遣りをうたう。それを子どもたちが真似て遊ぶというのである。

> 児曹らが手遊の轌もあり、氷柱の六七尺もあるをそりにのせて大持ちの学びをなし、木やりをうたひ引きあるきて戯れあそぶなど、暖国にはあるまじく聞きもせざる事なるべし(55)。

『桑名日記』『柏崎日記』でも、「子どもの興味を抱いた遊びに対しては、身の危険がないかぎり、おおむね遊びを許しており禁止する」ことはない、「子どもとは好奇心が強く、人の真似をするものであり、遊びにおいても〝余念なく遊ぶ〟ものと了解して、見守り、さらには支援までしている」(56)という。

近世の教育書として有名な貝原益軒『和俗童訓』(宝永七〔一七一〇〕年)は、「遊び」について次のように言う。

小児の時、紙鳶をあげ、破魔弓を射、狛をまわし、毬打の玉をうち、てまりをつき、端午に旗人形を立つる、女児の羽子をつき、あまがつ（人形）をいだき、雛をもてあそぶの類は、ただ幼き時、好めるはかなき戯れにて、年ようやく長じて後は、必ずすたるものなれば、心術において害なし。おおよう、その好みにまかすべし。されど費え多く、かざり過ごし、好み過ごさば、戒むべし。ばくちに似たる遊びは為さしむべからず。小児の遊びを好むは、常の情なり。道に害なきわざならば、あながちに圧えかがめて、その気を屈せしむべからず。ただ後にすたらざる遊び、好みは打ちまかせがたし(57)。

子どもの遊びは無邪気なものであり、好きにさせればよい。それを大人があれこれ口をはさむものではない。但し、子どもの成長後に有害な生活習慣を身につけてしまうような、必要以上の贅沢や賭け事などの遊びは、そのままにしておいてはいけないというのである。

3　禁止される遊び、玩具

文化八（一八一一）年一〇月、江戸の町には益軒のいう「ばくちに似たる遊び」である、泥面子に関する次のような禁令が出されている。

近頃子供手遊ニ面打と名付、歌舞伎役者之役其外形を付、土焼ニ而丸く平ニ拵候品を投、跡より投げ当候を勝ニいたし候儀有之、賭之勝負事ニ而、幼年之節右様之儀をいたし、風俗ニ拘り不宜致間、親并召仕之内幼年者江は右様之儀致居候ハヽ、差図可申、且手遊屋木戸番其外右品取扱共（候）致共、右品為売間敷、別而右品扱候者は為相止め可申事……(58)

泥面子は「最初『面模』（享保時代）という大坂あたりで流行った素焼きの凹面に粘土を押し込めて作る泥面と、土ひねり人形師が作る小さい面（芥面）などが始まり」だが、「どちらも銭に匹敵する価値ある子供たちの玩具」(59)である。前記の禁令は、おそらく泥面子を投げて当てれば自分のものになるという遊びであろう。

これは『和漢三才図会』（正徳二〔一七一二〕年）にも見られる意銭（ぜにうち・あないち）の方法で、投げ当てる技を競う遊びである(60)。たとえ金銭の授受がなくとも、博打的要素をもつものはよくないとされた。

また享和元（一八〇一）年一一月には、次のような禁令もでている。

子供手遊ひ之内組々之印を付、同様纏を拵見世江差出置候ニ付、子供持歩行、出火之まね致如何ニ付、右躰之手遊ひ無用ニ致可然候間、御組合限申合、御取計可被成候……(61)

「火事と喧嘩は江戸の華」といわれるように、「いろは四十八組」の町火消しは子どもたちのあこがれであり、各組の標とされる纏の玩具で火消しの遊びをしていたのであろう。それが本当の火遊びにエスカレートすることにもなりかねないとして、そのような遊びを助長するような纏の玩具を奉行所が禁止しているのである。

享和元年五月には、ガラガラ煎餅という「瓦煎餅などで作った蛤や鞠の形をしたものの中に小さな玩具」を入れ、「外皮を割って中味の玩具を楽しむ福袋式の当物玩具」(62)に関する禁令が出ている。

煎餅之内江細絵抔入候類も之有候処、近頃は色々之細キ手遊ひを入はさみ、包丁等之手遊ひも之有、万一小児抔呑込候而は以之外之義ニ付、如何敷義ニ候趣、御奉行様御沙汰之有候間、右躰之手遊品等、煎餅之内江入候義相止候様可申合旨、樽与左衛門殿被申含候間、御組合右商売人江御申含可被成候……(63)

禁止の理由は、ハサミや包丁などなかに入っている玩具を子どもがあやまって呑み込んでしまうと危険だからというのである。

ここには有害な生活習慣を身につける恐れのある「遊び」や危険な「玩具」を規制するなど、「しつけ」や「育てる」ことの必要性は認識されている。しかし、知的発達を促進させるために、玩具や遊びを活用して教育するという意識は、ほとんど見られないのである。

4　身分に応じた子育て

江戸期の社会では基本的に階層移動がないために、生まれつき身分は一定しており、一部の例外を除き学問による社会的な上昇の機会には恵まれなかった。

今日のように教育の機会均等と職業選択の自由が保障された社会とは違い、身分制社会では一つの身分から他の身分に移ることは難しく、同じ身分内部でもさまざまな差別があった。基本的に親の仕事を受け継ぐ身分制社会で育った「子ども」は、まず前世代の生活様式などを身につけることが目標となる。従って、それぞれの身分に応じて（分限）、「出世」の意味内容も異なっていたのである。

例えば武士は知行の加増、商人は家業を広げ商売を繁盛させること、農民は田地田畑を増やすことが「出世」であった。このような社会では、先祖伝来の家長を中心とする「家」の継承が第一であり、それぞれが身分に応じて与えられた役割を無難にこなすことが求められた。そのため、期待される人間像も一律ではなく、それぞれの身分に適応する能力や態度を身につけることが必要とされていた。

『和俗童子訓』（宝永七年）は、まず四民（士農工商）の子どもには幼い時から「父兄君長につかえる礼儀」などの基本的な道徳を教えた後は、「武士の子には学問のひまに弓馬、剣戟、拳法などを」習わし、「農工商の子には、幼き時より、ただ物かき、算数のみ教えて、その家業を専ら」仕込むべきだと述べている(64)。

また、学問は基本的に下を支配するために必要なものであり、主として武士が身につけるものであった。一方、百姓、町人は生活に必要な読み書きができればそれでよかった。支配体制に疑問を抱くこともなく、上に忠実な人間が求められたのである。

国学者の岡熊臣は『農家童子訓』(文政三〔一八二〇〕年)において、農民の本分とその子弟が何を学ぶべきかについて、次のように言う。

御上というものは大切なる物、わが身の頭、面とおなじく、我等は此の手足なれば、随分働き精出し五穀を作り御年貢を納め、すこしにても御上の御利益になるべし。蔭にてもうしろにても御上の御為あしき事をば露ほどもするな……(65)

従って百姓、町人が必要以上の学問をすることは喜ばれなかった。

学文は善き事なれども、百姓、町人の身をもて、文事の風流に淫するは、ゆめゆめいらぬものなり。百姓、町人は第一地頭の教えを守り、高札の表を守り、上を恐れ敬い、下を憐れみ、その身を慎み、農業を専らに励みさえすれば、学文したにあたるべし(66)。

求められたことは、生まれついた身分に応じた役割を忠実に遂行する人間になることであった。百姓、町人が風流を論じるなど言語道断であった。百姓が農業に励むこと以上に必要なことは、何もないのである。

5　学問と幼児教育

寺子屋などで教える「読み・書き」などは、今日の学校と比べて身につける知識の量も限られていた。それは学習速度に個人差があるとはいえ、基本的には誰もが習得可能なものであった。

安永二（一七七三）年頃、心学者手島堵庵は、七歳以上の子どもたちを集め家庭生活の行儀や心得を次のように説いている。

こどもの時の孝行と申す事は、何も外の事にて御座なく候。先ず朝起きるより晩に寝るまで、とと様、かか様の仰せある事を、「あいあい」と御申しなされ、口答えせず、とと様、かか様の御さしず通りになされ……親ごさまの御気にさからわず、顔つきを悪うせず、かりそめにも泣かず、朝から晩まできげんよく御遊びなされ、また手習い、読みもの御出でなされ候時分には、とと様、かか様の御世話にならぬように、「てら（寺子屋）へゆけ」「読みものせよ」と仰せられ候わば、早速御出でなされ、「今日はまた用事がある。休め」と仰せられ候わば御休みなされ、とにもかくにも一言もそむかず、とと様、かか様の仰せの通りになされ……(67)

このように学歴がその人の人生にあまり影響しない時代は、生活に必要な「読み・書き・算盤」を取得すればたりるのであり、家が忙しい時に、優先されるのは学校（寺子屋）へ行くことではなく、家を手伝うことであった。

もっとも、子どもの学習への動機づけに玩具（絵本）を利用するという意識がまったくなかったわけではない。例えば、江戸時代後期の漢学者である江村北海（一七一三～一七八八年）「授業編」（天明三〔一七八三〕年）には、次のような記述がある。北海は子どもを書物好きにするために、幼い時から環境を整えることの必要性を自らの体験を交えて説く。

余が小児を学に導くは、さに非ず。およそ二、三歳の頃より、父母、外へ出て家に帰れば、必ず土産みやげと求むる故、世にいう人形およびさまざまのもて遊びを、その度毎につかわす事、世上皆同じ。そのみやげを遣わすに、二、三度に一度は何にてもあれ、世にいう絵草紙を求めて帰りてつかわす。もちろん小児の事なれば、破りもする汚しもする。それに頓着なく、他のもてあそびと同じく、打ち委せ置くなり(68)。

絵草紙にはじまり、親が意識的に絵本を買い揃えると、周囲もこの子は絵本好きと見て、土産やお年玉に絵本を持ってくるようになる。

……余は絵入りの『二十四孝』の本を最初につかわし、その余は何という事なく、画のある本を遣わす。次第に本多くなりて、左右に引き散らしあるを見て、外より入り来る人も、「この児こそ本が好きなれ」と、人々のみやげ、あるいは年始の歳玉などいうにも、大方画本を遣わす。かくして、いよいよ多くなる(69)。

やがて、絵本に囲まれて暮らすうちに子どもはそれに興味をしめす。そこで大人が絵の解説をしながら書物の楽しさを教えてやればよい。

……画のある書をあてがい置けば、子どものならいにて、かならず「画説きをせよ」とせがむ。そのときかの二十四孝よりはじめて……余が家、小児を教ゆるは皆かくの如し。……前賢の正しき小児の教え方にはあらねども、これは用い試して相違なきところを記す。畢竟、肝要は、小児の中より書籍になじみをつけ、書物を厭い嫌う事なく、書をすき好む心を養い立つるというが主意なり(70)。

もっともこのような論調は例外的であり、学問を身につけることが、生活上必要とされる特定の階層の人々にのみ受け入れられることであった。しかも、直接玩具を使って幼児を教育することまでは論じていない。

基本的に親の仕事を受け継ぐ身分制社会で育った「子ども」は、まず前世代の生活様式などを身につけることが目標となる。江戸時代後期には、子どもの社会的地位を上昇させるために、幼い頃から勉強に駆り立てるという意識は希薄であった。しかも、手習いを始める年齢は、その子の成長を見ながらおよそ六歳頃からを目安にしていた(71)。それより下の幼児期は、本格的な教育を施す年齢ではなかったのである。たとえ、学問の必要性が声高に叫ばれたとしても、それによって身につけた学歴が、人生を左右する割合は、今日と比べると極端に低い社会では、有害な生活習慣を身につける恐れのある遊びや危険な玩具を規制し、絵本を利用して養育環境を整えることは論じても、玩具を教材として直接幼児を教育することまでは論じられていない。乳幼児を「育てる」ことや「しつける」ことに関心が注がれても、意識的に幼児に働きかけ知的発達を促進するという視点には乏しかったのである。

すなわち、フレーベル思想やアメリカの児童研究運動が紹介される以前の江戸時代後期、知的発達を促進するために教育的視点から玩具を選択し、教育の手段として玩具を利用する、いわゆる「教育玩具」は存在しなかったといえるのである。

第2章
幼児教育の啓蒙と「教育玩具」
■近藤真琴と手島精一を中心にして

1　玩具の近代

1　文部省の通達——教育絵と玩具の頒布

明治に入ると、これまでの状況は一変する。明治政府は、「学制」を頒布し、封建的な身分制度を改革（四民平等）し、有能な人材を選別する学校制度を取り入れる。これによって生まれや財産に関係なく、誰もが「立身出世」（社会的上昇）の機会がある、「能力主義社会」の基盤が形成されるのである。つまり、学歴を取得することは、もっとも有利な「出世」の条件となり、人々は学歴取得に「チャレンジする機会の公正化・平等化」を求め、それを国家もできるかぎり寛容に認めることにより国民全体が新しい社会階層の形成に奉仕するという構図ができあがる(1)。そして、その能力を選別する場が「学校」であった(2)。

また欧米から科学的といわれる育児法などが紹介されると、これまで産育習俗の多くは非科学的な迷信として否定され、次第に雛祭をはじめとする旧暦にもとづく生活習俗（年中行事・祭礼）も失われていく(3)。

例えば、明治六（一八七三）年一月改暦のために、これまでの五節句（人日・上巳・端午・七夕・重陽）を廃止し、神武天皇即位日と天長節を祝日と定める太政官布告がでる。同年二月「大阪人形屋一統」がだした史料（吉徳資料室所蔵）には、人形屋のあわてぶりが表れている。

一、今般五節句御廃止ニ付、雛人形飾リノ儀、彼是浮説有之候ニ付、乍恐御府庁ニ御伺奉申上候所、人形売買ノ儀ハ可為勝手旨、被仰下候ニ付、一同有難仕合存候。決而御差留ハ無之候……

この文書は、消費者にこれまでのように節句人形の販売を行うことを広告したものである。その内容は、節句が廃止されるにともない、節句行事も禁止されるという噂がとびかっているが、役所に問い合わせたところ、節句の祝は従来通り行ってよく、人形の売買も自由という、お墨付きをもらった、というのである。しかし、五節句廃止を境に、節句行事は一時急速に衰える。

石井研堂『明治事物起源』は、明治一七（一八八四）年二月二七日の次のような新聞記事を紹介している。

復古流行とは言ひながら、活物の雛様と交際ができる世の中だから、お祭りするでも無い、と思つて事だかどうだか知らないが、十軒店の唐木屋では、年々歳々売れなくなる故、今年は断然雛市を廃したとの事です(4)

江戸時代後期、あれだけ隆盛をきわめた十軒店の雛市も衰退する。そして、江戸の「雛人形手遊問屋」たちは、節句人形に代わるものとして「手遊」、すなわち玩具販売に活路を見出す。例えば、明治一二（一八七九）年の『諸品商業取組評』（吉徳資料室蔵）には、「手遊」の項に従来の「雛人形手遊問屋」が紹介され、明治一三（一八八〇）年『東京商人録』（大日本商人録出版、明治一三〔一八八〇〕年、湖北社、昭和六二〔一九八七〕年復刻）には、「人形商」「手遊び商」の項目だけで「雛人形商」は消えている。

また欧米の影響を強く受け、材料に金属とゴムが加わる等、玩具は品質的にも大きく変化し、これまでの「手遊」の領域から脱けだすとともに、幼児教育との関連なかで位置づけられ始めるのである。例えば、明治六（一八七三）年一〇月には、幼児教育についての文部省（現、文部科学省）の初の通達がだされている。

幼童家庭ノ教育ヲ助ル為メニ今般当省ニ各種ノ絵画玩具ヲ製造セシメ之ヲ以テ幼稚坐臥ノ際遊戯ノ具ニ換ヘバ他日小学就学ノ階悌トモ相成其功少カラサルヘク依テ即今刻成ノ画四十七種製造ノ器二品ヲ班布ス此余猶漸次製造ニ及フヘク入用ノ向モ之レアラハ当省ニ製本所ニ於テ払下候条此旨布達候事(5)

家庭における幼児教育を進めるために、文部省が玩具の改良に乗り出し、家庭教育用の錦絵四七種（図1）と玩具二品を製造し、希望者に払い下げるというのである。

図1　文部省発行の教育錦絵

頒布された錦絵の主な内容は、西洋の科学技術や人物を紹介するもの、「勉強をする童男」などのように道徳的・教訓的なもの、「おもちゃ絵」を応用して遊びながら西洋風俗に親しむものなど、すべて絵を主体に、文字をあまり理解しない幼児を意識してつくられている。また、玩具二品は遊びながら文字に親しむことのできる、現在のカードゲームのような、文字の取得に役に立つ玩具であったと推測される（本章第3節参照）。

湯川嘉津美によれば、この通達の意図は、当時の文部大丞田中不二麿が太政大臣三条実美に提出した伺書によって推測することができるという。「田中は欧米ではすでに幼児教育にも意を注いでおり、それが小学就学の基礎となっていることを認識した上で、わが国における幼児教育の進展を期して」、これらの教育絵や玩具の頒布を行おうとしたのであった(6)。

2　草創期の幼児教育の啓蒙者

工業教育の先駆者として知られる近藤真琴（一八三一〜一八八六）、手島精一（一八四九〜一九一八）は、いち早く「玩具の教育的役割」の重要性を啓蒙した人物である。通達から三年後の明治九（一八七六）年に東京女子師範学校に「女子教育の目的の一つとして幼児教育が考えられ」附属幼稚園が開設されるが(7)、明治前期幼稚園の普及は停滞していた。明治一五（一八八二）年には全国の幼稚園はわずか七園、学齢未満児の就学問題との関係から各地に公立幼稚園が設立され始める明治二〇（一八八七）年でも、六七園にすぎなかった。ようやく園数が三桁をこえるのは、明治二二（一八八九）年である。近藤や手島が幼児教育の啓蒙に努めた明治初期から第三回内国勧業博覧会（明治二三〔一八九〇〕年）が開催されるまでの時代は、まさにその草創期であった。世間の幼児教育への関心も薄く、文部省が頒布する玩具を受け入れる土壌は、まだ成熟していなかった。当時まず必要なのは幼児教育の啓蒙であり、彼らの足跡はこれにそったものであった。

諸外国の状況を見聞してきた近藤・手島は、欧米では子どもの心身の発達に深く影響するという視点から、玩具が重要視され、かつ組織的な改良が試みられていることをさかんに紹介している。近藤は、殖産興業を推進する技術者の養成のために、幼児期からの能力開発の必要性を説き、その手段として「玩具遊び」に注目し、「玩具の教育的改良」をいち早く論じた、いわば「教育玩具」の最初の理解者であり、啓蒙者であった。また手島は、文部官僚として博覧会の出品物の蒐集や選別、教育博物館の展示や内国勧業博覧会の審査等を通じて、「教育玩具」の啓蒙に尽力している。それが後に「教育玩具」を流行させ、幼児教育の必要性を人々に認識させる下地となった、と考えられるが、従来の研究では草創期の幼児教育の啓蒙に努めた人物でありながら、幼稚園の外にいた近藤と手島はほとんど顧みられることがなかったのである。

2　近藤真琴――「教育玩具」の最初の理解者

1　『子育の巻』の内容と意義

ウィーン万国博覧会見聞録として出版された『子育の巻』（明治八（一八七五）年）は「我が国で初めて海外の幼児教育の状況を見聞し、紹介した」本として注目される(8)。その内容は大きく「オーストリヤの育幼院の事」「初生の小児撫育の事」の二つにわかれ、主に後者で「玩具遊びの教育的意義」が展開されている。そのはじめで近藤は、玩具について次のように述べている。

もて遊びをもちて遊ぶは工業の始めなり……其遊ぶわざ一様ならず子のためになる事多きものあり、ためになる事少なきものあり……（従って父母だけではなく保育者は）その遊ぶわざのよしあし、もて遊びのためになるとならざるとによく心をつけ、其子の身体のちからをも増し且つ心をも用いさせ才智をすすますやふに勉強に馴し次第にためになる業にすすみ諸の術芸を学ぶ基を仕こむべし(9)

玩具遊びは子どもが科学技術へ興味を示す始まりであり、保護者はそれを伸ばすために十分遊びにも気を配るべきだ、と近藤はいう。

このように、彼は幼児期からの能力開発のために玩具遊びの有用性を指摘し、ドイツの玩具制作の現状に言及した後で「童子館」に出品された玩具の状況を詳しく紹介する。以下、その目次をあげれば次の通りである。

一、身体のちからをつくる道具の事
二、児どもをして見る事聞く事等につけて心を用いさする趣向の事
三、児どもの識を増す趣向の事
四、女子のもて遊びの事女子の教育に用うる道具の事
五、男子の工業もて遊びの事
六、フレーベル氏童子園の事
七、家の内にて幼き児に教授する事
八、貧しきものの児もて遊びの事

特に、「六、フレーベル氏童子園の事」では、「仏語通弁列品誌」であった三級事務官和田収藏がドイツで幼稚園を見学した時の記録を抄録している(10)。これが初期の幼稚園の紹介として『子育の巻』が注目される所以である。

岡田正章は『子育の巻』で、近藤が幼児のための玩具関連の叙述を展開していることを玩具論の嚆矢として評価している。しかし、その一方で、同書が東京女子師範学校附属幼稚園へ与えた影響は定かではないと前置きしながらも、同附属幼稚園の「保育が、フレーベルの恩物の模倣的な姿で行われたのに反し、本書(『子育の巻』)では幼児のもてあそぶもの即ち玩具の在り方が、恩物のわくを超えた性質をもつものとして数多く紹介されている。恩物中心で幼稚園を推進しようと考えていた附属幼稚園の関係者にとっては、やや趣を異にするものとして、傍らにおきとどめられたものと思われる」(11)とも指摘している。

たしかに、『子育の巻』の附属幼稚園への影響はその通りであろう。だが、当時ほとんど幼稚園が世間に普及していないという状況を考えるとき、幼児教育の啓蒙という意味でも近藤は重要な役割を担っていた。しかも、恩物の枠を超えてより広い視野から玩具の教育的役割を論じたことはもっと評価されるべきであろう。

2 『子育の巻』執筆の背景――幼年科の開設と幼児教育への関心

著者近藤真琴は、天保二（一八三一）年鳥羽藩士の次男として生まれる。明治四十（一九〇七）年帝国教育会等の主催で開かれた全国教育家大集会で、明治初期における六大教育家の一人として功績が讃えられた人物である。彼は、海事教育の先駆者であり、多数の海軍将校を輩出した「攻玉社」の創立者として知られている。明治六（一八七三）年のウィーン万国博覧会に一級事務官として随員を命じられた近藤が(12)、小学校就学前の子供の「もて遊び類」や「学問道具類」を陳列した「童子館」というパビリオンに感銘を受け、帰国後、それをまとめたのが『子育の巻』である。当時、彼は「攻玉社」を「組織的な学校に発展させ、海軍士官志望者のための準備機関に止まらず、近代日本の建設……を推進する主として技術的な人材の養成を目指」していた。その第一歩として「まず幼年科を設けて年少の者の受け入れ態勢をつくること、そして年齢に応じて徐々に高度な内容を教授する教育過程を確立すること」(13)に関心を示していたという。

事実、近藤が渡欧の船中にあった明治六年三月一日、「攻玉社」に一四歳以下の生徒を対象にした幼年科が開校されている(14)。また、明治六年一月二八日付けの家族からの書簡には、幼年科の開設が迫り忙しくしている様子とともに「幼年局必用の品々、其内鳥獣草木魚介虫の図を以て少年に教示」したいのだか、国内にはないので当地で購入して欲しいという依頼がある(15)。このような事情もあり彼は「童子館」に関心を示したのであろう。特に、彼は子供への教授用具（玩具）に興味を示している。

例えば明治六年五月七日付の家族宛の書簡は、次のような内容である。

ゼルマンにて子供に教ゆる絵本あり絵ばかり書きこれにて加減乗除をおしゆる本なりたとへは

こしかけ三つは立ち二つはたほれてありのこらすにていくつになる　これ加算
こしかけ五つある内にて二つはたほれてゐるときは幾つはたちてある　これ減算
こしかけに各四本つゝのあしのあるときは五つのこしかけに足はいくつ　これ乗算
あし四本つゝのこしかけあり足の数二十なる時は腰かけの数はいくつ　これ除算

都て此類の題にて、スレート又は紙などにかゝず目で見て総て計へ口にこたふるものなり、一つの題にていろいろに題をいひかへる様になりて居るなり(16)

しかも、『子育の巻』で紹介した教具（玩具）を、自ら製作して紹介することさえも試みている。近藤は、ウィーン万国博覧会に同行した古川正雄(17)とともに、「童子園ノ玩具ヲ観、其数品ヲ購ヒ」帰国している。そして、古川は「算術ヲ教フル器、五大洲組物、画学初歩」等を、近藤も「硝子習画器、仮名之緒」等を模製した。しかし、機は未だ熟さず、世間はこれに関心を示さなかったという(18)。

3　内国勧業博覧会――『子育の巻』以後

これまで『子育の巻』以後の近藤の幼児教育への業績については、まったくふれられなかった。しかし、彼はウィーン万国博覧会から帰国後、その経歴を買われ明治一〇（一八七七）年の第一回内国勧業博覧会（以下、「勧業博」と記す）では審査官に、そして、明治一四（一八八一）年の第二回勧業博では審査部長に任命されている。そこで、幼稚園関係の出品物等の審査の任に携わったのが近藤であった。

第一回勧業博は一〇二日間で一万六千人余の出品人と四五万人余の入場者、第二回勧業博は四ヵ月で二万八千人の出品人と八二万人余の入場者を数え、各地方から行政の命令で「組織的に上京させられた者が、各村に数名ずつはいたのではないかと推測される」[19]規模であった。いわば勧業博は国民に「『文明』を具象として教える展示場」[20]であった。

ウィーン万国博の「童子館」の紹介である『子育の巻』よりも、どちらかといえば第二回勧業博で近藤が作成した報告書の方が、彼の幼児教育観とその啓蒙に果たした功績をよく伝えている。

① 幼児教育の現状への嘆き　近藤は第一回第二回とも製造品の部の教育用諸品の審査にあたっているが、その「第二区第十四類其二」は「学校及ヒ童子園ノ使用物、及ヒ器具体操ノ諸具」であった。『第二回内国勧業博覧会審査報告書』の近藤が担当した項目は、当時の幼児教育を取り巻く状況を垣間みせるものがある。

まず近藤は幼稚園が遊びをとおして幼児を教育するところであり、その手段として玩具が大きな役割を担っていることを説明する（ちなみに近藤は幼稚園を童子園と訳している）。

童子園ハ……「フレーブル《ママ》」氏ノ創製スル所ニシテ、学齢未満ノ童子ヲ未タ小学ニ入ラザル前ニ教育スル所ナリ、故ニ多クハ玩弄物ヲ以テ教育ヲ助ク……皆游戯ノ間ニ精神ヲ発達シ、智識ヲ開暢セシムル所以ナリ[21]

だが、今回の「童子園ノ用具」関係の出品は低調であった。前回（第一回勧業博）は文部省の他に、民間から、東京府の「文字教授玩具　澤貴彦輔」「地球儀　橋爪貫一」、そして京都府「幼穉園用具十一種　村上勘兵衛」の出品があった。

特に京都の村上の出品物（第四章第五節参照）は「童子園玩具、地球図、日本図、五十音等ノ方形ノ木材ニ粘シ、児童ヲシテ組立シムル者及ヒ紙織形躰初学、剪刀（はさみ）細工、臨画器、綴字器等」の一一種であり、すべて西洋製の模造品であったが完成度も高く、価格も安く評価すべきものがあった。ところが、今回（第二回勧業博）の出品は澤貴彦輔の「数学骨牌」の一品だけである。

博覧会は回を重ねるごとに幾らかの進歩があるものだが、むしろ「童子園の玩具」については後退しているのではないか。そして、近藤は世間の幼児教育の関心の低さを、次のように嘆くのである。


明治十年ノ内国勧業博覧会ニハ（童子園関係の）文部省ノ出品頗ル多シ（それ以外にも民間から三人の出品があった）本年ノ会ニ於テハ、此部ニ属スヘキ者ハ……一品アルノミ、是レ天下未タ童子園教育法ノ世ニ益アルヲ知ラザルカ、「フレーベル」氏童子園ノ教育法ヲ発明スルヤ、時人嗤テ以テ牛刀鶏ヲ割クニ比ス、後其有益ナルヲ見ルニ及ヒテ、其法全国ニ布クト云フ……本年ノ博覧会ハ之レヲ前回ニ比スルニ、幾許カノ進歩アラサルハナシ、独リ童子園ノ玩具ニ至リテハ、痕ヲ留メズ、何ソ世人ノ子ヲ教育スルニ心ヲ用ヒザル事此ノ如クナル……夫レ童子園ノ玩具ハ教育ノ始ナリ、而シテ其出品ノ寥々タル事此ノ如シ、以テ世人ノ教育ニ心ナキヲ観ル、浩嘆ニ堪ヘザルナリ(22)

第1章で見たように、大多数の日本人は遊ばせながら心身の発達を助けるという「幼児教育」を知らない頃である。子どもは玩具で遊ぶものだが、それがなぜ教育と結びつくのか、おそらく当時の人々の理解を越えていたのであろう。これを見るかぎり、世間の幼児教育への関心の低さが伝わってくる。

たしかに第一回から第二回の勧業博覧会が開催された、明治一〇年から明治一四年の間には幼稚園数の目立った伸びは見られない。当時は、まだ文部省の幼児教育政策の基本的な方針も確立していない頃であり(23)、近藤の嘆きも致し方なかった。

② 近藤の玩具観

続けて、彼は幼児教育の場で使用される玩具は、一般の父母や乳母が使用しても教育効果が期待できる。しかも、これまでの伝統的な玩具でも少し工夫すれば、それも有益になると力説する。また、幼児期からの玩具遊びが、後の技術者の養成のために役立つことも指摘する。

（幼稚園の玩具は）之レヲ父母ノ膝下ニ弄シ、乳母ノ背ニ玩スルモ、亦益ナキニ非ス、尋常ノ玩弄物ト雖モ、少シク此ニ意ヲ用ヒハ、亦益少カラズトス、（「スタム博士」のいうには）幼ニシテ器物ヲ玩弄スル児ハ、長シテ工業ヲ勉ムル人トナルト……夫レ幼時ノ慣習ハ百年改ムル事能ハザル者ナリ、故ニ教育ノ最モ慎ム可キハ初生ニ在リ……(24)

幼児期の教育は、その子の人格形成の基礎的部分を培うのであり、慎重に取り組まなければならないのである。以下、近藤は世間の玩具の状況とその改良の必要性とともに、伝統的な玩具や絵本の教育的意義を具体的に論じる。そして、それが小学校の就学準備に役立つことを強調するのである。

……玩器亦以テ物理ヲ教フルニ足ル者ナリ、器械ノ六力ヲ示スベキ者、固ヨリ乏シカラズ、其他達磨、拳人形、与次郎兵衛ノ如キハ、重心ノ理ヲ教フ可ク、水出シ鉄砲ハ、水重学ノ助トナス可ク、百官目鏡ハ光線反射ノ理ヲ教フ可ク……凡ソ此ノ如キ類ハ、児童ヲ育ツル者ニシテ、小シク学アラシメバ他日修学ノ基礎ヲ立ツルニ足ル事アラン(25)

もっとも「遊ばせながら学ばせる」といっても、それを無理やり大人が押しつけることは逆効果であり、子どもの個性に応じた教育が必要であることにも注意している。

……児童ヲ育スル者、游戯ノ間ニ物ヲ学バシムルヲ良シトスル説ニ服シ、或ハ過テ教授ヲナスニ傾キ、強テ児童ヲ圧スル弊ヲ生スル事アリ、児童已ニ其事ニ圧ク時ハ、再ヒ之レヲナス事ヲ厭フ者ナリ、然ルニ強テ之レヲナサシメ或ハ威ヲ以テ之レヲ厭シ、遂ニ学フ事ヲ嫌忌スル性ヲ養成スル事少カラズ、是レ却テ自然ニ任カスヨリ劣ル者ナリ、児童ノ性ハ一事ニ久シキ事能ハズ、厭キ易キ者ナレバ、之レヲ嬉游セシメ、傍ラ其智識ヲ益サシムル事ヲ務ムルヲ可トス、宜シク此ニ意ヲ注クベシ(26)

「遊ばせながら学ばせる」ということは、ややもすると「学ばせるために遊ばせる」ことになり、「教育的遊び」を強要しがちである。それではかえって何もしないほうがましであるというのである。

彼は「第十四類其二」への出品の奨励とともに、審査官手島精一、青木保等は唯一の出品者であった「澤貴彦輔」のたゆまぬ努力に対して「其志教育ニ篤キニ非レバ……能ク之レヲ工夫シ得ンヤ」として褒状を与えたという。そして、澤貴の心意気をふまえ工人や商人は「教育ニ益スル」ものを製作するよう啓発して報告書を結んでいる(27)。

近藤は、後の技術者養成の為の「早期教育」や小学校の就学準備教育として、幼児教育を理解し、幼児の能力開発の手段として「玩具改良」の必要性を説く。しかし、5章で見るように、明治一五年頃をさかいに文部省は幼稚園を就学準備教育の場ではなく、庶民の子どもを預かる保育所的施設として普及させる方向に進む。だが、幼児教育は皮肉にも近藤のめざした方向で一般に浸透し、やがて定着するのである。

幼稚園が全国でわずか七園しかない時代に、『子育の巻』や勧業博覧会等を通して一般の啓蒙に努めた近藤の役割は大きい。そして、幼稚園がようやく普及し始める目前の明治一九年九月、惜しくも近藤はコレラのため五五歳の生涯を終えるのである(28)。

直接、文部省や幼稚園に関係しなかったために、その評価は『子育の巻』の著作だけに絞られがちだか、草創期の幼児教育の啓蒙・普及に努めた人物として、近藤真琴は再評価される必要があるのではないか。

3　手島精一と幼児教育――教育博物館と博覧会

1　教育博物館における幼児教育の啓蒙

①　教育博物館の展示構成

先に、第一回内国勧業博覧会の「童子園」関連の出品の大半は、文部省だったと述べた。その「御用掛」を勤めたのが、手島精一である。これまで手島は工業教育の父という評価がたかいが、文部官僚として幼児教育の啓蒙と普及のためにも重要な役割を演じている。

手島精一は、嘉永二（一八四九）年沼津藩士の二男として江戸で生まれる。後に東京工業学校（現、東京工業大学）の校長をつとめる。二一歳の時にアメリカへ渡りフィラデルフィアのイーストン大学留学中に藩からの学資が途絶えたところ、現地で「岩倉使節団」の通訳に採用され、米国、英国を視察して帰国した人物である(29)。その後、明治九（一八七六）年四月に田中不二麿の随員（文部省八等出仕）として、フィラデルフィア万国博覧会に派遣され出品事務を担当している。

この経歴により、以後彼は内外の多くの博覧会に関係することになる。例えば、フィラデルフィアから帰国後、教育博物館長補となり、明治一〇（一八七七）年八月には、「内国勧業博覧会、文部省より出品に付、右御用掛可相勤候事」という辞令を受ける。そして、一〇月にはパリ万国博覧会の教育物品の輸送のための御用掛となり、翌年二月には文部大書記官九鬼隆一に随行してパリ万博をはじめ欧州各地を視察している。この目的の一つには教育博物館の陳列品の購入があったという(30)。

明治一四（一八八一）年、手島は教育博物館長に就任する。彼の博物館経営の方針は、明治一一（一八七八）年に九鬼に宛てた次のような書簡の内容から推測することができる。

（世間にある博物館は専門学者のためのものばかりだか）教育博物館は、之と異なり各種の学術に入る基礎を立る物品、即ち、父母の家庭に用ふる教育品、幼稚及び小中学用教育品及び教育家参考品等を排列する所にして、其の物品は高尚ならずと雖も、其関渉する所は、極めて大、且つ、博くして、一般人民に利益あらん為設立せるものなり。之を譬ふるに、各種の博物館は、猶ほ専門学科の如く、教育博物館は普通学科の如し。故に、教育博物館の事業は、啻に、教育品を排置するに止まらず、猶人民の教育と密着し、能く、実際に渉、教育具中に就て、折衷改造し、之を府県に頒ち、教育を受くるの子女をして、簡易に学び得、且つ、厭倦を生ぜざらしめ……[31]

彼が普通教育、特に幼児（家庭）教育の普及に力を入れていた様子は、教育博物館の展示構成からも推測することができる。明治一四年の『教育博物館案内』によれば、それは次の通りである。

まず、第一室は「教育玩具、幼稚園恩物、実物教授用標本、及ひ掲図等」があり、「家庭玩具類」の展示があった。「第一函」は「本邦製の玩具《てあそびもの》にして児童の眼目手指の能力《はたらき》を訓練し智力を発達《ひらく》するに足るへきもの」を展示していた。即ち「（は）切抜画（に）手形の図（ほ）双六（へ）知恵の組木（と）知恵の輪（ち）離合日本図（り）博物図解等」である。

続いて第二函から第五函までは、外国製の玩具が陳列されていた。なぜなら、日本の玩具は教育的配慮もあまりなく、且つ壊れやすく、有毒塗料を使用する等問題が多いので、外国製品を多数展示することで、その優れたところを学び取り「善良な玩具」を製作するための一助としようという意図があったからである[32]。

そこには次のような説明が添えられている。

此函内の玩具ハ皆外国製にして本邦製のものに比すれバ其数甚だ多し、蓋し彼の国に於いてハ家庭教育《うちのをしえ》の忽《ゆるがせ》にす可らさるを知り玩具製造者も亦意を此に注きて之に適《かなう》するものを製出するを多きを以てなり、此にハ嬰児《おさなご》の玩弄《もてあそび》

に供する極めて単簡なる玩具より進て其成長に従ひ漸次智能を発育するに功あるものに至るの順序を逐て陳列す(33)

そして「○幼稚園教授類　第六函」は、フレーベルの肖像で始まり、幼児教育の解説を施した後に「東京女子師範学校附属幼稚園、其他京都府及ひ英国、独国、米国等の幼稚園恩物」を展示している(34)。

このように、まず日本製玩具の現在の水準を概観した後で、外国製の玩具を子どもの発達段階に応じて展示し、最後に幼稚園の恩物を紹介をするという構成であり、一般への啓蒙的効果を十分意識していたことが理解できる。

② 教育博物館の蒐集と活用

また、当時の教育博物館員の回想によると、前館長の矢田部良吉は学者であったために、専門的な展示に偏りやすかった。そこで館長補であった手島が専ら普通教育に力を注ぎ展示材料を蒐集した。そして、それは彼の海外出張のたびに充実したという(35)。

たしかに明治一八年の『教育時論』第一一号には、「手島精一君ガ英国等ニテ購求セラレタル教育品解説概目左ノ如シ」として約四〇数点が紹介されている。その前年に彼はロンドンの「万国衛生博覧会」に渡英しているので、その際に購入したものであろう。「家庭教育ノ部」は、「動物模形・図画玩具・切抜画・幼稚園恩物・乗算ノ遊・花衣ノ遊・地学ノ遊・透明七色紙・電気玩具」の八点である(36)。

例えば、「図画玩具」「電気玩具」にはそれぞれ次のような説明がある。

図画玩具　此品具ハ多少其用ヲ異ニスルモノアレドモ児童ヲシテ己ニ着色シタル画ニ模シテ之ヲ着色セシムル等ハ娯楽ノ際ニ其ノ心意ヲ錬磨シ手指ノ敏活ヲ助クルニ足ルモノ多ク最教育上ニ適スル玩具ナリ

電気玩具　輓近欧米国ニ於テ電気上ノ発明多キヲ以テ遂ニ玩具ニ至ルマデ電気上ノモノヲ用フルニ至レリ但シ此種ノ玩具ハ極メテ廉価ニシテ児童ノ為メニ容易ニ購求スルヲ得且之ニ其ノ調製法ヲ示シタル書ヲ添ユルヲ以テ児童ヲシテ自ラ電気鈴或ハ電信機ノ模形ヲ調製セシムルヲ得ルモノニシテ啻ニ心意ヲ喜バスノ玩具ナルノミナラズ亦其ノ理ノ一端ヲ関知セシムルノ便アリ(37)

しかも、教育博物館は、教育上の書物や器具を外国から購入することを府県や学校が希望すれば紹介もするし、館内の物品を模造したければ貸出しまでしたという(38)。前述の書簡にも次のような一節がある。

……然らば、教育博物館に蒐集せんとするの物品は、其の目的、二様あり。一は、公衆の来観に供し、一は、模造の参考に備へんと、するものたれば、其物品は、務めて、現状の教育に適するものを選び、併せて、模造の用に供ぜんとするにあり。……(39)

「教育玩具」の最初の製造者である書籍商大貫正教は、教育博物館の展示品を参考に商品を開発したと考えられる（第3章参照）。また、幼児玩具等については一般の人々に無料で開放したようである。

前述の回想には、次のような一節がある。

先生は教育玩具類を備へて例へば、小児が生まれてから大きくなるまで、其の節々に応じて牛乳を飲む器から幼稚園に行く年頃に用ひる玩具のやうなものまで置いて、一切入場料をとらずに何人も自由に入場を許しました。それ故、子守などは雨の降る日には、遊びに来るといふ訳で、一時は、非常に取り込んだのであります(40)。

しかも、彼はこれに止まらず博覧会の場を通じて幼児教育の啓蒙に尽力していた。

2　博覧会における幼児教育の啓蒙

①　フィラデルフィア万国博覧会

明治九年四月に手島が派遣された「フィラデルフィア万国博覧会」は、文部省から「幼穉ノ教育及遊戯玩弄ノ物件」等も出品されており(41)、そこでは「幼稚園恩物四十一種類を箱にいれ陳列した」といわれる(42)。もっとも、四一種類とはいっても、別に掛図を加えての総数だというが、これは東京女子師範学校附属幼稚園の開園前であった。

また、同博覧会では「女性館」という独立のパピリオンがあり「女性の地位の向上を目ざすデモンストレーションもかねて、幼児教育の必要性を訴える意味で……フレーベル式幼稚園の実際の姿も紹介され」「遊びを取り入れた新しい幼児教育の方式が、やはりこの七〇年代のアメリカへ導入され、その種の幼稚園の波及においても、この博覧会は大きな役割を果たした」(43)という。

『手島精一先生伝』によれば、彼は文部官僚として「維新前後の教育の沿革と当年の状態とを世界に発表し、且つ、各国の教育の実情を究める」という用務で渡米した。そして、この時、手島の「手により出品されたものは、維新前後の教育の沿革を示す図表」つまり儒学者が肩衣をつけて講義している図や小学生徒が腰掛けて勉強している小学教育の図、その他、上は開成学校から、下は小学幼稚園に至るまでの生徒の成績品や試験の答案及び製作品、教授用具等であった。そして、彼がほとんど一人で出品物の蒐集や陳列説明などを行ったという(44)。

そのなかに、文部省が製作した恩物も一緒に出品されたのであろう。翌年の第一回内国勧業博覧会には、おそらくこれと同製のものが出品されていた。

②　第一回内国勧業博覧会の周辺——文部省出品物を中心として

「第二区第十六類教育器具」の部には文部

省の出品物が多数見られるが、特に幼児教育に関係するものとして、本邦初の幼稚園教育書といわれる桑田親五訳『幼稚園《をさなごのその》』が「玩器添」で出品されている(45)。

その出品の解説には「玩具類聚　幼稚園ノ玩具ハ父母師傅ノ責アル者幼児ノ遊戯ニ由リテ其天然固有ノ知覚ヲ誘致開発スル為メニ設クル者ナリ」(46)とある。また、『幼稚園』の内容から考えても「玩器」とはおそらく「恩物」のことであろう。

明治九年一月に文部省から発行された『幼稚園』上巻は、「ロンゲ氏の著せる英国幼稚園と題する英文の書」を訳したものであった(47)。これは東京女子師範附属幼稚園設立以前の出版であり「開園後実際保育を行うに当つて、如何に重用せられたか察するに余りある」(48)という。また、実物を添えて博覧会に出品されていることから考えても、『幼稚園』の図をモデルにして文部省は一連の恩物を模造したのではないだろうか。しかも、『幼稚園』は一般への啓蒙的効果も意識していたのである。

例えば、同年七月に発行された附属幼稚園の初代監事であった関信三訳『幼稚園記』は『幼稚園』より「実際保育を行ふに当つて是非必要なこと全般に亘つている」保育書である。しかし、文体は純粋の直訳で、しかも漢文調なので、一読しただけでは意味がわからない(49)。一方、『幼稚園』は当時のものとしては言葉やさしく訳され、ふりがなも平易である。博覧会に出品されたという事情をあわせて考えても、いわゆる専門書であった『幼稚園記』とは、やや趣がことなっていたのである。

第一回勧業博覧会には、その他に「筆学捷徑、手影図式、見取絵、砂時計、仮時計、透影板、智恵輪」が出品されている(50)。

「筆学捷徑」とは片仮名やイロハ、又は画数の少ない文字を「色牌（カード）」を使って幼児が遊びながら文字に親しむことができるもの、つまり、現在の「文字遊び」であろう。また「見取絵」は「直形鉤形等ノ牌（カード）」で「模式ニ倣ヒ方図其他ノ形状」を作らせるものであり、これによって「幼児ノ構思ヲ開発」するものであるという。

前述の明治六年の就学前教育の重要性を啓蒙するために、玩具二品を製造し希望者に払い下げるという文部省の通達には、「玩具ノ筆学捷路トテ札ニテ字ヲ作ル工夫綴字ノ一歩建築ノ仕掛抔アリ」という記述があった。この玩具二品とは、「筆学捷徑」「見取絵」ではなかったかと推測される。

ともかく手島はフィラデルフィア万国博覧会、第一回内国勧業博覧会、パリ万国博覧会等、文部省の「御用掛」として出品に深く関係している。しかも、その成果を教育博物館の展示構成に反映させている。また、手島は第二回内国勧業博覧会でも審査官として近藤を補佐し、澤貴彦輔に褒状を与えている。以上のように彼の活動は、幼児教育の啓蒙に務めるなかで「玩具の教育的改良」に深い関係をもっていた。

そして、明治二三（一八九〇）年の第三回内国勧業博覧会では近藤の急死をうけて「第五部教育及学芸」の審査にあたり報告書を作成している。その範囲には「第一類　教育及学芸ノ図画、器具」のなかの「其一　家庭及通俗教育ノ器具及図画」「其二　幼稚園及小学校ノ建築按、様式、器械、教科用図書並幼児及生徒ノ成績物」の項目が含まれていた。

③　**第三回内国勧業博覧会**　　第三回内国勧業博覧会は、四ヵ月の会期間に約一〇二万四千人の入場者を数えている。また、前回と異なり「教育及学芸」が初めて一部門として独立する。「其一　家庭及通俗教育ノ器具及図画」の出品数は一三五点(51)、受賞者は「有効一等」に「表類及教育会事績　大日本教育会」、「有効三等」は大貫正教「教育玩具」の他に「幻燈及映画　中島精一」「幻燈及映画　三原親輔」の三点であった(52)。「幻燈」は明治一二、三年頃、「簡単ニシテ教育上有益」だという理由で手島が海外から持ちかえり、教育博物館で広め(53)、それを今回中島、三原が改良をしたのである。また、手島が「大日本教育会」に深い関係をもつことはよく知られているが、同会で自らの懸賞をかけ「幼児教育を全国へ普及させるためのアイデア」を募集するなど、幼児教育の普及に関連して精力的な活動を繰り広げている（第5章第3節参照）。このように受賞者は手島の活動に何らかの関連があった。

「其二」の概要は第3章でふれることとして、ここでは「其二　幼稚園及小学校」の報告中「幼稚園」の項に注目しその内容を見ていくことにする。

まず、審査にあたり出品物は少なくはないが幼稚園は小学校と併設されるものが多く「殊ニ幼稚園ノ成績」品にはこれといった特色がなく、授賞に相当するものはなかったと前置きして(54)、幼稚園の具体的な問題にふれる。当時、幼稚園はようやく普及をし始め、第二回勧業博覧会が行われた明治一四年には六園だったが、この報告書が執筆された明治二三年には一三八園と大幅な伸びを見せていた。しかし、これは小学校の就学問題との関連から就学未満児の受け入れ施設の必要が生まれ、小学校に附属する形で幼稚園が普及した結果であった。

その影響もあるのか、幼稚園の教室に腰掛けと畳のどちらを使用すべきか、という議論があったらしく、彼は二説とも一長一短があるが腰掛けを使用する場合は、幼児が寒さを感じないような配慮が必要だという。だが、問題なのは、腰掛けを使用することで「幼稚園カ小学校ノ風ヲ帯」び、幼稚園の保母は小学校の先生然とすることである。幼稚園は学校ではないのであり、その設備にかかわらず「幼児ノ家庭ニ在ルト一般ノ感情アラシムルハ此ノ教育ニ従事スルモノノ」の務めであると指摘する(55)。

つまり手島は、園の備品が腰掛けの使用など小学校的になることは仕方がないことだが、教育内容まで小学校化することを警戒したのであろう。

続けて、幼稚園が未だ旧態依然の保育のままであり、日本的な消化がなされていない。これは要するに幼稚園関係者の研究が足らないからであり、関係者に指導方法の改良の研究を要請するのである。

幼児成績品ハ保育法ノ西洋風ヲ帯フルヲ以テ是亦西洋幼児ノ製品タルヤヲ疑ハシムヘキモノナキニアラス幼稚園ノ本邦ニ創設アリシ以来既ニ十四五年ノ星霜ヲ閲スル今日ニ於テ尚旧套ヲ脱スル能ハサルハ抑亦研究ノ足ラサルノ致ス所ト云ハサルヘカラス本員（手島）ハ其局ニ当ルモノニ向テ其改良ノ方法ニ関シ一層研究アランコトヲ切

望ノ至ニ堪ヘサルナリ(56)

例えば、紙折細工(おりがみ)は外国のものを用いているが日本には伝統的に優秀なものがあるし、他にも日本固有のものが幼稚園の教材として活用できる。それにもかかわらず外国のものばかりを受け入れているのが現状である。手島はいう。「看ヨ幼稚園ヲ開創セシ外国ニ於テモ今日ハフレーベル氏ノ玩具ノ外ニ種々新玩具ヲ用フルモノアリ……」(57)と。

このように玩具改良の必要性を述べている。

また、手島は報告書の最後に、外国の上流家庭は日本とは反対に幼児を幼稚園ではなく家庭で教育をするとして、次のように指摘している。

……外国ニ於ケル幼稚園ハ家庭ト敢テ懸隔ナキヲ以テ上流ノ人士ノ如キハ多ク家庭ニ於テ保育スルナリ……我邦ニ於テハ然ラス幼稚園ニ入ルモノハ多ク上流ノ人士ノ子女ニ非ルハナシ……我邦人モ其家事ノ許ス限リハ可成家庭ニ於テ保育センコトヲ望ナリ(58)

即ち、上流階級は子女を家庭で教育しており、幼稚園が必要なのは、家庭教育が不十分であったり、幼児期教育の大切さを理解しない層であった。いわば、家庭教育の不備を補う施設がここでいう幼稚園であった。これは生活様式や母親の教育の浅深等、色々な理由によるが、日本人も家事の許すかぎり家庭で保育することを望む。そうでなければ母親がその子女に対する責任を果たさず、慈愛の情も滅却するであろう(59)。そして、フランスの「クレッシ」という三歳以下の幼児を預かる保育施設に言及する。

……「クレッシ」ノ方法ヲ採リ無数ノ寺院ヲ利用シテ盡ソ労働社会ヲ益セサルヤ、且夫レ「クレッシ」ハ固リ幼稚園ト性質ヲ異ニセリト雖モ外国ノ幼稚園ハ社会ノ状況ニ適スルモ我邦ニ設立ノモノハ往々適セサルモノナキニアラス、夫ノ「クレッシ」ノ如キハ幼稚園ノ方法ト折衷スルトキハ蓋シ我邦ニ適スルモノナカランカ(60)

このように手島は、現在上層の人々の施設となっている幼稚園の現状を批判する。つまり、「クレッシ」は幼稚園とは性質が異なるが、これをうまく折衷して日本の現状にあわせて改良し、子どもが沢山いる家庭や農繁期などに「嬰児ヲ家ニ遺シ夫婦共ニ野外ニ労働スル」者(61)のために幼児教育施設を普及させるべきだという。

*

幼児教育が定着する前段階に、幼稚園の枠外から、その普及と啓蒙に努めた人物として、近藤真琴と手島精一がいた。彼らの目的は、各家庭に幼児期の教育の必要性を浸透させることであった。なぜなら、「幼児教育の本来の要件を充たす」(62)のは家庭だからである。

そのため近藤は、ウィーン万国博覧会から第二回内国勧業博覧会に至るまで、著作や審査、そして自ら教具を模造までして、草創期の幼児教育の啓蒙に努めた。一方手島にとって、幼稚園を必要とするのは生活に追われ子どもの養育が満足にできない家庭であり、近代的な家庭教育の知識が、国民に浸透すれば幼稚園は不用であった。手島は、それを普及させる方向性を示すとともに、その一環として「玩具の教育的改良」の啓蒙に努めたのである。

第3章 「教育玩具」の受容と浸透

1 「教育玩具」の出現から流行まで

1 「教育玩具」の祖・大貫政教

子どもの発達に役立つものとして、玩具を製造し、これを商品として売り出した最初の民間人は、小学校の教師等をへて文部省（現、文部科学省）に勤めていた経歴をもつ東京日本橋の書籍商大貫政教であった(1)。昭和一〇（一九三五）年の『東京玩具卸商同業組合史』によれば、「教育玩具」出現について、次のように記されている(2)。

明治五（一八七二）年に内務省が欧米に派遣した教育制度の視察官が、「児童教育資料として理化学玩具及小学教授用庶物標本」「手工材料」を持ちかえった。そして、翌年、内務卿大久保利通は教育的玩具を創作させる目的で、東京の手遊人形問屋の主だった者を呼び、これらの玩具（汽車、汽船、禽獣、積木、絵合、折紙、組物など）を見せた。しかし、彼らは、これを「教具として見るものはあっても、玩具として見るもの」はなく、また、玩具が子どもの発達に深いかかわりをもつという意味が理解できず、しかも売上も見込めないということで試作したものはいなかった。

図1　『廿三年博覧会実況』（吉徳資料室蔵）。第3回内国勧業博覧会の「教育玩具」出品をつたえる。

その後、内務省の要請で大貫が試作、販売を試みたという。もっともこの記録は、当時の業界の重鎮であった小島百蔵の記憶によるところが多く、その信憑性を検討する余地がある。

明治二七（一八九四）年の『東京諸営業員録』に、「新古書林之部」に「幼稚園用書及用具　大貫政教」とあるように、大貫は、文栄堂という屋号で、幼稚園用の書籍や東京案内などのガイドブックを発行していた人物であることがわかる(3)。また、第三回内国勧業博覧会に「教育玩具」を出品したらしく（図1）、その審査報告書に、次のような記述がある。

……堂主大貫政教ハ明治十年ヨリ同二十年ニ至ルマテ職ヲ教育部内ニ奉セシカ、玩具児童ノ官能ノ発達ニ必要ナルノ感ヲ起シ、茲ニ職ヲ辞シテ玩具製造販売ニ従事セリ、今回出品シタルモノハ六十五種ノ多キニ至リ尚続々製出セントス同人ニシテ尚志ヲ屈セス愈々善良ノ玩具ヲ製スルトキハ教育上ノ益蓋シ浅鮮ナラサルベシ(4)……

ここから大貫は、明治二〇（一八八七）年頃に文部省を退いて本屋を開業し、そのかたわら玩具の製造販売にも携わっていたことがわかる。

先の審査報告書は、大貫が「第五部教育及学芸」部門に六五種類の玩具を出品し、「有効三等賞」を受賞したことを伝えているが(5)、「教育玩具」を発売するにあたり、文栄堂発行『内国勧業博覧会独案内』には、次のような広告が掲載されている。

凡そ小児は人の初めなれは善き事を教ふれは善き人ともなり悪しきことを教ふれは悪しき人ともなるべし、故に小供の時より善き教育を施さんことは父たり母たるもの、務にして、其務とする所は第一躾方なり、其躾方とは即ち習慣にして元来人は小供の時より見もし聞もし遊ひもする事柄によりて知らす識らさる間に習慣を作り出し、其習慣は生涯の気質とはなるものなり、故に小供に善き習慣を与へんとなれは決して虚言等を以て騙さぬ様注意すへきは論なく、日常遊戯の玩具も必す有益、無害にして苟くも教育上に稗けをなすべき品物を選み与へんこと肝要なり(6)……弊社、夙に教育玩具の改良、必要なることを察し、数年前より其製造に着手し、漸く数十種の改良玩具を製出したるを以て明治廿二年中発売を試みたる

大貫が第三回内国勧業博覧会の前年の明治二二年に教育玩具の販売を始めたことがわかるが、しつけの大切さを強調するという意味では、江戸時代後期の育児観と大差はない。しかし、幼児教育の必要を説き、玩具や遊びに教育上の意義を積極的に認めている点が、当時としては斬新である。

別の出版物の広告には、店主大貫自ら、「幼童は人の初めにして人の賢愚は幼時教育の良否に依りて分る、者なれば苟も善き教育を施さん事は父母たるもの、最も緊要なる務なり」として、次のように述べている。

……無益の玩具は即ち有害の物たることを知るべきなり、抑も玩具は幼童の喜びて持ち面白く遊戯の用に供し知らず識らざる間に真正の感念を得さしむるに適当の者を要するは勿論更に又優美の性習を養成するに適当の者を要す、何なれば野鄙なる玩具を以て高尚の遊戯を企てしめんとは之を望むも得可らざる処なればなり……(7)

このように大貫は、玩具の教育的価値を認め、子どもの教育に役に立つという視点から玩具の改良と販売を試みる。

そして、幼児期の遊びの重要性とともに、玩具の良し悪しが、子どもの発達に大きな影響があることを力説するのである。

第2章で見たように明治六年、教育絵や玩具を製作し希望者に払い下げ、「教育博物館」で西欧の玩具を展示するなど、文部省は教育的な玩具の啓蒙につとめているが、あまり効果がなかった。このような現状を憤った大貫は、教育職をなげうって、玩具販売に従事したという。

……(文部省は)明治六年教育玩具を全国に班ちて幼童家庭の教育を助け……又教育博物館を設け数多の有益なる玩具を陳列して広く改良の模範を示されしも、如何にせん当時の世は文化尚未だ進まざりければ文部省折角の企図(も効果がなかった)……未だ改良玩具の世に造り出されざるは豈に教育の要具を欠くにあらずや是小事に似たりと雖も決して然らず、大いに子孫の運命と一国将来の盛衰に関係すればなり……(8)

そこで大貫は、「深く之を察し改良玩具を製造して教育」に役立てるために、「資金を投じ工夫を凝らし主として東京教育博物館」の展示品を参考にして研究を重ね、数十種の改良玩具を完成させたのである(9)。

2　大貫の試みと失敗

第一回、第二回の内国勧業博覧会には、文部省の他にわずかではあるが民間からも「教育的玩具」とおぼしきものが出品されている。だが、それらは種類も少なく、試作品の域をでていなかった。まして、町に流通している玩具は、まだまだ江戸の「手遊」の影を引きずっていた。そのような状況のなかで出品された大貫の教育玩具は、おそらく異彩を放っていたのであろう。審査にあたった手島精一は、次のような報告書を作成している。

……元来本欵（第五部第一類其二）ニ属スル物品ハ主トシテ小児ノ手遊品ヨリ稍ヤ長シテ就学スルノ後ト雖モ学校内ニ於テ児童ノ玩弄スル器具図書等ニシテ且児童ノ官能ヲ発達セシメ若クハ観察力ヲ暢発セシメ或ハ目及指ノ作用ヲ全カラシムル等ノモノタルヘシ……

……浅草ノ如キ玩具ヲ販売スルモノ店ヲ并列シ又神仏ノ縁日ニ於テ玩具ヲ販売スルノ露店其数多クシテ其ノ需要ノ多キヲ知ルニ足ルト雖モ、其製造者ノ教育上ニ留意シタルモノノ乏シキノミナラス往々卑猥卑野ノモノナキニアラス、大イニ製造者ノ注意ヲ要スヘキコトナカラン……（玩具販売をする業者は多数にいるが）然レトモ教育玩具ニ至リテハ明治初年ノ頃ニ古川某ナル人外国ノ玩具ヲ模造セシモノ五六品アル他ハ今回出品シタル文栄堂大貫政教ノ如ク教育玩具ヲ調整シタルモノアルヲ聞カス……(10)

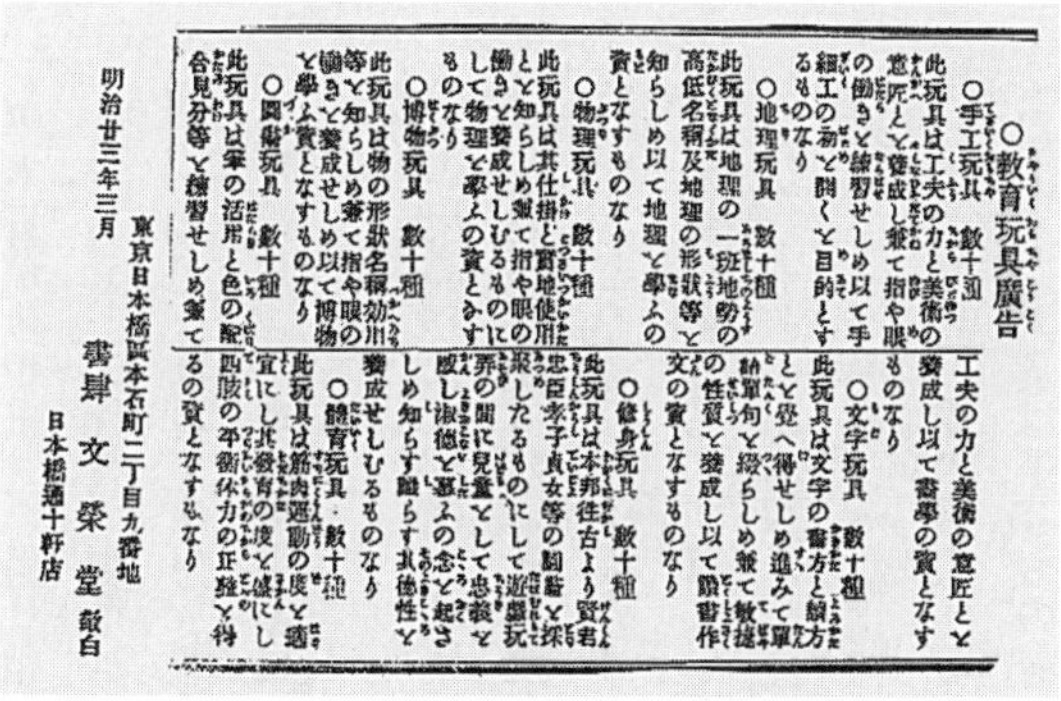
○教育玩具廣告
○手工玩具　數十種
此玩具は工夫の力と美術の意匠とを發成し兼て指や眼の働きを練習せしめ以て手細工の初を開くを目的とするものなり
○地理玩具　數十種
此玩具は地理の一班地勢の高低名稱及地理の形狀等を知らしめ以て地理を學ふの資となすものなり
○物理玩具　數十種
此玩具は其仕掛と實地使用とを知らしめ兼て指や眼の働きを發成せしむるものにして物理を學ふの資となすものなり
○博物玩具　數十種
此玩具は物の形狀名稱効用等を知らしめ兼て指や眼の働きを發成せしめ以て博物を學ふ資となすものなり
○圖畫玩具　數十種
此玩具は筆の活用と色の配合見分等を練習せしめ兼て工夫の力と美術の意匠とを發成し以て畫學の資となすものなり
○文字玩具　數十種
此玩具は文字の書方と讀方とを覺へ得せしめ進みて單語單句を綴らしめ兼て數種の性質を發成し以て讀書作文の資となすものなり
○修身玩具　數十種
此玩具は本邦往古より賢君忠臣孝子貞女等の圖畫を採用したるものにして遊戯玩弄の間に兒童をして忠孝を感し淑德を慕ふの念を起さしめ知らす識らす其德性を發成せしむるものなり
○體育玩具　數十種
此玩具は筋肉運動の度を適宜にし其發育の度を盛にし四肢の平衡体力の旺盛を得るの資となすものなり
明治廿三年三月
東京日本橋區本石町二丁目九番地
書肆　文榮堂　敬白
日本橋通十軒店

図2　『内国勧業博覧会独案内』文栄堂、明治23年（国立図書館蔵）

このように手島は、一般の玩具に教育的立場から考慮されたものが少ないばかりか、それは往々にして俗悪なものであるという状況を嘆く。また、その点で大貫の試みを評価する。

しかし、彼の売り出したものは東京教育博物館の展示構成をあてはめた、「（手工玩具）（地理玩具）（物理玩具）（博物玩具）（図画玩具）（文字玩具）（修身玩具）（体育玩具）」(11)といった、未消化なものが多かった(12)（図2）。また、出品目録を見ても、教師出身者らしく「学校用模型魚類、鳥類、獣類、組建家屋、算数之遊」(13)など、玩具として面白みに欠けるものが多かったようである。この点に関して手島も、次のような指摘をしている。

外国製ヲ模倣スルモノ、多キハ大ニ遺憾ナリトス……其形状等我児童ノ平素目撃スルモノニ異リ稍ヤ興味少キノ感アリ故ニ、成ルヘク我従来ノ玩具ニ教育ノ意ヲ用井テ調整スルニ如カサルヘシ、又玩具ノ製単ニ教育ノミニ偏スルトキハ之ヲ見ルコト学校所用品ト一般ノ感ナキニアラス、殊ニ目新シキモノハ母親ノ思想ト懸隔シ之ヲ敬スルノ念アルモ却テ之ヲ愛子ニ与フルノ意ヲ生セス、之ヲ購フモ亦有数ニ止リ折角ノ用意ハ徒労ニ属スルコトナキヲ得ス……(14)

大貫の出品物には外国製の模倣品が多く、日常見慣れている玩具とかけ離れているため、子どもが関心を示さないのではないか。従来の玩具を教育的に改良するなどの工夫が必要である。教育という点にばかり目を向けていると、学校の教具との違いが一般の人々にはわからない。これでは世間の母親たちは敬して遠ざけるばかりで、せっかくの努力も徒労に終わるのではないか、というのである。

しかし、子どものいる家には玩具は必需品なので、「教育玩具ノ如キモ普通玩具ニ改良ヲ加ヘタルモノ製出」すれば「児童モ之ヲ愛玩シ」、母親にも理解され、教育玩具の販路も拡大する。教育玩具の効用の宣伝と低価格の実現も考慮して、より一層の努力するよう助言している(15)。

このように大貫は子どもの発達に役立つものとして「教育玩具」を製造し、これを商品化した最初の民間人であった。しかし、教師出身の大貫の教育玩具は玩具としての面白みに欠け商品という点では不完全であったらしく、まもなく彼は店を閉じてしまう。だが皮肉にも、その直後に「教育玩具」という商標が流行し始めるのである。

3 「教育玩具」の流行と小島百蔵

大貫の閉店後に、店の在庫整理にあたった小島百蔵(安政五〔一八五八〕年〜昭和一八〔一九四三〕年)によれば、書籍の処分はついたが、玩具の処分に困った。そこで小島は、模型鳥獣類を射的の的に、魚類は釣り堀の玩具の魚用(図3)などに改良して「教育玩具」という商標を付けて売り出したところ大当たりをした(16)。この時が「教育玩

図３　三越呉服店製「釣り堀の玩具」
（土井子供くらし館蔵）

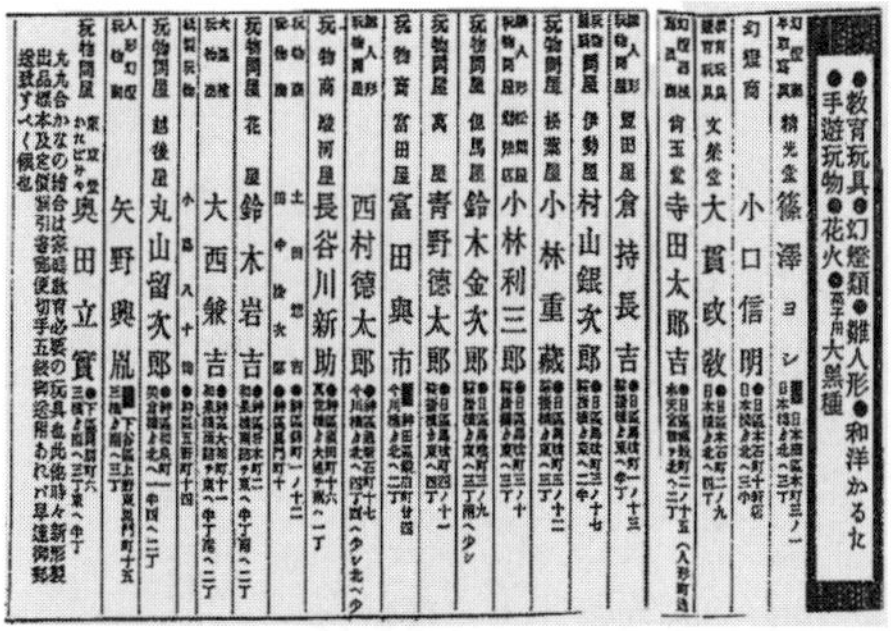

●教育玩具●幻燈類●雛人形●和洋かるた
●手遊玩物●花火●菓子用大黒種
精光堂　篠澤ヨシ
幻燈商　小口信明
文栄堂　大貫政教
寺田太郎吉
玩物問屋　豊田屋　倉持長吉
玩物問屋　伊勢屋　村山銀次郎
玩物問屋　小林重蔵
小林利三郎
玩物問屋　但馬屋　鈴木金次郎
玩物問屋　萬屋　青野徳太郎
玩物商　冨田屋　冨田與市
西村徳太郎
玩物商　駿河屋　長谷川新助
玩物問屋　花屋　鈴木岩吉
大西兼吉
玩物問屋　越後屋　丸山留次郎
矢野興胤
玩物問屋　東京堂　奥田立實

図４　『東京諸営業員録』明治27年（国立国会図書館蔵）。右から三番目に大貫、左端に奥田の名前がみえる。

具」という商標の実質的な始まりであった、と後年彼は回想している。

小島は、大阪生まれ、丁稚奉公から始めてさまざまな職業を転々とした後、明治二〇（一八八七）年に上京し、「東京堂」奥田立実（後述）に奉公し、明治二〇年代後半に独立。「教育玩具」の商標で玩具販売に乗り出し財をなした人物である。また、明治四一（一九〇八）年の東京玩具卸商同業組合の設立発起人であり、組合の評議員や副組長を長くつとめた業界の重鎮でもあった。その屋号の「兒訓堂」が示すように、明治から大正・昭和にかけて「教育玩具」畑を歩いた生き証人でもある(17)。

以上の話は、小島の記憶によれば、明治二七（一八九四）年頃だというが、たしかに同年大貫は区会議員に転じている(18)。もっとも、「教育玩具」という言葉自体は、教育博物館長をつとめた手島精一の造語なのか、既に明治一四（一八八一）年の『教育博物館案内』のなかで用いられている。しかし、これが商品として流通したという記録はない。

また、明治二七年『東京諸営業員録』には、「教育玩具、幻燈類・雛人形・和洋かるた・手遊玩物・花火・菓子用大黒種」の項目があり、関連商店一〇四軒のなかに「教育玩具体育玩具　文栄堂大貫政教」が紹介されているが(19)（図４）、明治三六（一九〇三）年の「東京玩物雛人形問屋組合」の人名表には大貫の名前はない(20)。

また、『諸営業員録』では、大多数の玩具商は「玩物商」を名乗っており、大貫以外に「教育玩具」販売を宣伝文句とした店はないが、九年後の『東京

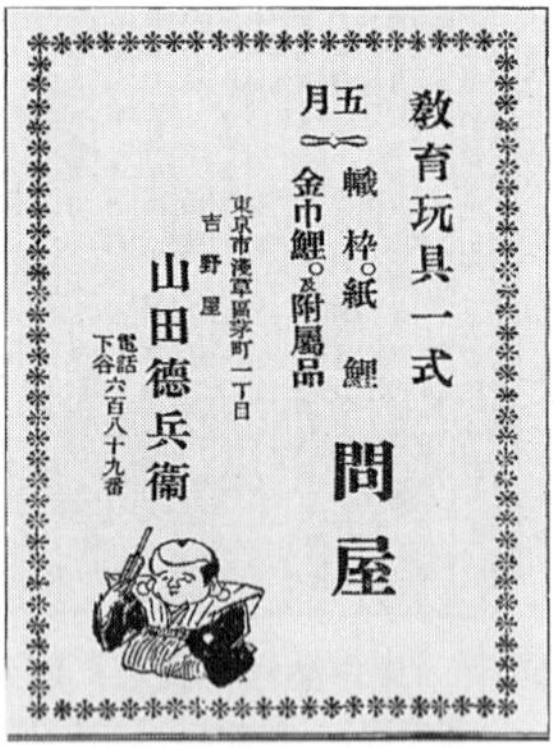

図5　吉野屋の「教育玩具」広告（『東京雛玩具商報』創刊号、明治36年より）

雛玩具商報』（明治三六年）創刊号になると、玩具人形問屋のものと思われる広告三一件中「教育玩具」販売を名乗っている店が八件も見られる。例えば、業界の記録である『雛仲間公用帳』に、寛政二（一七九〇）年一番組雛問屋で「平生手遊商売」と記されている吉野屋治郎兵衛（現株式会社吉徳）は、『諸品商業取組評』（明治一二年）では「手遊」、『東京商人録』（明治一三年）では「人形商」、『東京諸営業員録』（明治二七年）では「玩物問屋」と紹介されているが、『東京雛玩具商報』には、五月の幟枠・紙鯉などとともに「教育玩具一式」を扱う店として広告が掲載されている（図5）。また、明治四〇（一九〇七）年ごろと推測される店舗の写真には、「教育玩具」販売を名乗っている看板が見られる。

従って、このわずかの期間に「教育玩具」という言葉が普及し、これを玩具屋の多くがこぞって使用したとみてよい。つまり、この時期、教育と玩具との結びつきが一部の人々に意識され始めたのである。

4　小島児訓堂の「教育玩具」

先の『東京諸営業員録』には、「玩物問屋　東京堂　かたばみや　奥田立実……九九合かなの絵合わせ家庭教育必要の玩具也……」という広告も掲載されている(21)（図4）。この東京堂の奥田は、第三回内国勧業博覧会に関連して、『教育時論』の発行元である開発社が主催した「教育家秘蔵蒐集会」にも、著名な教育学者や学校にまじり大貫の文栄堂とともに玩具を出品している(22)。

大貫と同時期に教育的玩具を扱っていた玩具屋が他にもいたことはわかるが、小島百蔵はこの東京堂の奉公人であった(23)。大貫の閉店前後に独立した彼は、それまでの経験をいかして、一般の商品に「教育玩具」という商標を付けて売り出したのであろう。

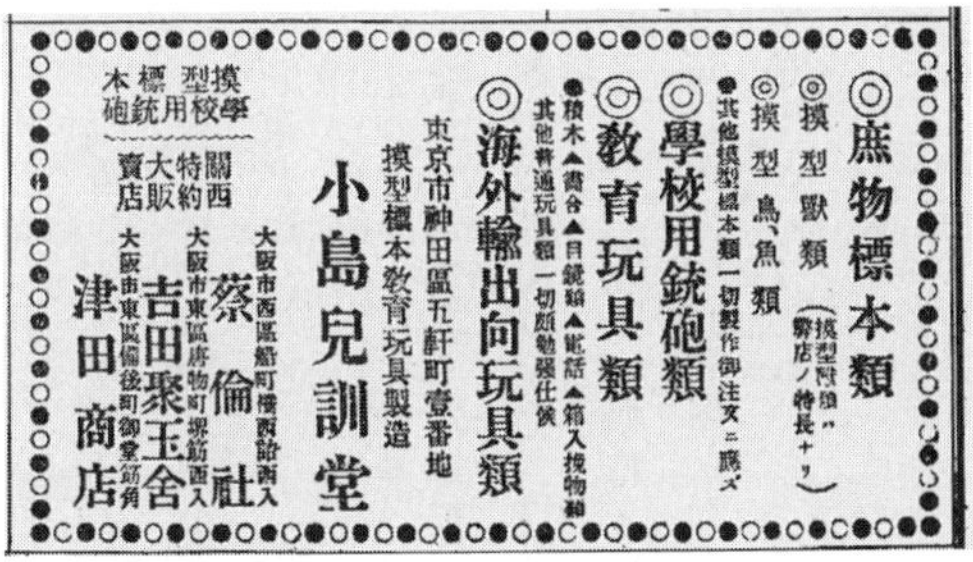

図6　小島兒訓堂の「教育玩具」広告（『東京雛玩具商報』創刊号より）

『東京雛玩具商報』創刊号には、次のような広告が第一面（図6）に掲載されている。

◎庶物標本類
◎模型獣類（模型獣類ハ弊社ノ特長ナリ）
◎模型　鳥、魚類
●其他模型標本類一切製作御注文ニ応ズ
◎学校用銃砲類
◎教育玩具類
●積木▲画合▲目鏡類▲電話▲箱入挽物類
其他普通玩具類一切頗勉強仕候
◎海外輸出向玩具類
東京市神田区五軒町壱番地
模型標本教育玩具製造
小島兒訓堂

これを見る限り、小島は大貫と同じく模型鳥獣類も扱っていたことがわかるが、やはりその売り上げの主力は「教育玩具」であった。後年、小島はこのような回想をしている。

其後教育玩具と庶物標本の製作に従事していたが、文部省にも実物授業が実施せらる、事となつて教科書にあわせた実物標本の納付方を神田鎌倉河岸の書籍業石川正作氏が引受け其の製作を依頼され、教育玩具の製造を兼ね工場を設け製作販売を初めた。これにならつて、各県から相当の注文を受けることが出来た。此小学校標本も教授方改正にて一時的であった。其後、教育方針が変更されて教育玩具の専門卸業となつた(24)。

なお小島兒訓堂の関西特約店には、この頃恩物の一般販売をしていた大阪の祭倫社（第4章参照）も含まれている。小学校だけではなく、幼稚園用品も製造していたのかもしれない。創業当時の小島兒訓堂は、確実な売り上げが計算できる学校用品を製作・販売する。その一方で、普通の玩具に「教育玩具」という商標を付けて売り出し、やがて教育玩具専門の卸問屋となる。すなわち、小島の商才が世間の教育熱を敏感に感じ取り、消費者の心をくすぐる「教育玩具」という絶妙のキャッチコピーを生み出したことが、彼の成功の秘訣だったのではないだろうか。

5　流行の背景

「教育玩具」とよばれるものが登場した明治二七年から明治三六年前後とはどのような時代なのか。当時は、日本における児童研究の草創期であった。この頃から、児童関連の分野でさまざまな動きがで始めている。

科学的な児童研究が始まる「早期の指標の一つとして」小児科の成立があげられるが(25)、明治二二（一八八九）年には東京医科大学（現、東京大学医学部）に小児科の教室が創立され、研究会が結成され、研究誌が発刊される。やがて明治二九（一八九六）年に小児科医の研究会「処和会」が小児科学研究会になり、それが今日の小児科学会へと成長する(26)。一方、教育の世界では、「児童の本性を科学的に解明し、その一般的法則を発見」(27)しようとするアメリカの児童研究運動が、日本でも始まろうとしていた（本章第3節参照）。

また明治二〇年代には、『少年園』『小国民』『少年文武』などの「少年雑誌」が、相次いで発行される。明治二四

（一八九一）年には、巌谷小波《さざなみ》「こがね丸」が発売され人気を呼び、その四年後には、小波を主筆にむかえた『少年世界』が創刊され、資本主義的経営に即した児童出版が始まる(28)。

明治二五（一八九二）年の流行月報社発行の雑誌『東京流行月報』第二集には、吉原の封間が発明した吃驚箱《びっくりばこ》が「教育手遊品」と名付けられ、京都や東京で流行していることを伝えている。さらに、明治二七（一八九四）年には『家庭叢書第三巻　玩具と遊戯』（民友社）が出版されている（図7）。その副題は、「教育的玩具及遊戯総論」であり、「児童の性質に適合する」玩具遊戯の選別により心身の発達を図る方法が論じられている。

『家庭雑誌』に掲載された同書の広告は、次のような内容であった。

図7　『家庭叢書第三巻玩具と遊戯』明治27年（吉徳資料室蔵）

> 小児子女を如何なる玩具を与え如何なる遊戯を撰めは小児をして智識を進めしめ徳育を養はしめ危険なからしめ快楽ならしめ、壮健ならしめ、美術心を富ましめ得るかこれ父母又は保育者たるものが最も心を用ゆべき事ならずや此書は平易なる文字を以て最も面白く最も精細に最も実用的に説明したるものなり(29)

つまり同書は、教育に役立つ玩具の手引書であった。明治三〇年前後には、数々の子ども向けの雑誌が創刊されるなど、近代的な教育制度のもとで新しい教育観や子ども観が社会的に普及し始め、家庭教育への関心はたかまりつつあった。このようななかで、「子どもの発達に玩具は深いかかわりをもつ」というイメージは、一部の人々の間に確実に浸透し始めていた。

6 「家庭」教育と玩具

明治二五（一八九二）年から明治三一（一八九八）年まで発行された『家庭雑誌』は、「おそらく最も早く家庭の語を冠して刊行された」とおもわれる民友社系の婦人の啓蒙雑誌であり(30)、「欧米文化の影響を受けた都市の中上流市民を読者に予想し」て、彼らの憧れる価値観を先取りしていた雑誌であった(31)。その発行期間は、「教育玩具」の流行とほぼ同時代にあたり、系列の民友社から『玩具と遊戯』が発行されたのは興味深い。

『家庭雑誌』の「家庭」とはホームの訳語であり、それまでの「戸主に率いられた家父長的な家ではなく、夫婦が心を一つにして築き上げる」近代的な「家」を意味していた(32)。

明治三一年に施行された民法第八二〇条には、「親権ヲ行フ父又ハ母ハ、未成年ノ子ノ監護及ビ教育ヲ為ス権利ヲ有シ義務ヲ負フ」と記されているように、子どもの教育は戸主が関与できない親固有の権限とされる時代にさしかかりつつあった。伝統的な「家」ではなく、一夫一婦制を中心とする近代的な「家族」制度も形成され始めていたのである。

同誌の創刊号は、国家組織、制度文物の改革には、まず個人の改革が必要であると説き、その第一歩として家庭の改革を論じている。

> 吾人は婦人が開化の母たるを知る、故に活たる国民を生むの婦人あらんことを希望す。吾人は嬰児が新国民の卵たるを知る、故に其花の如く火の如き生長をなさんことを希望す。然れども健全なる人民は健全なる揺籃（家庭）に育せられざるべからざる也、此の新婦人をして此の新人民を育さしめんとせば、第一着に叫破せらるべきは家庭の改革にあらずや(33)

そのために「日本の婦人を改革し」、圧制組織である封建的な家から独立し、子どもの教育にたずさわる新しい婦人像を啓蒙するのである。それは「一夫一婦を中心とし、教養ある母が、知性と愛情をもつて子どもを育てるという家庭像」(34)であった。

「新日本の地盤」という連載では、「其一　新家庭」「其二　新夫妻」に続いて、「其三　新国民」で家庭教育の重要性に言及している。家庭の教養（環境）こそが子育てには重要であり、「父母はまず自家を健全に」し、「母たる者は殊に自ら修養すべき」であるとして、その具体的な注意をのべている。その中に、「最も遊戯に注意をすべき事」という一節が見られる。

家庭教育中最も重要なる教科は何ぞ、遊戯是なり。遊戯は最も快愉にして而して最も効果の多き教科、智育に於ても、徳育に於ても、又体育に於て、其自然を教師とし、社会を教師として得る所の者、決して学校に於て得る所に減ぜず。……(35)

明治二九年から三〇年にかけ『家庭雑誌』には、「小児教育に就いて」「家庭教育の教具」「幼児の遊戯と玩具」など幼児教育関連の記事も多くなる。また時代は「良妻賢母」（父は外で働き、母は家庭を守り、子育てをする）という新しい婦人像を求めつつあった(36)。このようななかで、遊びにおける玩具の役割が重視されるのである。

明治三〇年代に入ると、私立幼稚園が急成長を始める(37)。その理由は私立学校令（明治三二年）により、私立幼稚園が個人として設置できる制度となり、小規模の幼稚園を家庭的に組織することが可能になったことがあげられるが(38)、同時に、「小規模幼稚園の経営が国からの補助金なしで成立するためには、私立幼稚園の教育を支持し、それを経済的にささえる新中間層が社会的に形成されてきた」(39)ことも事実である。

明治三〇年前後には、保護者の一部では子どもに対する教育熱がたかまり、教育に役に立つ玩具を求める人々が現れ始めていた。「教育」を出世の道具として理解する層が形成され、「教育」が大きな関心事となり、就学前の子どもの玩具にも、「教育」的なものを求める時期になり始めたのが、明治三〇年前後だったのではないだろうか。実体はともかく「教育」の二文字が一部の購買層の心をくすぐり、玩具が教育的効果をもつという意識を、国民はおぼろげながらも共有し始めていたのである。

しかし、教育課程をそのまま並べたような、面白みのない教材のような大貫の「教育玩具」は、商品としては不完全であった。一方、図画工作の資料である鳥や獣の標本をおもしろおかしく射的ゲームの的などに改良した、小島の「教育玩具」は、通俗性と「教育」というイメージがほどよく調和することにより、時代に受け入れられるである。

2 「教育玩具」の実態

1 「教育」という語

「教育玩具」が登場した、明治二七（一八九四）年から明治三六（一九〇三）年前後は、政府の殖産興業政策の下で、近代化が進展するとともに、社会のさまざまな矛盾が表面化する時代でもあった。道路・鉄道など産業基盤の社会資本が整備されるとともに、明治三三（一九〇〇）年の小学校令の改正から尋常小学校の授業料は原則として廃止されるなど、国民的規模で「近代化」が浸透し始めた時期であった。一方で、労働問題をはじめ、近代社会のさまざまな矛盾も表面化する。大企業と中小企業との格差は広がり、長時間労働・低賃金という劣悪な条件で働かされた労働者が増加する。そして、日清戦争が終結する明治二八年頃には、帝大卒が「官僚の中枢部をしめるようにな」り(40)、学歴社会が定着し始めていた。

佐藤秀夫は、国民の間に「最低限の読み・書き・算の能力の習得が文字どおりに民衆の教養と技能とを構成することが広く自覚されはじめ」、「民衆の側からの自動的な就学要求」のたかまりがあり、また「就学率が七〇～八〇％を越えたあたりからは、保護者および児童の間に取り残されまいとする心理状況が生じて、一挙かつ大規模な『ともづれ』のなだれ現象」により、就学率も飛躍的に向上したと推測している(41)。

もともと「教育」という語は、『孟子』盡心章句上「得天下英才、而教育之」に由来するといわれ、江戸時代中期に登場した語だという。安永頃から世間一般に多用されるようになり、天保以降になると、一般の教化をさす語は「教諭」、学校における教化活動は「教育」と区別されるようになる(42)。そして、明治初期に education の訳語として、従来からあったさまざまな類義語との競争を経て、勝ち残り、定着したという。

広田照幸は、江戸時代中期に登場した「教育」と幕末に翻訳語として導入された「的」が結びつき導入された「教育的」という語は、一九〇〇年代から使用例が急増する。そこには①機械的な翻訳語、②日本人が自分の文脈に即して使用する語、③「教育に役立つ／教育効果を持った」という価値的・規範的なニュアンスを含んだ語、という三種類が同居していた。そして③の規範性を帯びた語は、一九一〇年代になると増加し、一九二〇年代を経て、一九三〇年代には圧倒的になると、述べている(43)。

「教育玩具」の「教育」も、広田のいう③の「あたかもある望ましい規範が共有されているような語」として、恣意的・無限定に拡大解釈される語であり、「子供の成長・発達に望ましい」という基準で用いられる語である。たしかに一九〇〇年から一九二〇年の間に市販されていたとおもわれる「教育玩具」のなかには、恣意的に「教育」という語がつけられた「教育玩具」が少なくない。

2　商品化された「教育」玩具——上層から庶民まで

①　「土井子供くらし館」・山林王の子ども用品

明治三〇年代の後半から大正期にかけての玩具を保存する、「土井子供くらし館」（三重県尾鷲市）と田中本家博物館（長野県須坂市）の所蔵品を中心に、当時の玩具の実態を見てみたい。

「土井子供くらし館」は、紀伊半島に面した尾鷲市で、林業を営む土井家の蔵から発見された資料を保管展示する

図11　教育衣裳附人形（土井子供くらし館蔵）

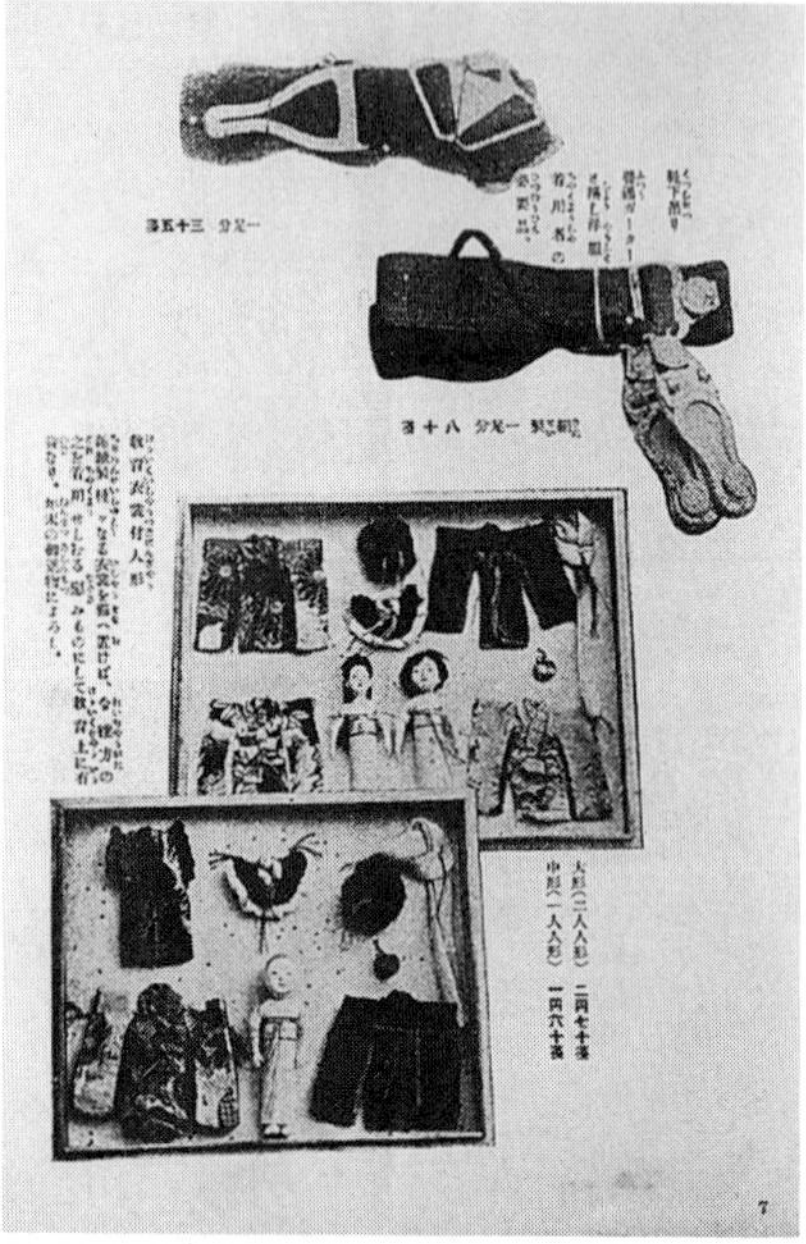
図12　教育衣裳附人形『時好』1907年１月（吉徳資料室蔵）

図８　教育玩具ススメ（土井子供くらし館蔵）

図９　智恵の教育新築置飾（土井子供くらし館蔵）

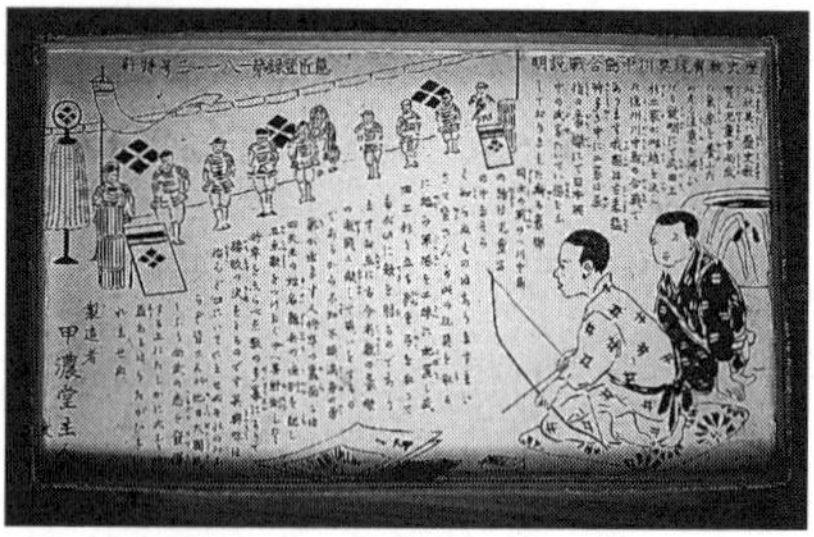
図10　歴史教育玩具川中島合戦（土井子供くらし館蔵）

博物館である。明治期に舟で木材を満載し東京に納入した後、積荷が空になった帰船に、三越などで大量に生活用品を購入し持ち帰ったといわれる。そのなかに玩具類も多数含まれており、なかには未開封のまま保管されて

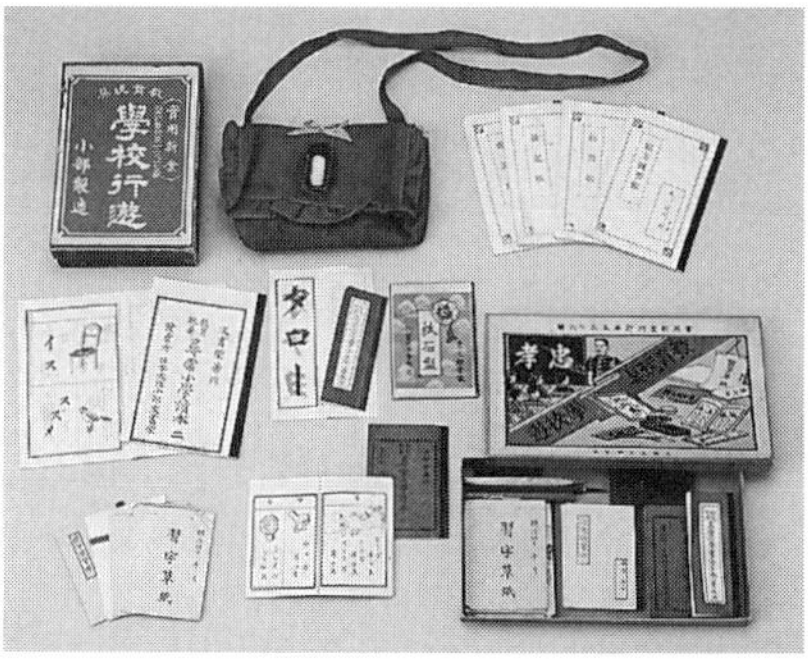

図14　教育玩具学校遊（土井子供くらし館蔵）

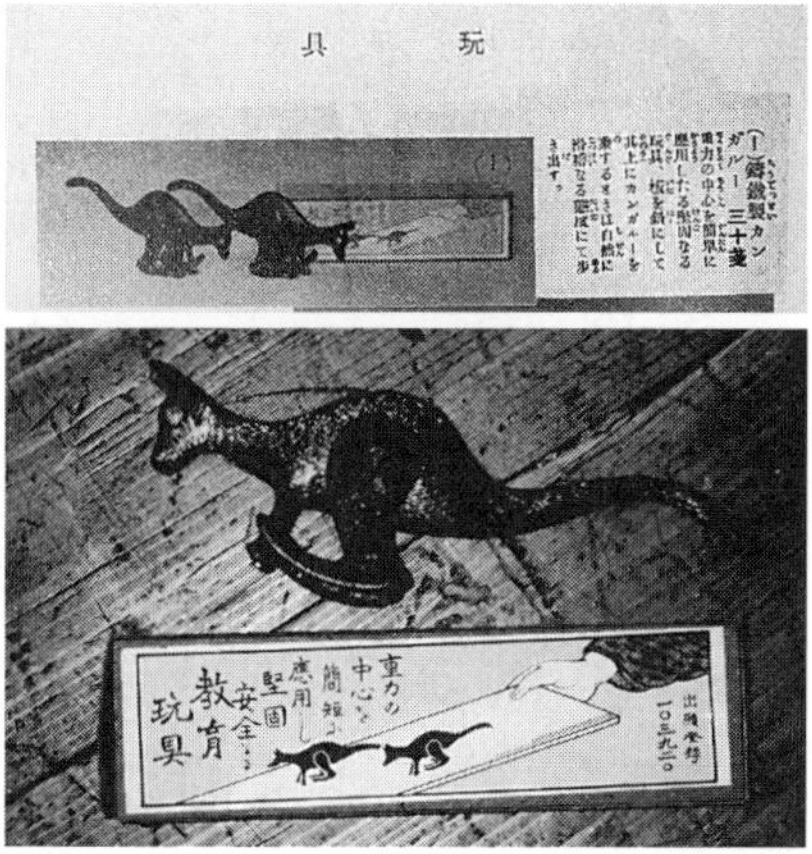

図13　教育玩具カンガルー（土井子供くらし館蔵）

図16　幼稚デンシャツミキ〈教育文化建築積木〉（土井子供くらし館蔵）

図15　ヨウチエンシュコー〈幼稚園手工〉（土井子供くらし館蔵）

いたものもある。土井家では、明治三四年、三六年、三八年と二年ごとに子供が生まれており、明治四〇年頃三越呉服店の宣伝誌[44]に掲載された商品とまったく同じものも所蔵されている。

同館には、「教育石盤」、「教育資料高級積立玩具」、「教育玩具ススメ」（図8）、「智恵の教育新築置飾」（図9）、「歴史教育玩具川中島合戦」（図10）、「教育衣裳附人形」（図11・12）、「教育玩具カンガルー」（図13）、「教育玩具学校遊」（図14）、「教育積木」ほか、「新案教育回転単語図解及絵あわせ」など多くの「教育玩具」が現存する。また、「ヨウチエンシュコー（幼稚園手工）」（図15）や

「幼稚デンシャツミキ教育文化建築積木」（図16）のように幼児教育に結びつけたものもあるが、それらがどこまで教育的な配慮のもとに発売されたのか疑問が残る。

例えば、「歴史教育玩具川中島合戦」は、川中島の合戦をテーマとした陣取りゲームである。箱の裏の解説には、次のような説明がある。「（この玩具は）歴史教育上児童方尚武の気象を養ふための尤も注意を拂ひたる発明」であり、豪傑の戦いを疑似体験するのだから知らず知らずのうちに勇気がでて、「皆さんが他日大国民となり尚武の志を発揮する上にたしかに大いなる稗益あるは疑」いなし、などと書かれている。

また、「智恵の教育新築置飾」は紙製のドールハウス、三越製の「教育衣裳附人形」は単なる和製の着せ替え人形である。

明治四〇（一九〇七）年一一月の三越の宣伝誌『時好』には、この「教育衣裳附人形」を写真つきで「……種々なる衣裳を備え置けば、令嬢方の之を着用せしむる慰みものにして教育上有益なり……」と紹介している。普通の「着せ替え人形」に、「教育」という語をこじつけたという印象が強い。

②「田中本家博物館」・豪商の館

田中本家博物館は、長野県東部地方、いわゆる東信濃地方の旧家田中家代々の生活にかかわる品々を保存・公開している博物館である。同家は、江戸時代中期享保年間から続く須坂藩御用達商人であり、江戸時代から明治期に建てられた土蔵二〇棟が、三千坪の敷地の四方を取り囲み、屋敷内には前庭、中庭、天明年間作庭の大庭があり、母屋をはじめ豪華な建物が軒を連ねている。展示館は土蔵五棟を改装したものであり、年五回の企画展を行っている。

同館の収蔵品は土蔵に収蔵されており、空調や除湿を行わないにもかかわらず、保存状態はきわめて良好である。所蔵資料は陶磁器、漆器、書画をはじめ衣裳・人形・玩具類など多彩であり、当時の豪商の生活水準をうかがわせる資料ばかりである。なかでも一〇代目当主にあたる女子（明治二七年生まれ）とその妹（明治三二年生まれ）、また一一代目当主の男子（大正八年生まれ）が使用したと推測される、子どもの生活用品、特に人形玩具類が保存されている。その多くは三越をはじめ東京のデパートから購入され、同家にはその際使用された、明治・大正期の『三越タイムス』（三越）、『流行』（白木屋）などの通信販売用のカタログが残っている。

年代が確定できる「教育男子善導双六」（明治三二年）、「児童教育双六」（明治二八年）をはじめ、明治後期から大正期の可能性が高い、「教育たとえかるた」「教育単語かるた」「教育修身いろはかるた」「新案教育英語合せ」など、「教育」という商標をもった玩具が多数所蔵されているが、「教育玩具御座敷遊」「教育独楽」また「教育イロハカルタ赤穂義士」など、強引に教育にこじつけたものも多い。

③「おもちゃ絵」「絵双六」・庶民の弄びもの

図17　女礼式教育寿語録（土井子供くらし館蔵）

明治三〇年代後半から、土井家・田中家などの富裕層だけではなく、安価な玩具にも「教育」という商標がついたものが流行する。例えば、色摺木版の一枚絵「おもちゃ絵」や「絵双六」は、江戸時代後期から子どもの弄びものとして親しまれた。西洋の印刷技術の普及により、明治後期には「おもちゃ絵」の発行数は激減するが、それでも安価な値段で手に入る玩具として、ほそぼそと命脈を保っていた。それらは発行年が記されているものが多く、当時の庶民的な玩具の動向を推測する手掛かりとなる。

もっとも遊んだ後に捨てられる「おもちゃ絵」の絶対数は少なく、しかも、明治後期にその数が激減することから、筆者が現在まで確認することができた「教育」という表題のついた

「おもちゃ絵」や「絵双六」は四五点、明治期のものは、明治一〇年代二点、明治二〇年代一五点、明治三〇年代一三点、明治四〇年代五点である。だが、それでも一つの傾向が現れている（表1）。

このなかでもっとも古いものは、明治一六（一八八三）年の揚州周延「開華教育鞠唄」（板元福田熊次郎）だが、大貫が「教育玩具」を発売した明治二三（一八九〇）年を基点とすると、それ以前のものはわずか五点であり、それ以降に「教育」という表題をもつ「おもちゃ絵」「絵双六」が本格的に頻出することがわかる。しかし、その初期にあたる明治二〇年代の「おもちゃ絵」や「絵双六」には、内実はともかく、なんらかの「教育」的配慮のもとに発行されたと推測されるものが多い。

例えば、「男子教育出世双六」（明治二三年）では、その振り出の「男子出生」には「幼少より学問に志せば有名の人になり升」という断り書きから始まり、幼稚園、洋行、卒業、壮士運動などを経て、上がりは「国会議事堂」である。まさに「末は博士か大臣か」という「立身出世」＝「教育」という意識を描いている。「教育必要幻燈振分双六」（明治二三年）の「上がりは富裕な隠居夫婦が士官、技士、農業、商人で成功した四人の息子と娘にかこまれた」情景で、こうなるためには幼いときから父母の教えを守り、勉強しなければならないことを、具体例をあげて示している。「教育組上製鉄所」（明治二六年）は、製鉄所の様子を立体的に組み立て、そのおおまかな様子を学べるようになっている。

「幼稚園用切紙」（明治二四年）、「小学生徒用品づくし」（明治二七年）など、教材の役割も担ったと推測される「おもちゃ絵」も発行されている。また、「〜づくし」とある「ものづくし絵」とよばれる、同じ分野の仲間を集めて描かれる「おもちゃ絵」のなかには、「新版果実ヅクシ」（明治二六年）「水族魚づくし」（明治一九年）など、明治以降の輸入された果物や魚を紹介するものもある。それは明治六年に文部省が四七種の教育絵を頒布したように、視覚教材的な要素を兼ねていた。ところがそれらにいくら「教育」的内容が含まれていても、明治二〇年代の「おもちゃ絵」には、ことさら「教育的」であることを強調する傾向は弱い。

表1　教育おもちゃ絵一覧

年　代	題　名	画　家	板　元	出　典
明治16年	開華教育鞠唄上下	周延	福田熊次郎	⑥⑧
明治17年	開華教育可増恵唄	周延		⑧
明治21年	女礼式教育寿語録			⑦
	教育東海道鉄道双六		永松作之助	⑫都中央
	教育奨励全世界巡覧双六	南斎年忠	横山良八	⑫都中央
明治23年	男子教育出世双六	楊斉延一	横山良八	①
	教育必要幻燈振分双六	広重	福田熊次郎	①④⑦
	男子学校教育寿語録	延一	横山園松	⑫都中央
明治24年	教育幻灯風せん当物	幾英		④
	教育勅語双六		金港堂	⑫学芸
明治25年	婦女教育礼儀寿語録	吟光	福田熊次郎	⑫都中央
明治26年	教育組上製鉄所	梅堂国政	井上吉次郎	⑤
	教育明治寿語録		横山良八	⑫都中央
	新撰少年教育世界漫遊双六		石井定	⑫都中央
明治28年	教育小児双六		松成保次郎	①
	教育いろはかるた	福羽美静		⑨
	児童教育双六			⑪
明治29年	衛星幼稚教育画話	清親		⑨
	教育善悪子供双六		福田初次郎	⑫学芸
	教育小学遊戯図会		松野米次郎	⑭
明治30年	教育出世双六	光斎	村上豊治郎	⑫都中央
	小学教育寿語録		片田長次郎	⑫都中央
明治31年	教育活動写真画			④
明治32年	新案教育出世双六		公論社	⑩
	教育男子善導双六		綱嶋亀吉	⑪
明治33年	教育唱歌運動双六		奈良沢兼蔵	③
	地理教育鉄道唱歌寿語録		松成保太郎	⑬
明治34年	教育女子礼式寿語六		木村豊吉	①
明治35年	教育女子技芸双六		松野米次郎	①
明治37年	教育人カ成セル進歩ノ一斑		松野米次郎	②
明治38年	教育あね様きせかえ		奈良沢健次郎	⑥
明治39年	男女教育パック寿語六	耕花	木田浅次郎	①
	教育流行婦人きせかえ		奈良沢健次郎	⑥
明治40年	教育学校双六		綱島亀吉	③
	教育流行きせかえかつらつけ		奈良沢健次郎	⑥
明治41年	教育少女のきせかえ		奈良沢健次郎	⑥
	教育女子流行きせかえ		奈良沢健次郎	⑥
明治43年	教育少女きせかえ		奈良沢健次郎	⑥
大正３年	児童教育色カルタ			④
大正４年	教育歴史双六		久保田長吉	③
	家庭教育双六	川端龍子	実業之日本社	⑫都中央
	教育着物きせかへ		小林久	⑮
大正６年	教育幼稚園遊び双六		綱嶋亀吉	⑫都中央
大正８年	教育女子の遊芸双六		綱嶋書店	⑫都中央
大正９年	新版教育女式遊芸双六		綱嶋亀吉	⑫都中央
大正15年	家庭教育世界一周すごろく		大阪毎日新聞社	⑫学芸
昭和２年	電気教育双六			③

注：出典は次の通り。①高橋順二『日本絵双六集成新訂版』柏美術出版社、1994年。②多田敏捷編『おもちゃ博物館⑦おもちゃ絵・立版古』京都書院、1992年。③多田敏捷編『おもちゃ博物館⑥双六・福笑い』同、1992年。④『新世紀こども博覧会』展図録、兵庫県立博物館、2003年。⑤『立版古――江戸・浪花透視立体紙景色』INAX, 1993年。⑥『おもちゃ絵の世界』天理大学附属天理参考館、1999年。⑦『明治のいぶき――黎明期の近代教育幻灯・錦絵・教科書――』筑波大学附属図書館、1997年。⑧『玉川学園教育博物館館蔵資料目録』芸術資料編。⑨『時代や書店目録』131号。⑩『時代や書店目録』132号。⑪田中本家博物館所蔵。⑫加藤康子・松村倫子『幕末・明治の絵双六』国書刊行会、2000年。学芸＝東京学芸大学附属図書館／都中央＝東京都立中央図書館。⑬日本玩具博物館。⑭唐沢富太郎『教育博物館』上、ぎょうせい、1977年。⑮是澤博昭所蔵。

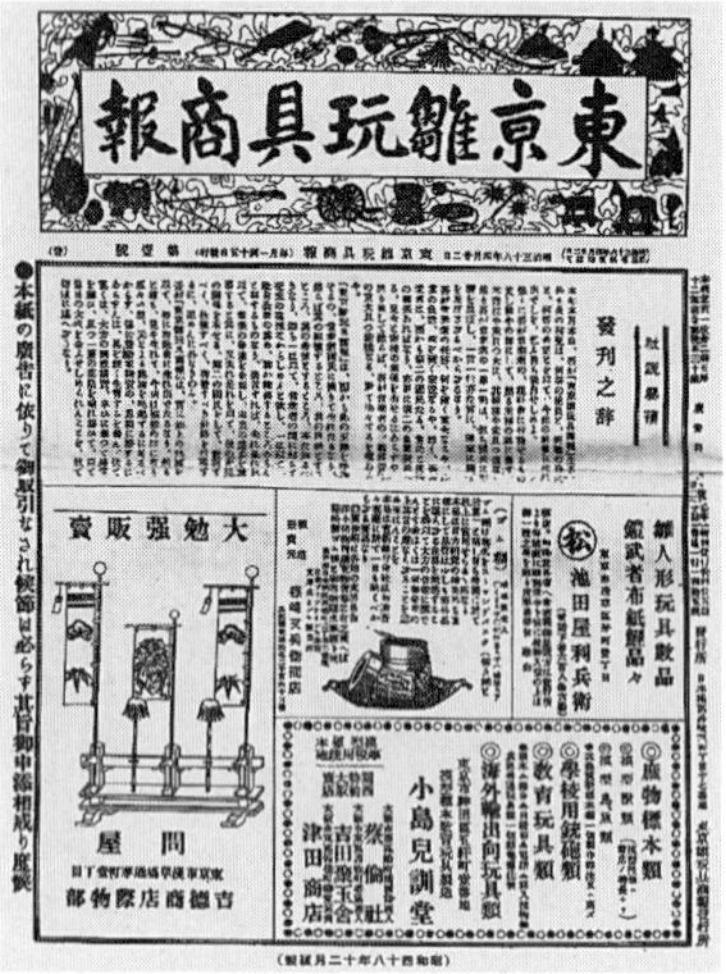

図18　『東京雛玩具商報』創刊号（明治36年）

しかし、玩具商の多くが「教育玩具」販売を名乗る明治三〇年代の後半に入ると、「教育あね様きせかえ」（明治三八年）、「教育流行婦人きせかえ」（明治三九年）、「教育流行きせかえかつらつけ」（明治四〇年）、「教育少女きせかえ」（明治四一年）など、「着せ替え」や「かつら替え」など江戸時代からある普通の「おもちゃ絵」に、「教育」という語をこじつけただけのものが発売されるのである。

以上のことからは、三越などで扱われる高級な玩具だけではなく、廉価な玩具を購入する層まで、「教育玩具」の必要性はイメージとして浸透していたといえるであろう。小学校令改正により義務教育制度が確立する頃には、教育を受容する国民の側にも、実はそれを受け入れる下地が形成されていたのである。

3　玩具業界の使命感

明治三〇年後半には、「教育玩具」は、玩具業界にも浸透し始めていた。東京玩物雛人形玩具問屋組合の機関紙『東京雛玩具商報』（明治三六年）の「発刊之辞」には、次のような一節がある（図18）。

> 吾が営業者の一挙一動は、忽国民に影響を及ぼし、一言一行亦た実に、国家に関○（判読不可）を及さざるべからざるなり、吾が営業者の任務、何ぞ爾しく重大なるや……第二の国民たる、幼童と直接関係あればなり、亦た更に第二の良妻賢母たる、児女と密接の関係を有せるにあらずや……吾が営業者の義務責任の重大且宏遼なる……

このような使命感のもとに発行された機関紙だが、その実体は「教育」ブームにのって強引に「玩具」に「教育」をこじつけた羊頭狗肉な商品が多かったことは、「土井子供くらし館」「田中本家博物館」の所蔵品やおもちゃ絵の実態などからもわかる。だがその反面、大貫のように「教育玩具」の必要性を認識し、質の高い玩具を開発することで、「第二の国民」の養成に取り組むという使命感に燃えた業者がいたことも事実である。

例えば、東京三菱印内外教育玩具製作所製の「紙製教育玩具の栞」（土井子供くらし館所蔵）の箱の裏には、次のようなこと注意書が添付されている。

玩具の選択

家庭ニ於テ児童教育上最モ多クノ感化ヲ与ヘ且近ズキ安キモノハ玩具デリマス。サレバ玩具ノ選択ノ必要ナル事ハ申スマデモアリマセン。然ルニ従来我国ノ玩具ハ粗製品ガ多クシテ児童ノ教育上有利ノモノガ少ナク廉価ナルカワリニ破損シヤスイノデアリマス。近来舶来品ガ盛ンニ輸入サレルヨウデアリマス。此等ハ有利ニシテ高尚ナルモノデスガ何分ニモ高価ナル為メ我国ノ社会状態ヨリ考ヘテ見テモ児童用ノ玩具トシテハ一般ニ普及サレヌ恐レガアリマス此レガ為メニ我国ノ教育者ハ児童ヲ導クニ最モ大切ナル教育玩具ニ付テハ非常ニ苦心ヲシテ居リマシタガ未ダニ理想的ノモノガ世ニ出デマセンデシタ。弊社ハ此趨勢ニ鑑ミ時運ノ必要ニ応ゼンガ為メ新ニ理想的ノ玩具ヲ作製致シマシタ。此レハスベテ三菱印ト称シ廉価ヲ以テ販売シ専ラ家庭ニ於ケル児童ノ補助教育上最モ効果アラシメン事ヲ期シテ居ルノデアリマス。

願クバ児童ヲ持テル父兄諸氏ハ此玩具ニヨツテ従来ノ不備ナル点を補ヒ。彼ノぎりしやノ碩哲ぷらとーノ所謂「児童ノ精神ハ玩具ニ宿ル」トノ言ヲ活用セラレン事ヲ望ム次第デアリマス。

「紙製教育玩具の栞」は、箱の裏面に学校の時間割表を貼り付けた、おもちゃの鉛筆や洋紙などがセットになったものである。日本の教育者が、「児童ヲ導クニ最モ大切ナル教育玩具」の製作に苦心しながら、「未ダニ理想的」なものができないので、家庭の「児童ノ補助教育上最モ効果」のある、安価で「理想的ノ玩具」を製作した、と内外教育玩具製作所はいう。小学校の教科書が国産の洋紙を用いた洋装本に切り替わるのは明治三七（一九〇四）年のことであった(45)。当時にしては最先端の玩具であるといえよう。

また、「拡大絵法」という玩具は、六枚の絵をつなぎあわせ一つの大きな絵を完成させ、それを手本どおりにクレヨンや絵の具で彩色する玩具だが、その教育上の効果に付いて、次のような但し書きが添えられている。

子供は自分のこしらえた絵を自分の部屋に貼り常に之を眺めて満足し又誇りを感ずるものであります。之を教育上の見地より看ますとこの「拡大絵法」は左記の理由により子供の手芸として最も推奨するに足る効果あるものと考へられます。
一、夫れぞれ該当する部分を選り出す事は子供の判断と組合せの力を助長します。
二、絵を組立つるに常に當り子供は綺麗に又正確に仕事を為す事を学びます。
三、大きさの比例という智的観念が生じます。
四、着色する事によつて色彩の観念が生じ善良美的なる感受性を養成する事が出来ます。

明治後期には、「教育玩具」ブームのなかで、子どもの「手遊」にすぎなかった玩具に教育的効果云々を論じる機運がたかまっていた。なかには良心的なものもあったが、「おもちゃ絵」や小島の「教育玩具」・「教育衣裳付人形」などからもわかるように、その多くの玩具は「教育玩具」ブームに便乗した、「教育」を玩具につけただけのいかがわしいものが多かったのである。やがて、教育関係者を中心に玩具改良の動きが、本格化する。

3　玩具の教育的改良——三越と日本児童学会

1　有毒色素問題と玩具の改良

まず、取り上げられたのが衛生上の問題であった。明治三三（一九〇〇）年四月一七日に、内務省令第一七号「有毒性著色料取締規則」が出されている。その第一条には有毒性の色素を含有するものの使用を禁止し、第四条には「……著色料ハ販売ノ用ニ供スル化粧品、歯磨、小児玩弄物（絵草子、錦絵、色紙ヲ含ム）ノ製造又ハ著色に使用スルコトヲ得ス但シ左掲クルモノハ此ノ限リに在ラス」と記されている。玩具、錦絵（主におもちゃ絵）などへの鉛等の使用が禁止されたのである。

同年六月、大阪ではブリキ製玩具の塗料が鉛分を含み有害であるとして、警察に摘発を受ける(46)。また八月の『児童研究』は、小児科医広田長を取材した、『時事新報』の次のような記事を転載し注意を呼びかけている。

> 近頃玩具の種類が段々増して来て中には鳥渡新工夫を凝らした面白いものもあるが、之を小供に買つて与えるには単に珍しいとか奇麗などとか云うばかりではなく、もつとも注意せねばならぬ点がある。それは何かと云うに玩具に色を附けてある絵の具に非常な有毒性が多いと云うことで、是まで絵の具の中毒からして身体をやり損ねた小供は随分あるに相違ない……(47)

弘田は、英国など文明国で衛生上の問題はやかましいが、「我邦では未だ此辺に眼を着ける人すら先ず無い」と述べ、有毒色素に関する談話を寄せている。それにもとづき『時事新報』は、数種類の玩具を東京衛生試験合資会社に送り検査した結果、一九種類中一三種類が砒素、亜鉛、銅などの有害物質を含んでいたというのである(48)。

また翌年には、東京でも土焼きの鳩・犬張子の二品が警視庁の摘発を受け共に発売を禁止されているが、『婦人と子ども』（フレーベル会）は、これ以外の玩具にも「尚数種の右に類せるものあり。要するに、金銀粉を散布せる安価の玩具黄赤青等の毒々しき濃染料を施せる品はなるべく幼児の手に触れしめざるを可とす」[49]と述べている。

これにいち早く対応したのが、東京堂の奥田立実であった。明治一八（一八八五）年設立の茨城県土浦市立土浦幼稚園には、東京堂製「幼稚教育　都美喜」（図19）が保存されている。これは彩色をした木片三〇数ピースに完成図を添付し、さまざまな形が作られるよう配慮したものだが、その箱の裏には次のような内容の「安全着色証明」が添付されている。

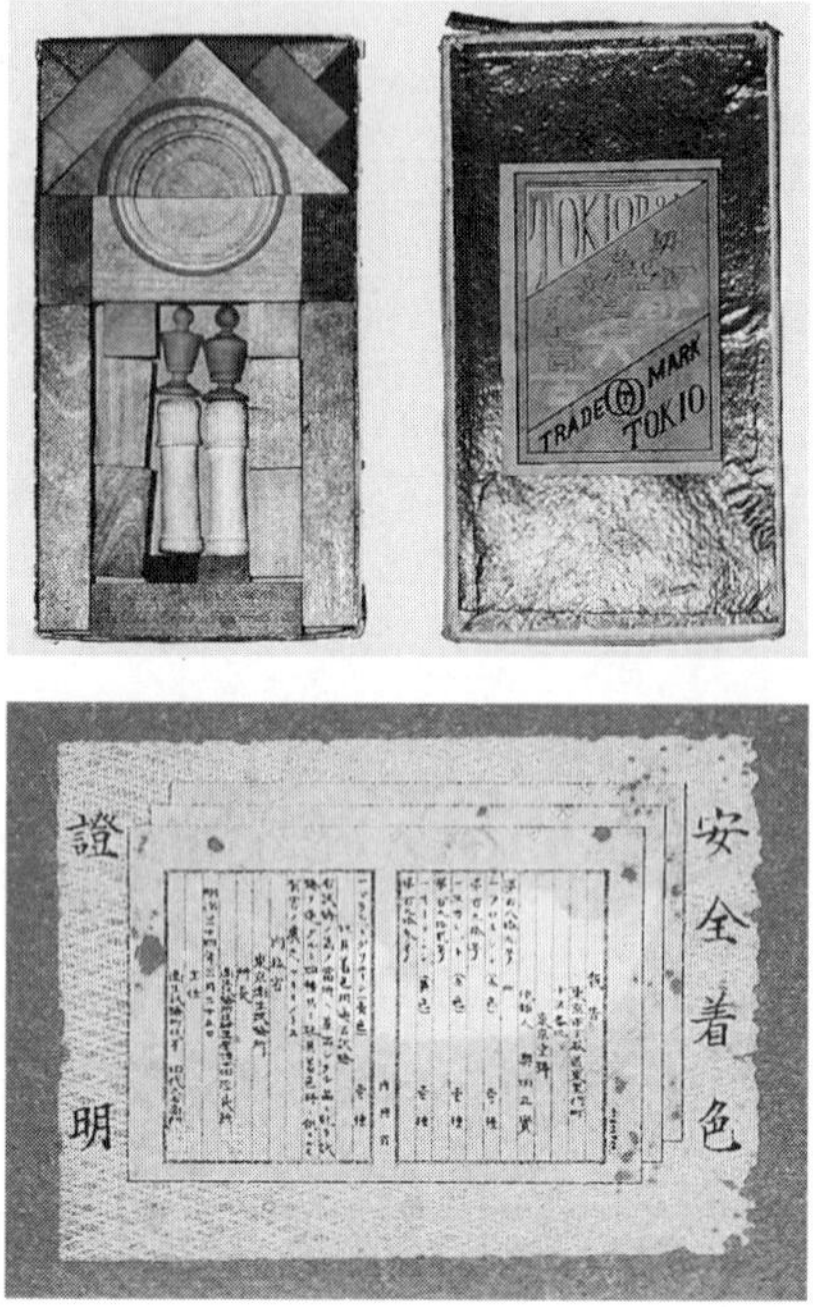

図19　東京堂製「幼稚教育　都美喜」（土浦幼稚園蔵）

〔幼稚教育　都美喜の着色証明〕

報告

東京市下谷区東黒門町十五番地
東京堂号
依頼人　奥田立実

第百八拾九号
一　フロキシン（赤色）　壱種
第百九拾号

一　スカレット（赤色）　壱種
第百九拾弐号
一　オーラミン（黄色）　壱種
第百九拾号

内務省

一　マラヒットグリユーン（青色）　壱種
玩具着色用通否試験
右試験ノ為当所ヘ差出シタル品ニ就キ試験ヲ遂グルニ四種類共ニ玩具着色料ニ供スルモ有害ノ虞之ナキモノトス
内務省
東京衛生試験所
所長
衛生試験所技師薬学博士　田原良純　判
明治三十四年三月二十五日
主任
衛生試験所技師　田代六右衛門　判

先の『時事新報』の検査では、でんでん太鼓には赤青黄の着色のなかに砒素、銅が含まれていたという。「土井子供くらし館」所蔵のブリキ製のでんでん太鼓には、「東京金属玩具製造業者組合」の色素は無害であるという旨を保証するステッカーが貼られ、そこには明治三五（一九〇二）年七月改正という文字が見える（図20）。

また大阪府立児童館ビックバン所蔵の明治三五年発行の「うつし絵」にも、「着色料改良無害保証品」と記されて

図20　ブリキ製のでんでん太鼓（土井子供くらし館蔵）

いる(50)。この頃、検査基準が確立されたとおもわれるが、ここからも奥田の対応の素早さがわかる。

奥田は「教育玩具」という商標こそ使わなかったが、いちはやく大貫とともに「教育玩具」販売に着手した人物であり、このような動向に敏感であったと推測される。言い換えれば、それほど社会の子どもに対する保護・教育への関心がたかまっていたともいえる。そして明治三八年の日露戦争前後になると、子ども用品全体への改良へと関心がひろがるのである。

2　玩具改良の本格化

日露戦争前から約一〇年にわたって、「家庭」を題名に冠する雑誌は、一〇何点も創刊され(51)、家庭教育が一種のブームとなる。「家庭ノ研究ハ数年来一種ノ流行タリシ観アリキ」(52)時代となり、玩具をはじめとする子どもの生活用品の改良が社会の注目をあつめる土壌は形成されつつあった。

明治三九（一九〇六）年には、五月四日より二週間パリの「子供博覧会」にならって教育学術研究会主催の「こども博覧会」が、上野公園で開かれている。博覧会の開催にあたって、遊戯と玩具を利用した教育法の必要性をいち早く論じていた松本孝次郎は、玩具は「其国の文明開化の発達の程度」を示していると述べ、「児童の家庭時代に於ける教育」には「欠くべからざる必要品」である玩具の改良を提言している(53)。そして『児童研究』も、社会の家庭教育への関心のたかまりのなかで開設された「こども博覧会」に、大きな期待と関心を寄せている(54)。

同博覧会は、子どもの作品を集めてその優劣を競うのではなく、子どもにとって有益な参考品を集め、児童の生活や教育上の新しい知識を普及する為に、「衣食住を始めとし」「読み物、玩具、絵画等」子どもに関する製作品を収集、展示して「教育家及び家庭の参考」とすることを目的としていた。児童教育を標榜して組織された博覧会は、これが最初であった。

その趣意書は、「従来の児童教育が学校の一局面に偏り、家庭教育が等閑視されている。その改善進歩を謀ることが急務である」と述べている(55)。賛助者には、巌谷小波（少年世界主筆）、松本孝次郎（文学士）、高島平三郎（日本女子大学校講師）、中村五六（女子高等師範学校附属幼稚園主事）、三島通良（医学博士）、伊沢修二（貴族院議員）、坪井正五郎（理学博士）、森鴎外（医学博士）、あるいは三越の日比翁助など各界の多彩な人物が名を連ねている。また、第四部（玩具、遊戯に関するもの）には、小島百藏、第二部（子供の衣類調度）には三越呉服店が出品している。これに続いて一一月には、京都、大阪、翌年一一月には彦根で「子供博覧会」が開かれている(56)。

明治四一（一九〇八）年の四月、三越は小児部を設置し、子ども用品の販売に乗り出す。これらことは、すでに明治後期には、児童用品、特に玩具の改良に取り組むことが世間の関心を集め、集客や売上増に結び付いたことを物語っている。

明治四〇年「東京勧業博覧会」で「玩具遊戯品」の審査官の一人、女子高等師範学校（現、お茶の水女子大学）教授で附属幼稚園の主事であった中村五六は、審査官後藤牧太と連名で次のような報告書を作成している。

> 教育上玩具ノ位置ハ極メテ重要ニシテ其ノ適否ハ以テ幼児教育ノ効果ヲ左右スルモノト云フヘク……之ヲ製造シ之ヲ販売スル業務ハ優ニ国家ノ大商工業タリ得ヘキモノナリ……教育界ニ於ケル玩具研究ノ声ハ未タ高カラス営業ノ指南者タルヘキ研究機関モ備ハラス従ヒテ玩具ニ一定ノ理想ヲ認ムルコト能ハサルカ為カ当業者タルモノ須ク奮ヒテ之カ研究機関ヲ設ケ斯業ノ隆昌ノ基ヲ作ラシメルコトヲ努ムヘシ……(57)

この頃、玩具の研究機関の必要性を唱えた先の女子高等師範学校の関係者も、『婦人と子ども』誌上で「玩具の教育的価値を調べ」(58)「児童の年齢と玩具との関係を調べ」「年齢及び其の性質に依つて、これならば適当である」(59)という玩具を与えるべきだと論じている。また、明治四一（一九〇八）年一一月には、大津幼稚園作成の「玩具調査に関する研究報告」として発達段階に応じた玩具の選択一覧表を掲載している(60)。さらに、翌年には、フレーベル会玩具研究部が一般の賛助会員を募集し玩具の配付を始めている。

その目的は、「何歳位の子供には如何なる玩具が最も有用」かということであり、そのために現在販売されている玩具の教育的効果を調べ、製造家による新案玩具を批評し、教育的価値と「使用による児童の範囲等」を明らかにし、現在欠けている玩具を考案して改善を図ることにあった(61)。しかし、これはあまり成果があがらなかったようで、二年後に和田実の配置換えとともにフレーベル館内の日本玩具研究会として再出発している(62)。

むしろこのような玩具改良の動きを継承発展させたのは、当時の児童研究の中心的な存在であった日本児童学会であり、それに提携した三越百貨店の児童博覧会や児童用品研究会であった。その中心人物が高島平三郎(63)、日本児童文学作品の第一号とされる『こがね丸』の作者巌谷小波等である。

3　児童研究と玩具

一九世紀末から二〇世紀初頭にかけてアメリカでは子どもの発達を科学的に研究する、いわゆる児童研究運動への関心がたかまるが、その始まりは、一八八〇年にボストンの小学校で新入学児を対象としたスタンレー・ホール（Granville Stanley Hall）の調査研究からだといわれる。これが日本に紹介され、定着するのはホールに学んだ元良勇治郎（東京帝国大学教授）(64)やその薫陶を受けた高島が中心となり、雑誌『児童研究』が東京教育研究所（後の日本児童学会）から発刊される、明治三〇年代である(65)。

明治二三（一八九〇）年には、日本で最初の児童研究団体として「日本教育研究会」が設立されている。この研究会は欧米の教育の転用にすぎない日本の教育の現状を批判し、「小児を研究し、教育の基礎」を確立し、教授法を改善することを目的としていた。そこでは、米国から持ちかえった児童の観察用紙を日本風にアレンジして全国に配付し、「小児の自然発達を科学的に研究」すること等を試みている。やがて、明治二八（一八九五）年を境に「日本教育会」に「児童研究組合」が組織され、さらに高等師範学校で児童心理学の講座がひらかれる。また、文科大学の大学院で児童学を専攻する学生が現れ、『小児研究』『児童研究』という著書が出版されるなど、日本の児童研究は大きな進展を見せ始める。それが明治三一（一八九八）年の東京教育研究所による雑誌『児童研究』の創刊や後の「日本児童学会」創立へと継続、発展していく。

しかし、学齢児童・生徒を主な対象としたアメリカとは異なり、日本では主に乳幼児（infancy）を対象とする「子育てについての諸原則を科学的に開発をする」(66)、「啓蒙・普及的色彩が強」い児童研究(67)が主流となる。Infancyの研究は発育日誌（biography）による方法が主流であったというが、これを援用する形で、松本孝次郎や高島は、心理学的な立場から、遊びと子どもの発達段階に応じた玩具について論じる。

例えば、明治三〇年七月『教育壇』六号において、高島は玩具を種類別にまとめた玩具分類を発表しているが、アメリカの児童研究運動の影響を受けて、質問紙法による遊びと玩具の調査が始まるのは『児童研究』誌上であった。同誌の創刊直後に、松本孝次郎は「遊戯及び玩具」という論考で、子どものあそびを（一）感覚的遊戯（二）運動的遊戯（三）模倣的遊戯（四）美的遊戯（五）智的遊戯の五つに分類し、日本における遊びや玩具の「教育的価値」や種類、その変遷など「科学的に考究」する必要性を説いている(68)。これを受けて次号では、次の四点から「児童の日常行ふ所の遊戯を観察し日誌を作る」ことを読者に呼びかけている。

（一）汝は（イ）春（ロ）夏（ハ）秋（ニ）冬に於いて如何なる玩具を多く用ゐるや。
（二）汝は（イ）春（ロ）夏（ハ）秋（ニ）冬に於いて雨天に於いて如何なる遊戯をなすか。
（三）これらの中汝は殊に如何なる遊戯及び玩具を好むか。
（四）特別の理由又は事情ありて好まざる遊戯及び玩具あらば之を挙ぐべし(69)。

翌年には、当時流通している玩具に関する教育上の意義についての解説(70)や有毒な塗料等が玩具に使用されていないかを調査した問題に関連して、高島が対象となった玩具の教育的価値を解説するなど、次第に玩具そのものの安全性や教育性に関心がむけられる(71)。そして、明治四二年には、高島により年齢別の発達段階に適応した玩具分類表が発表され(72)、三越はそれにもとづき実物をまじえた展示を行う。そして、同店内にもうけられた児童用品研究会で、「学俗協同」のもとに玩具をはじめとする子ども用品の教育的改良が進められるのである。

4　三越児童用品研究会

明治四一（一九〇八）年四月、三越呉服店(73)は、「小児部」を開設し、子どもの生活用品の販売に本格的に乗り出す。そして、五月には第一回懸賞新案玩具を募集し（図21）、翌四二（一九〇九）年には巌谷小波を顧問に迎え、「第一回三越児童博覧会」を開催し(74)（図22）、それを記念して本邦初の「生育日記」である『子寶』（巌谷小波編、杉浦非水画）を出版する(75)。

さらに同年七月には、博覧会の盛況を一時的なものにしないために、「世間一層の注意を喚起し、児童需要品の研究とその改良法を講ずる」として、児童用品研究会を設立し、継続的な研究に乗り出している(76)。発起人は高島、巌谷、三島通良（小児科医）、菅原教造の四人、その他の会員は新渡戸稲造、黒田清輝（画家）、坪井正五郎（人類学者）等多士斉々の顔ぶれであった。

研究会の目的は、「学術上及び実用上より研究を成し一般児童用品の改良普及を計る」ことであったが、日本児童学会が「子供の身体及び精神に関した事を全部研究」しているので、三越側は「実際方面に渡った事を研究調査する」ことにした。従って、「玩具は勿論、着物でも其他娯楽の道具でも学校用品でも総て子供の用品」の実用面からの改良を図ることにしたのである(77)。

この研究会の具体的な活動は、玩具を中心とした児童生活用品の収集や玩具商等がもちこむ新案玩具の審査批評、また各地の博覧会展覧会からの要請にこたえた、各種参考品の貸出、参考室（玩具、保育品、子供服など）の展示など、あらゆる方面に及んでいる。

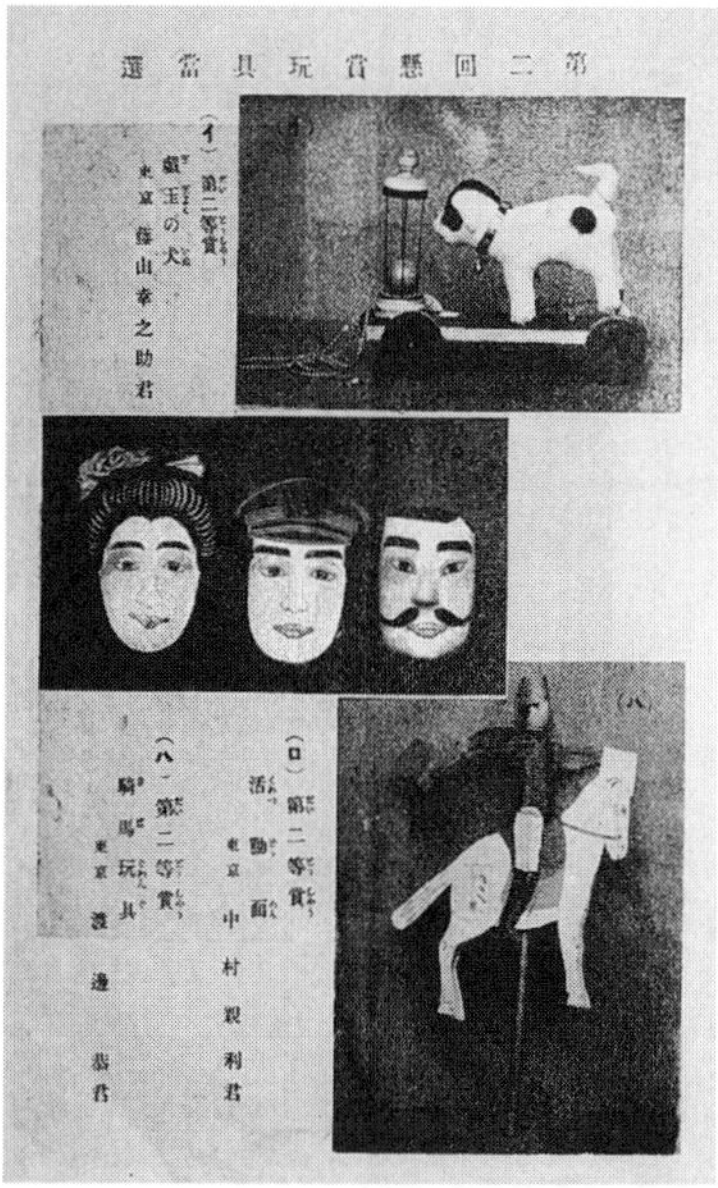

図21　第二回懸賞玩具当選をつたえる『三越』明治43年（吉徳資料室蔵）

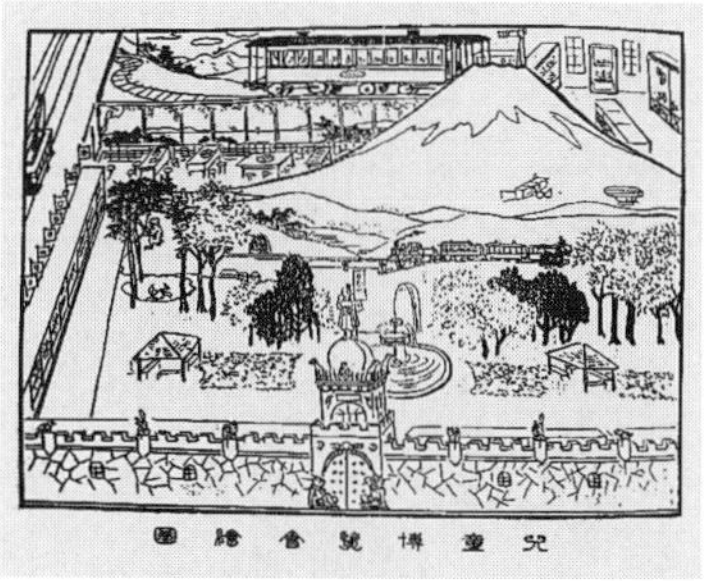

図22　第二回三越児童博覧会の会場図（『みつこしタイムス』８巻４号より）

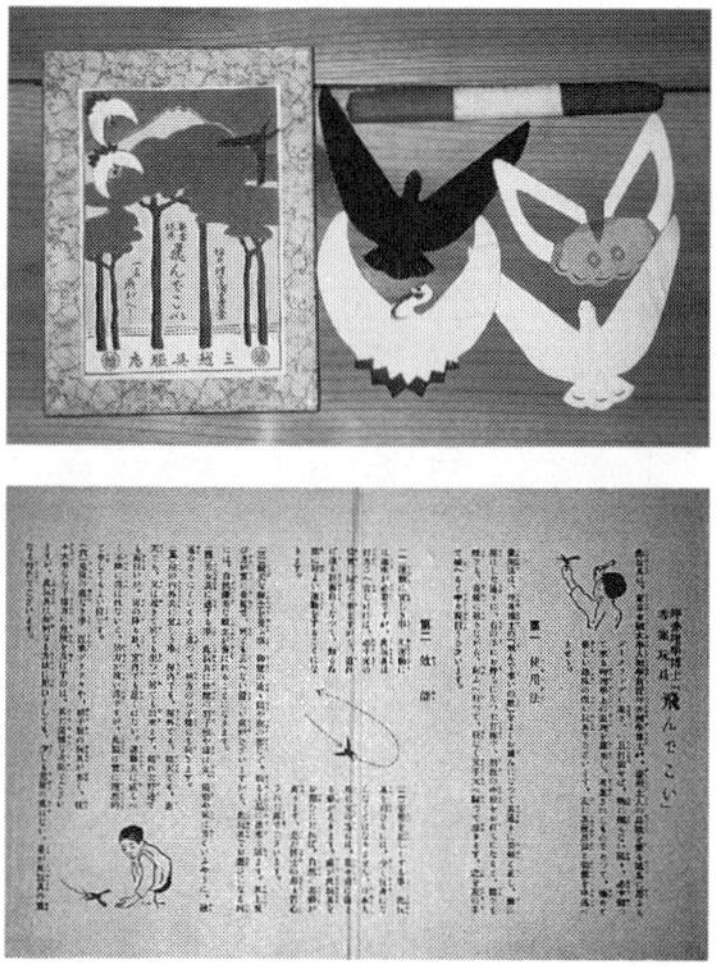
図23「飛んで来い」下は「飛んで来い」の説明書（土井子供くらし館蔵）

例会は、毎週水曜日に行われ、その研究の成果を年一回開催される児童博覧会に反映させている。さらに、明治四五（一九一二）年には、玩具研究の成果報告のために「オモチャ会」を設立する。そして会員を募り一年間にわたり毎月玩具を配付し、保護者用、子供用の講演会などを催している(78)。しかも、三越は研究会の考案玩具を売り出し、会員が海外の雑誌などで目に留めた玩具や子供用品を取り寄せ、改良し、商品化し、発売も行っている。

その一つである坪井正五郎考案の「飛んでこい」が、「土井こどもくらし館」に保存されている（図23）。これは三越で最初に発売された考案玩具であり、ブーメランをヒントに「物理学上の道理を応用」したものであった。その説明書には、使用法に続いてその教育上の効能が述べられ、これが子どもの成長や発達に有益であるという趣旨を述べている。

〔「飛んで来い」説明書の内容〕

（一）運動に宜しき事

凡運動には趣味が必要ですが、此玩具は打方さえ宜しければ、必ず元の位置に帰つて来ますから、遣れば遣る程面白くなつて、知らぬ間に程よい運動をすることになります。

（二）姿勢を正しくする事

此玩具を用ひるには、少し反身にならなくてはなりません、日本人殊に女の方には、往々前に曲がる癖があります。所が此玩具をお用ひになれば、自然に其癖が直ります……

（三）優美な観念を養う事

御覧の通り鶴や燕の形など、頗る上品に出来て居ます。其上飛び方が実に綺麗で、何とも云へない優しい所がございますから、此玩具でお遊びになる内には、自然優美な観念が養われることになります。

（四）男女とも適する事

此玩具世間の羽子板や球は女、独楽や凧は男というように、融通のきゝにくいものと違って、何方のお子様にも向きます。

（五）屋の内外共に宜しき事

屋内でも、屋外でも、晴天でも、雨天でも、又は起きて居ても坐ても居ても出来ます、晴れた野辺でも面白いが、雨の降る時、室内でも悪くはない。運道具は成るべく不断に遣はれないと、効力が薄い訳ですが、此点は実に理想的と申してもよい位です。

（六）危険の恐れなき事

近来のブリツキや、硝子製の玩具が多く、往々大事なお子様方に危険を及ぼすのは、甚だ遺憾な次第でございます。此玩具は如何なる方法を用いましても、少しも危険な虞はない、是が此玩具の重なる特色でございます。

これらの考案玩具に共通するのは、あくまで子どもの心身の発達によい影響を与えるということである。また、このような活動は、前述のフレーベル会玩具研究部が時期的に早く、三越はそれに追従したにすぎないという批判があるかもしれない。だが、幼児教育現場にとどまらず広い意味での児童研究の中心は日本児童学会にあり、社会的影響力もおおきかった。しかも、三越の児童博覧会は、先の上野の「こども博覧会」を原点として、その賛助者が多数集まり継承、発展した会であり、むしろ児童用品改良の本流は三越の側にあった、といえるである。

明治三〇年代に始まった高島平三郎等の児童研究運動は、三越児童用品研究会という場を得て形（商品）となって現れるのである。言葉を変えていえば、このように商品化された玩具をはじめとする子ども用品を確実に購入する層が形成され始めていた、といえる。

5 子ども用品の販売戦略

三越は、一営利企業の枠を越えて、当時の都市部の上層や新中間層へのライフスタイルに大きな影響力をもっていた。日比翁助（三越専務取締役）は、児童博覧会の席上、同社の一連の児童研究は「健全なる国民を造り上げ、健全な国民となるべき児童を養成するに必要なる玩具の改良をしたいので、決して自家の広告ではない」(79)と挨拶している。このような社会的貢献が店の宣伝になり、最終的には利益になるという考えは、すでに一九世紀後半のフランスの百貨店にあったというが(80)、日比は、児童というテーマが三越の顧客のニーズに答えることを見抜いていたのであろう。「百貨店は、この頃から『こども』を重要な消費者として位置づけはじめていた」(81)のである。

百貨店の起源は、アリスティット・ブシコーがボン・マルシェの共同経営に乗り出した、一八五二（嘉永五）年といわれる。一九世紀中頃から二〇世紀にかけてフランス・イギリス・アメリカなどの大都市で次々と生まれた百貨店は、「入店自由・定価表示・現金取引」という、当時としては画期的な商法で、買う買わないにかかわらず誰でも自由に入店ができ、商品を見ることができた(82)。

その主な顧客は、新中間層であったという。一般に新中間層とは、資本主義社会の発達ともに、「二〇世紀の初頭に社会成層の中間的部分に新しく登場した階層」であり、「大企業の中・下級管理者、専門職従事者、事務員、販売員等で構成される」いわゆるホワイトカラー層、つまり賃金労働者であるブルーカラーではない、サラリーマン（俸給を得る雇用従業者）とされる(83)。

明治二〇年代から始まる日本の経済的発展は、出生率を増加させたが、明治四〇年代にはいるとその人々が適齢期をむかえ、結婚、独立して一家を興す。「労働力の向都離村によって人口が集積していた都市部」に向かい、彼らは核家族を形成する(84)。その多くは給与所得者であり、家から継承すべき財産はあまりない。彼らが子どもに残してやれるものは、より高い学歴を身につけられるように環境を整えることであり、また、それが子どもの社会的階層を上昇させることができる一番の近道であった。こうして明治期に教育熱心な家庭が多数誕生するが、その中心が新中間層であった。

彼らの多くは、「農村の中農や士族の二、三男であり、旧来の地縁、血縁によらず個人的努力、学業、能力によって地位を切り拓かねばなら」ない人々であった(85)。その家族が「文化資本を学歴資本に変換し、さらにそれを経済資本に転換するという」(86)、学歴による子どもの立身出世を夢見る母親たちを誕生させるのである(87)。

「一夫一婦を中心とする家庭が子育ての環境であり、その中で育った子どもたちは、一人前になるまで、その家庭内の存在であって、一人前になってはじめて社会の一員となる」(88)という子ども観のもと、子育ての責任が「家」から「家庭」に移るとともに、その主な担い手である新中間層が中心となり三越の児童研究を支えるのである。

特に、明治末から大正・昭和にかけて大都市部では新中間層が急速に増加し(89)、消費を中心とする新しい生活スタイルを出現させた。そして、百貨店の役割は、人々が憧れる生活スタイルを展示し、彼らの欲望を刺激し、新しい生活スタイルを演出することであった。つまり「消費者の需要に答えて供給を生」むのではなく、「供給の側が主導権をもち欲望を掘り起こ」(90)し、流行をつくりだすのである。

神野由紀は、三越(当時、三井呉服店)が日清戦争後に仕掛けた「伊達模様」が、一時花柳界で流行しただけに終わったが、日露戦争後に「元禄模様」が空前のブームになった事実を上げ、これは「上層だけでなくより多くの中間層が消費経済の中に取り込まれつつあったことを意味していた」(91)と指摘している。まさに「教育玩具」も、児童用品研究会によって、学術的改良という箔がつけられ、商品化されることによって、消費者を取り込んでいったのであろう。その意味において、「教育玩具」は三越によって流行させられたといえるのかもしれない。

百貨店に子どもの用品売り場が初めて登場するのは、明治五(一八七二)年のボン・マルシェの新館のオープンの時である。ボン・マルシェの主な顧客である中流階級がいくら上流階級の生活習慣に憧れ、「父親の通勤着や晴れ着、母親の外出着や晴れ着、また夏物や家具、食器などボン・マルシェやその他のデパートで恥ずかしくないものを揃えることはできても、消耗品である子ども服などは上流階級と同じように誂える余裕はなかった。しかし、彼らの生活レベルが向上すると出生率は低下し、少子化により一人か二人の子どもを大切に育てる傾向に変化する。それが百貨店に子ども売り場を出現させるというアイデアを産みだしたという(92)。

「新中間層が少産少死型の人口構造を他の階層に先駆けて成立」(93)させたことは、日本でも同じである。前述のように三越の小児部の開設は、明治四一年であり、ボン・マルシェからおくれること三二年であった。この頃の日本は、すでに近代資本主義社会の仲間入りする基盤が、名実ともに形成されていたのであろう。

「こども博覧会」に先立ち、巌谷は「子供の物の陳列所」(総合的な子供用品売場)の設置を西洋に視察に行く三越の日比翁助に、次のように助言したと語っている。


……三越がア、云う風に、店飾りに意匠を凝らし、内部も大変工夫して居る以上は、モウ一歩進んであの部分に、子供の物の陳列所を造つてはどうかということを、日比君の洋行前に注意したら、大変賛成して、無論そう云うことの研究もしているという話であつた。西洋の店には、子供物ばかりの店がある。それは玩具やお伽噺ばかりでは無く、着物でも何でも、一般子供に関する物ばかり売つて居る店がある。……これは商売の上から言つても、人情の弱点を突く一番の急所を得たものと思う、子供を可愛がらない親は無い、子供の為にならば、随分金を惜しまぬというのが人情である……(94)

6　新しい玩具観――子どもの発達と玩具

明治後期から大正期は、都市部の知識層を中心に国家主義への疑問が生じ、個人主義（国家よりも個人本位にものごとを考える）的傾向が進んだ時代でもあった。しかも、明治三八年には小学校へ就学率が九五％まで向上し、社会の高学歴志向も強化され、これが幼児教育の必要性を意識する人々の範囲をも拡大させたのである。繰り返すが、それを支えたのが、都市部を中心に形成されつつあった、夫婦を中心とする核家族であった(95)。森岡清美によれば、明治四〇年代には、家長制をともなわない一夫一婦の小家族が、大家族と「双方五分五分ノ勢力」(96)となり、「家族を夫婦本位にとらえる個人的主義的な家族観が、教養ある階層を中心にうけとめられていた」(97)という。

そのような背景のなかで、明治四二年五月『児童研究』に高島は、「玩具選択の注意」を発表し(98)、子どもの成長に応じてどのような玩具を与えるべきかという「科学的分類」を行っている。一一月の三越の「第一回万国玩具展覧会」では、それにもとづき玩具を「年齢、国、遊び方、教育」別に分類し、解説を加え展示している(99)。そこには、セルロイド製の「がらがら」や「ゴムまり」とともに、「でんでん太鼓」や「笙の笛」といった伝統的な日本の玩具も含まれていた。ここで高島は、教育上好ましいか好ましくないかという基準で伝統的なものを含めて玩具を再分類する。まさに江戸の「手遊」を含めて、すべての玩具が児童研究という観点から再編成されようとしていたのである。それは同時に、江戸期の節句行事を中心とした人形玩具観が払拭され、節句人形さえも玩具の一部として分類され始めていたことを物語っていた(100)。

高島の分類は、今日のいわゆる「知育玩具」の発想の原型といえるのだろう。子どもの年齢・発達にあてはめ、玩具を目的別に分類することにより、「玩具」は名実ともに幼児教育のなかに位置づけられたのである。しかし、それは子どもを楽しませるという本来の目的をはなれ、玩具を教育の一手段に変質させることでもあった。

たしかに、ここでは安全で、衛生的で、品質のよい、子どもの発達段階に応じた玩具の改良が進展した。しかし、当時の三越の児童用品は「貴族若くは富豪向きで平民的なもの」(101)は少しもなく、大多数の子どもたちには手の届かないものであった。ここで改良されたのは、駄菓子屋や縁日などで売っている、庶民の子どもたちが手にする「一銭玩具」ではなかった。三越のいう「子ども」は、大衆化されたとはいえエリート層に属する新中間層の子弟をさす言葉にすぎなかったのである。より広い子どもための玩具改良という視点は、その後の倉橋惣三（東京女子高等師範学校教授）の出現を待たねばならない(102)。

4 「教育玩具」の定着

1 玩具の社会的評価のたかまり

「明治末年から大正初めにかけて、子どもと教育の心理学的研究は再び活発化し」(103)児童研究熱は第二のピークを迎える。それとともに、数多くの育児書が出版され、幼稚園も順調に増えつづける。また玩具産業も隆盛となり、子どものものとして低く見られていた玩具の社会的地位も上昇する。

明治中・後期の玩具産業は、外国の模倣品を粗製濫造し、輸出することで成り立っていた。そのため日本製玩具の海外での評価は低く、国内でも教育者や家庭から子どもへの危険性が指摘された(104)。しかし、これはある意味では玩具産業が近代化する過渡期でもあった、ともいえるのである。

大正前後には、外国の模倣から抜け出す日本製玩具も現れ、当時玩具の世界一の輸出高を誇っていたドイツが、第一次世界大戦で戦場化すると、日本製品は輸出を中心に飛躍的な伸びを示す(105)。大正一一年（一九二二）の「平和記念東京博覧会」の玩具業界の要望書には、このように社会的に評価され始めた玩具関係者の自信がよく表れている。

平和博覧会以前は、多くの玩具審査員を参考人として取り扱い、等級取捨は実業認識に乏しい審査員のみの権限であつた。ために常に不平の声が高く擬賞の如きも銅賞に止まる状態にして、玩具が児童教育上重要なる使命を持ち然も、優秀を特長とする他商品に見られざる芸術上の商品なることは識者のつとに識るところにして、当時既に三百六十余円の輸出のある重要国産品たるにも不拘、玩具として軽視した昔年より来る因習頭脳のみに支配され、他出品物に比しては常に軽んぜられるゝの状態にあつた。平和博覧会に於いては東京側審査員として……（従来のように）審査員を単なる参考人としてのみ取り扱う場合は、不都合と云ふべく、今回は擬賞の協議に参加させると共に、相当の資格ある優良出品人に対しては最高擬賞を授与される否やその取扱方に依りて審査員たるの受諾をなすべし(106)。

業界の関係者は、玩具の教育上の役割は社会的に認められつつあり、昔のように玩具をただの遊び道具として軽視せず、優良品にはそれなりの評価を与えてほしい。そのため玩具業界の関係者を参考人ではなく、授賞の選考にかかわる正式な審査員として位置づけて欲しいという申し入れをしている。しかも、この要望書の末尾には、もしこれが採用されない場合は同組合選出の委員は即座に辞任する考えであるという旨が添えられていたという。その迫力におされたのか、審査主任の高島平三郎は、業界側の意見を受け入れ、これにより玩具にも最高賞の道が開かれ、金賞四個、銀賞一七個を受賞したという。

このように玩具の社会的評価がたかまると最新の研究成果をもとに、体系化した玩具論も表れてくる。そこに中心的な役割を果たしたのが、高島の弟子関寛之であった。

2 関寛之の玩具論――発達段階に応じた玩具の手引書

関寛之は明治二三（一八九〇）年生まれ。大正三（一九一四）年東洋大学専門部を卒業し、長く教授を努めた(107)。大正七（一九一八）年に出版された処女作『児童学概論』（洛陽堂）は、恩師高島の校閲のもと、師に捧げられている。彼は児童の宗教意識の研究に従事するかたわら、児童教育の実践面にも大きく貢献した。そして、師の玩具研究を受け継ぎ、「玩具の科学的な分類表」を完成させている。

彼の玩具観は『玩具と教育』（洛陽堂、大正八年）の改訂版である『玩具と子供の教育』（広文堂、大正一四年）にほぼ集約されている。そこでは「玩具は児童の生命であり。教科書であり、学校」(108)であり、その「教育上の価値」(109)は甚大であるという観点から、子どもの発達と玩具の役割が述べられる。そして、既存の玩具が心理学・教育学の立場から系統的に分類されるのである。

例えば、子どもの「心身の発育に対する価値」という項目では、「（一）知性を練習する玩具（二）感情を陶冶する玩具（三）意志を涵養する玩具（四）運動を練習する玩具」(110)に大別する。続いて「視覚・聴覚・触覚・好奇・注意・記憶・観察・想像」等の発達に役立つものを、それぞれ具体例をあげて説明するのである。

これらの成果は、最終的に「玩具の教育上の価値表」「児童の年齢と玩具表」「児童の性質と玩具表」の三つの表にまとめられた(111)。つまり、関は教育上の効能・子どもの発達段階・子どもの性格に応じて、親が子どもに与えるべき玩具の詳細な手引き書を作成したのである。

ここで玩具は、完全に教育の一手段とみなされている。関は高島の「分類表」を、徹底的に「玩具の教育的効能」という観点に絞り込み分類するのである。

関は次のようにいう。

愛ある親は子どもに玩具を与へなければならないが、唯無暗に与へるだけでは、無益であるか又却つて害になる。……ここに於いてか、如何なる玩具を与ふべきか、どの玩具はどんな価値があるか、幾歳頃の児童は如何なる玩具を与ふべきか、かかる性質の子供はどんな玩具がよいか、玩具を如何に選むべきか等の問題が起つてくる(112)。

関は、父母や教師が教育上役に立つか、立たないか、価値があるのかないのかという基準で玩具を選択したうえで、子どもに与えるべきだというのである。これは子どもの遊びは無邪気なものであり、それを大人の側から善し悪しを判断し口をはさむものではない。子どもの成長発達に有害になるおそれのある最低限の遊びさえ規制すればよい、という『和俗童子訓』に代表される伝統的な遊び観や玩具観とは対照的である。

関にとって玩具は、子どもが楽しく遊ぶための「モノ」でなく、発達を促進させ、子どもを賢くするという「実用性」を備えた「モノ」であった。そして、その「実用性」は、よりよい学歴を取得することに役に立つものに他ならなかったのである。

たしかに、高島等の三越児童用品研究会で改良された玩具は、「楽しく遊ぶこと」よりも、「遊ばせながら子どもを教育すること」に主眼が置かれ、それにもとづき、意図的な改良が試みられている。しかしそこには、「童心主義」を育むという子ども本位の一面もたしかに同居していたのである。その微妙なバランスの上に高島の「分類表」は成り立っていたが、関はそれをさらに進め「教育的効果」という側面だけを徹底し、分類した玩具論を展開する。そして関の「玩具分類表」は、新中間層をはじめとする一部の教育熱心な親たちに受け入れられ、支持されるのである。

前掲書に続いて上梓された関の『我子おもちゃ——年齢性別による選び方与え方』の目的は、次のようなものであった。

「玩具分類表」が評判となり、地方の婦人団体や新聞などに無断引用されることが多く、それが誤った引用のされかたであることも多かった。これに憤った関が、内容をより簡単にして「父母を覚醒して家庭教育を開拓」するために、同書を著したのである。また、これは母親が学校教育で学びえない児童教養の知識を与えるものであり、子どもをかしこくするのは母の心一つである、と彼はいうのである(113)。

さらに関は東京市社会教育局の「玩具展覧会」の指導や文部省普通学務局の「玩具絵本改善研究会」の委員などを務め、業界の研究会にも関係するなど、ある意味で大正から昭和初期の玩具研究をリードする人物となる。これらのことからも、一時期彼の活動が教育熱心な母親たちの支持を集めたことが推測できる。

そして、このような風潮のなかで文部省までが玩具の改良に乗り出すのである。

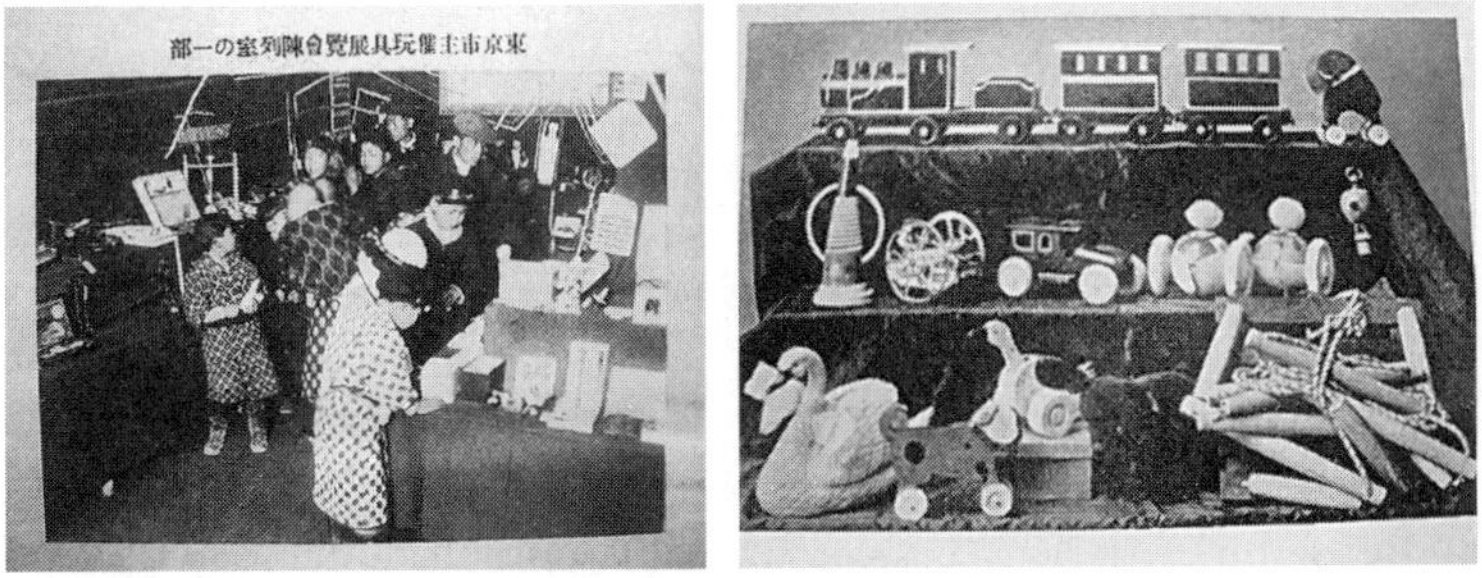

図24　銀座松坂屋を会場に催された玩具展覧会（『玩具の選び方と与え方』より）

3 「幼稚園令」と「玩具絵本改善研究会」

大正の終わりから昭和初年にかけては、米国と日本の子どもたちの間でいわゆる「青い目の人形」交流が行われ、皇女照宮の誕生などに関連して、子どもを中心としたイベントが社会の注目を集めている(114)。

このようななかで、大正一四年（一九二五）には東京市の主催で、「玩具製造の教育的改善、教育上優良玩具の奨励、教育上不良玩具の警告、家庭に対する玩具選定の眼識を高め、その他教育上玩具の注意並びにその進歩を図る等」を目的とした「玩具展覧会」が開かれる(115)(図24)。

その成果をもとに東京市社会教育課は、『玩具の選び方と与え方』を出版する。また翌年「社会ノ実情ニ鑑ミ幼児保育極メテ必要ナルヲ認メ」て「幼稚園令」が公布される(116)。そして昭和二（一九二七）年には、人形交流と幼稚園令の当事者であった普通学務局長関谷龍吉を中心に、局内に「玩具絵本改善研究会」が設立される。

この会は「玩具絵本ノ改善並教育上適当ナル玩具絵本ノ普及ヲ図ルコト」を目的とし、その教育的価値の宣伝・改善のための調査研究・展覧会講演会の開催・優良品の審査や推薦などを主な事業としていた。委員は教育界から高島平三郎・倉橋惣三・関寛之が委嘱され、文部省関係者の他、小児科医や玩具の製造業者・卸商・小売業者等幅広い分野から名を連ねていた(117)。

そして、この年の一〇月に同研究会は、上野公園の東京博物館で「児童生活展覧会」を開催し「玩具絵本並びに運動用具を陳列」することになった(118)。同展は「青い目の人形」の返礼のために米国へおくられる「答礼人形」のお披露目も兼ねており、人形使節ブームを反映して大盛況であったという。

その案内には、次のような一節がある。

児童を大切にせよという声は、近時益々一般社会に高調せられ、児童の日常生活に対して保健的に教育的に夫々注意を払われる様になったことは洵に同慶の至りに堪へません。……(立派な国民に育てるためには)世間一般が児童の生活に深く留意し、児童の心理を考察し、其の環境を整理し、進んで適当なる生活指導に対する研究工夫を盛にすることは国民の重大な責務であると信ずるものであります。

特に乳児、幼児及園児の時代に於いてその教科書とも申すべき玩具及絵本の取捨選択並其の取扱などについては深甚の注意を要するのでありますが、今日の実情は玩具や絵本の考案なり構造なりが未だ改善の余地が甚だ少ないばかりではなく、其の使用を指導せらるる父兄も動もすれば無関心の状態に在るを見ることは如何にも遺憾なことであります。独り玩具や絵本に限らず児童の日常生活上最も留意し考究を重ぬべきことが多いのであります(119)。

研究会では同展覧会にあわせて、関寛之に『玩具・絵本の選び方』という小冊子を執筆させ、それを来館者を中心に配付し「玩具絵本ノ教育的価値ノ宣伝」に努めている。昭和二（一九二七）年には、文部省が玩具絵本の教育上の意義を認め、その改善に乗り出すのである。

しかし、「玩具絵本改善研究会」が設立されて間もなく、関谷は普通学務局長を更迭され、研究会もうやむやになってしまった。ただし、この時点では、幼児教育の為の重要な「教科書」が「玩具」であるとまで表現される程、「玩具」＝「子どもの発達に役にたつもの」という意識が社会的に定着していたのである。

その後も、昭和初期は概ね、研究者と業者の双方による玩具の改善が地道に続けられ、子どもや人形が国際交流のなかで重要な役割を担い始める等(120)、玩具は社会的にも注目され続ける。そして、再び玩具の改善が国家的に叫ばれ始めるのは、昭和一六（一九四一）年に発足した「社団法人日本少国民文化協会」に「遊具部会」が設立される前後であろう。

第 II 部

幼稚園教育の展開と
教育玩具の普及

第4章
「教育玩具」積木
■幼児教育の商品化

1　積木との出会い

1　積木と恩物

積木は、明治期に幼稚園の「恩物」として日本に紹介された、外来の玩具であった。明治初期には、早くも海外に渡った明治政府の関係者によって、文字積木や恩物が持ちかえられ、その数年後には日本製の模造品が登場する。やがて、第三～六恩物から独立した「積木」が基本となり、保育現場から各家庭へと普及する。積木には、一般の玩具につきまとう「俗悪」観があまりなく、「知的」「教育的」で、しかも「楽しく」「豊かな」遊びを創造するというイメージが定着している。試みに、手元にある幼児教育関係の辞典で「積木」の項を引いてみると、次のように記されている。

つみき【積木】（一）木を積むこと、または積んだ木。
（二）幼児に好まれる代表的な玩具の一つ……豊かな創造性や思考力、構成力を育てることのできる最適な玩具(1)。

また、ある玩具メーカーのカタログでは、「教育玩具」としてパズルとともに、さまざまな「文字積木」が紹介され、その効用がこのように紹介されている。


ひらがなつみき（対象年齢二歳〜）

「ひらがな」の覚え方いろいろ。

積んだり、立てたり、並べたり、崩してみたり、つみき遊びやゲームをしながら、無理なく楽しく「ひらがな」を覚えていきます。また、手・指の器用さを高め、さらに集中力や構成力、想像力も育てます(2)。


そして、幼児教育の現場でも、積木は主要な園具・教具の一つとして重視されてきた。

例えば、平成七（一九九五）年に一部改正された「幼稚園設置基準」（昭和三一年文部省令第三十二号）の旧第十条には、「幼稚園には、次の園具及び教具を備えなければならない」として、「三　積木、玩具、紙しばい用具、絵本その他の図書」というように、積木が明示されていた(3)。

現在市販されている積木にはいろいろな形があるが、そこにはすべて基本となる寸法（基尺）がある。これについて積木デザイナー和久洋三は、次のように語っている。


……じつは積木は○と△と□の角柱があるだけでは充分とはいえない。幾つかの角柱をつなぎ合わせた二本の門柱は左右の高さが一致するように作られていなければ木切れとなんら変わらぬものとなる。私の創作した積木の長さは円柱も角柱もその長さを一：二：三：の割合で創ってある。これは一＋二＝三のごく初歩的な数理を導入したただけのことだが、これによって、一の長さの柱と二の長さの柱を積み重ねて三の長さの柱に一致できるようにしているのである(4)。

和久は、発達に応じて積木の大きさを変化させる必要性も考慮しているという。

……小型の積木の基尺を三〇ミリ、中型を四五ミリ、大型を六〇ミリとした。三〇ミリの基尺の積木で遊んでいた子が成長し、より多様な表現をするために四五ミリ、六〇ミリ基尺の積木を導入したいとき一緒に集合させて遊べるように考慮したのである。三〇と四五と六〇の数量を決めた理由はその最大公約数が一五であり、一五ミリの板があればいつでも高さや長さを一致できるようにしたためである。そして、最小公倍数が一八〇ミリ、この高さや長さになると三つの基尺は否応なく一致するようにもできている(5)。

積木＝木製というイメージが強いが、その素材はコルクやプラスチックをはじめ多様である。また「枠積木、中型、大型、床上積木など材質や大きさの異なるさまざまな積木があり、幼児の発達や欲求により積木を選択」することもできる。そして幼児は、「経験を重ねることにより、それぞれの特性を生かして使いこなす」ようになる(6)。

その他、「絵入り積木」（立方体の六面にそれぞれ絵が描かれており、それを自由に組み合わせて遊ぶもの）、動物の形をくり抜いたものなど、いろいろな種類が市販されている。最近ではネフ社の積木のように、赤や青、緑や黄色で色鮮やかに彩られ、さまざまな幾何学的な展開をみせるオブジェのようなものなど、これまでの概念を一変させるものも現れている。

図1　フレーベル氏真像（「幼稚園通覧」国立国会図書館より）

この積木の源流が、フレーベル（Fridrich Fröbel）の恩物にあることは、いまさら指摘するまでもない（図1）。もっともフレーベル以前にもヨーロッパには、材料を積みあげて何かに見立てる遊びはあったらしく、一五六〇年のブリューゲル「子どもの遊戯」という絵画には、「煉瓦《れんが》積み遊び」がすでに見られる。だが、幼児期の遊びを教育的な見地から理論づけをし、そのための玩具を考案したという意味では、「教育玩具」積木の源は、フレーベルにある。これにより教育に役立つ玩具が形となって現れたのである。

日本のフレーベル研究の第一人者であった荘司雅子は、「おもちゃというものを教育的な見地から創りだして、それを解釈し、実践した人は、教育史のうえではフレーベルが初めて」だとのべている[7]。

フレーベルの考案した恩物（Gabe）理論を、後年、その後継者が体系化し、より実践向きに幼稚園書を著した[8]。そのなかの第三〜六恩物 Baukasten（Bau は建築、kasten は箱）の翻訳語が積木である。

2　「二十恩物」の紹介

フレーベルは、人間の文化的・生産的な営みの萌芽は、乳幼児期の遊びのうちにあると解釈している。つまり、神から与えられた創造力という素質は、生まれたばかりの乳幼児にも与えられている。それが、子どもの活動や遊びのなかに表れている。そこで彼は、人間に生まれながらに備わっている創造的な欲求を開発する教育を試みる。

その際必要となるのが、正しい遊具を、正しい仕方で子どもに与えることであった。しかし、これまでの玩具は完成されすぎているため、かえって子どもの創造的活動を十分に刺激することはできない。そこで単純な形だが、多様な要素があり、しかも創造性の要素をあわせもつ玩具を探究したのである。

やがてフレーベルは、宇宙や自然・人間に張りめぐらされた万物の基本的な形（球・立方体・円柱など）を整理し、それを色や形にした。それが、ボール、積木、板並べ、折り紙、豆細工、縫い取りなどの形となり、それらを「遊具」（Spielgabe）と「作業」（Beschäftigunug）に分類したのである。「遊具」は立体から始まり、面、線、点へ、反対に、「作業」は点に始まり線、面、立体に移る。フレーベルによれば、これによって世界の基本的な法則が形をとおして表現されたことになる。

フレーベルが、はじめ恩物と呼んだのは、次の六つであった（図2）。

図2　第1恩物　六球法（土浦幼稚園所蔵）

第一恩物―六色の毛糸のボール。
第二恩物―木製の立方体・円柱・球。
第三恩物―一辺が一インチの八個の立方体。
第四恩物―八個の直方体で合わせると立方体となる。
第五恩物―二一個のやや小さな立方体と、その立方体を対角線で分割した六個の三角柱とその半分の小さな一二個の三角柱で、全部を合わせると一辺が三インチの立方体となる。
第六恩物―細長い直方体、短く太い直方体を含めて、三六個の直方体。合体させると一辺が三インチの立方体となる。

このように一から六までの恩物は、ボールを除けばすべて積木であった。そして、第三恩物の立方体を基礎として、それを使って並べたり積んだりする単純な作業から出発して、家などの建物やバス・電車などの乗物をはじめさまざ

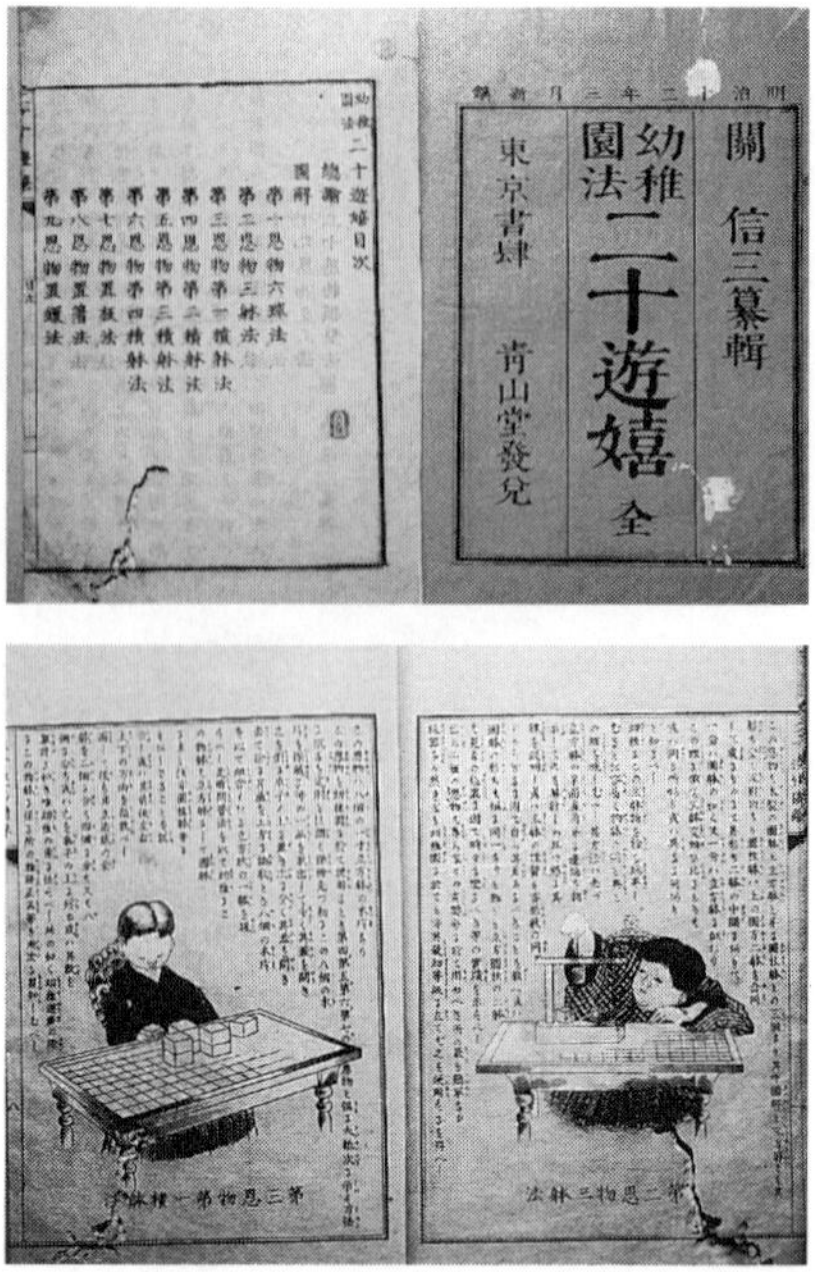

図3　『幼稚園法二十遊嬉』（吉徳資料室所蔵）

まなものを作る。これよって、子どもたちの身辺にある複雑な事象を表現することができるように工夫されている。素材が簡単であればあるほど、つくる喜びは大きい。

　基本的な形から物を構想し、それを自由に何ものかに見立てる。このような遊びのなかで創造力は高まり、空想のはばたく空間は広がる。積木を中心とする恩物は、子どもが内にもっているものを刺激し、それを表現するための遊び道具であり、「幼児のために考案した世界最初の教育遊具」(9)である。そして、その実践の場が「幼稚園」（Kindergarten）であった。

　彼の死後、イギリスやアメリカに亡命した弟子たちによって幼稚園は世界に普及し、日本でも明治九（一八七六）年に東京女子師範学校附属幼稚園（現、お茶の水女子大学附属幼稚園。以下、「附属幼稚園」と記す）(10)が開設される。日本に積木が入ってきたのは、この頃である。

　明治一二（一八七九）年に附属幼稚園の初代監事（園長）であった関信三（天保一四（一八四三）年〜明治一二（一八七九）年）は、『幼稚園法二十遊嬉』（青山堂）（図3）を著す。

　彼は、アメリカのウィーブ『子ども時代の楽園』（Wiebe, E., *The Paradise of Childhood*, 1869）やシュタイガー社の幼稚園カタログ類など参考にして、「遊具」と「作業」をまとめて「二十恩物」として紹介した(11)。

　関の影響力は大きく、日本では、遊具と作業をひとまとめとして「恩物」と呼ぶことが定着する。

3　日本の「積木」

明治以前の日本には、木を積み上げる構想遊びとしての「積木」はなかった。石を積み上げて壁を築くというヨーロッパの建築法とは違い、伝統的な日本の家屋は、細長い木を組みたてて建てる。おそらく材料を積み上げて家を作るという発想がなかったためか、木を積んで何かに見立てるという遊びは、文献上あまり表れない。

少なくとも日本には、「積木」という言葉はあっても、それは神社やお寺で供養のために燃やす積んだ木をさしていたのである。積木は、明治期に輸入され恩物から独立した、外来の玩具であり、翻訳語なのである。

例えば、『日本国語大辞典』（小学館）によれば、次のように記されている。

つみ―き【積木】〔名〕
㈠木を積むこと。特に、神社や仏閣の庭前で供養のために燃やす木を積むこと。また、その積んだ木。
㈡種々の形をした木片を積んでいろいろなものを作って遊ぶこと。また、その玩具。

㈠の出典は、平安後期の『龍光院本妙法蓮華経』であり、「海此岸の栴檀を以て積（ツミキ）と為（し）て、仏身を供養して」とある。また、㈡は、明治三三（一九〇〇）年発行の徳富蘆花の小説『自然と人生』である。つまり、日本の「積木」は、神社やお寺で供養のために燃やす積んだ木をさしていた。

また、日本の木製玩具といえば、両足の力を動力として回転する「ろくろ」を使って作られた「コマやこけし、がらがら車」などであった。

木製玩具に関する業界の記録には、

往時、東京で製造した木製玩具は、俗に轆轤細工と称し、両足の力を動力として回転する轆轤機械を使用し、独楽、ガラ〳〵、アンマ（オシャブリ）、車、人形、釜等の食器道具其他円形玩具を作つて、仕上げ彩色は普通の水絵具を用い、其の上を蝋磨きで仕上げたものである(12)。

と記されている。そして明治の末になり、「電気動力に旋盤」の使用が可能となり、精巧な仕事ができるようになったというが、木製玩具が業界の売り上げに大きな地位を占めるのは大正期からであるという(13)。

4 「積木」の紹介——玩具業界と幼児教育関係の記録から

日本人が積木を知った初期の記録が、昭和一〇（一九三五）年に刊行された『東京玩具卸商同業組合史』に記されている。これは第3章でもふれたように、明治中後期の「教育玩具」ブームの火付け役となった小島百藏を中心に編まれた玩具業界の記録であり(14)、後年のものだが信憑性がたかい(15)。

同書によれば、玩具業者が積木と出会ったのは、明治六（一八七三）年頃、内務省の派遣した官僚が、「児童教育の資料」として欧米の玩具を持ち帰り、これをモデルに教育的な玩具を創作するよう彼らに働きかけた時だというが、その資料のなかに、積木が含まれていたらしい。ただし、ここでいう積木が恩物の一部なのか、一般の玩具なのかはわからない。

第1章でもみたように、明治以前の日本では、乳幼児期の遊びや玩具に教育的な関心が向けられることはあまりなかった。まして、美しく幾何学的に裁断されているとはいえ、ただの木片を積んだり、並べたりするものが、なぜ、万物の法則を直感させ、創造性を開発させるものなのか、積木を最初に目にした人々はおそらく理解に苦しんだことだろう。しかも玩具業者は、ただの木片が商品になるとは夢にもおもわなかったのである。

幼児教育関係の記録に積木が表れるのは、明治八（一八七五）年発行の『子育の巻』（第2章参照）である(16)。

著者近藤真琴は、同僚がドイツでフレーベルの幼稚園を見学した時の記録を紹介するなかで、積木を次のように紹介している。

……もっとも幼きものには四方六面の四角に切りたる木あまたをもて遊びしむ。其おもてにはいろは、即ちアヘセを書きたるものにして、これにて家のかたち門のかたちなど組み立てさせ自然に文字を覚えさするやうにせり、稍長ずれば物の長短大小等より幾何のはじめを学ばせ算術の初学建築法に及ぶ……(17)

立方体に文字を書いた「文字積木」などで字を遊びながら覚え、次第に第三～六恩物に移っていくのであろうか。この時近藤は「童子園（幼稚園）」の「玩具ヲ観」て、その数品を購入して帰国したと証言している(18)。

一方恩物は、明治九（一八七六）年に文部省から出版された、幼稚園に関する本邦初の翻訳として有名な桑田親五訳『幼稚園《おさなごのその》』に、詳しく紹介されている。

一次資料では確認できないが、同年のフィラデルフィア万国博覧会には、文部省製の「恩物」が出品されたといわれている(19)。これは一月に出版された桑田訳『幼稚園』の図をモデルとして製作されたものらしく、翌明治一〇（一八七七）年の第一回内国勧業博覧会には、文部省が『幼稚園』を「玩器添」で出品している(20)。同書の内容や出品の解説から見て、ここでいう「玩器」は恩物と断定してほぼ間違いない。

また、同博覧会では京都の村上勘兵衛という人物が「幼穉園用具十一種」を、東京の澤貴彦輔が「文字教授玩具」をそれぞれ出品し、「花紋賞牌」をともに受賞している(21)。村上は京都府が展示した恩物を模造したばかりではなく、「五十音等方形ノ木材ニ粘シ、児童ヲシテ組立シムル者」、『子育ての巻』が紹介した「文字積木」も製作したと考えられる。

また、近代教育を一般の人々へ啓蒙するために設立された「教育博物館」では、手島精一が海外から持ち帰った教育玩具や恩物などを、第一室で体系的に展示・公開するなど、幼児教育のなかで玩具は重要な鍵を握るものとして紹介している。

明治初期には、早くも海外に渡った明治政府の関係者によって、一般に市販されている文字積木や恩物が持ち帰られ、その数年後には日本製の模造品が登場していることがわかるが、当時は、「積木」という言葉さえなかったのである。

2 「積木」という語――第三～六恩物の翻訳語

1 さまざまな翻訳語・明治一〇年代

日本に積木に相当する遊びがなかったことは、当時の訳語の混乱からもわかる。明治の初めから一〇年代の第三～六恩物の訳語は、「組木」「積体」「木ノ積立」に始まり種々雑多である。例えば、桑田親五訳『幼稚園』上巻（図4）では、

第三に授くる玩器《てあそびもの》　立方形の木を竪横中と断ちて八箇にしたる骰子形《さいがた》の木(22)

と紹介されている。

「教育博物館」の展示案内（明治一四（一八八一）年）では、一般玩具の積木を「家屋組立木」と紹介し、第三～六恩物は、次のように説明している。

木製の方円体を与えて其の形体の異同を知らしめ漸く進みて木片を組み立て……種々の形像を製造せしむる(23)

「組木」と訳したのは、明治一八（一八八五）年飯島半十郎『幼稚園初歩』であった（図5）。

組木　此の業ハ、幼稚の器物を熟視《じゅくし》し、後にこれを毀ち、毀《こぼ》ちて後に再ひこれを修繕《しゅうふく》せんとする自然の性質に基《もと》づき、工業の知識を誘引《ゆういん》する一具なり、即他日土木学、建築学等の端緒《たんしょ》たり、組木《くみき》を分ちて二となす、骰子木《さいき》なり……保母先ツ八箇の骰子木《さいき》を出たし、四角に積み重ね……(24)

先の関信三は、第三～六恩物を「第三　第一積体法恩物」と訳している(25)。しかし、これは難しすぎて、子どもにはわからない。そこで現場では、明治一三（一八八〇）年にわかりやすく「木ノツミタテ」と名称を変更したという(26)。

たしかに明治一七（一八八四）年に東京女子師範学校が、附属幼稚園規則改正のため文部省へだした伺のなかにも、次のような一節がある。

木ノ積立テ　木ノ積立テハ立方体、長方体、方柱体、三角柱ノ木片ヲ与ヘテ門、家、橋等ノ形ヲ積立テシメ或ハ種々ノ形ヲ排ヘシメ以テ構造ノカタヲ養フヲ主トシ兼テ辺、角、形、体ノ観念ヲ得シム……(27)

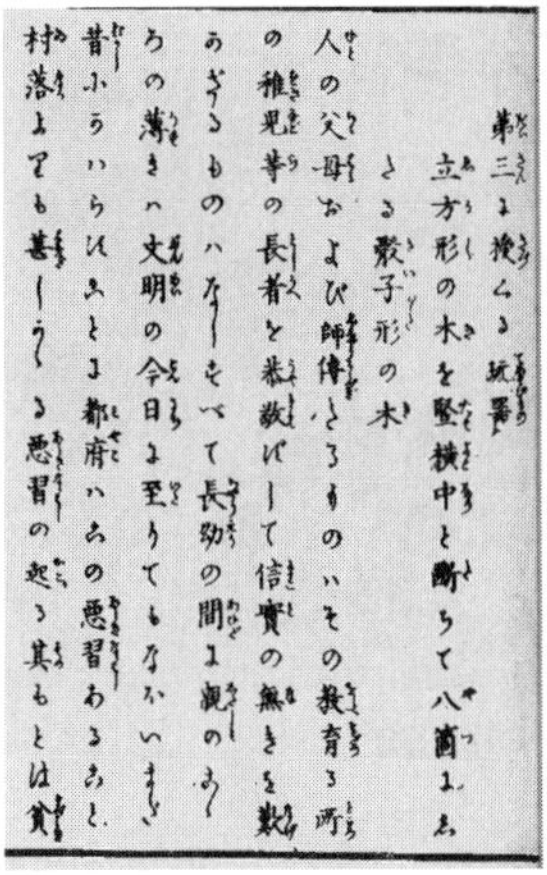
図４　桑田親五訳『幼稚園』上巻（『明治保育文献集第一巻』より）

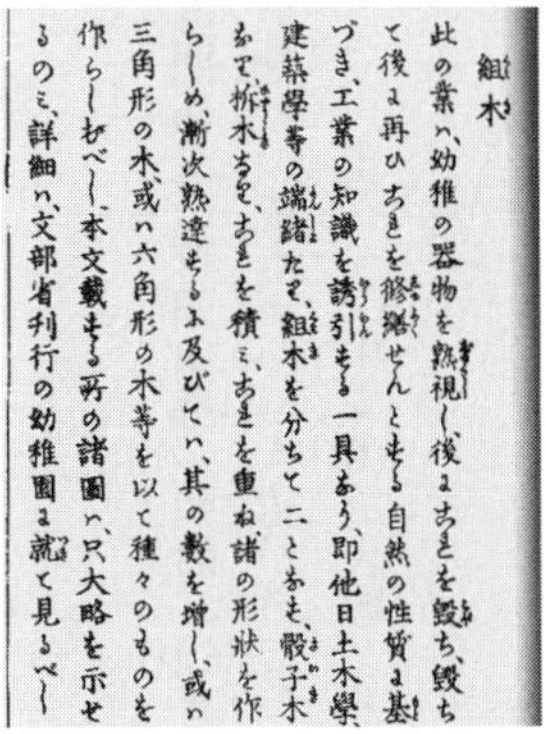
図５　飯島半十郎『幼稚園初歩』（『明治保育文献集第一巻』より）

ただし、附属幼稚園監事であった関の影響力はここでも強く、明治二〇（一八八七）年頃まで、幼児教育関係の書物には「積体法」という訳語を使用している例が多い(28)。

2　幼稚園関係者の専門用語・明治二〇年代

第三〜六恩物に「積木」という語があてられるのは、管見のかぎりでは明治二三（一八九〇）年に「東山堂太田忠恕」という人物が、「つみ木」を出品している例が初めてである(29)（本章第5節参照）。また同年の『女子高等師範学校附属幼稚園分室報告』など、この頃から附属幼稚園関係者も、恩物に「積木」という用語を使い始めている。

例えば、中村五六著『幼稚園摘葉』（明治二六年）では、次のように記述している。

図6　『風俗画報』73号（明治27年）

……第三恩物ヨリ第六恩物ニ至ル積木ヲ見ルニ、各個ノ部分タル木片ノ種類同一モノ相集リ、且ツ第四恩物ヨリ第五恩物ニ移ルトキハ、其数頓ニ増加シテ幼児為ニ困難ヲ覚ユルノ有様ナリ……(30)

また、翌明治二七（一八九四）年の『風俗画報』七三号の「幼稚園の図解」には、絵入りで恩物の授業の様子を「積木之図」として掲載し、「積木は生徒の智を増進せんが為木片をもて種々形体を造らしめ又は物の数を算せしむ女教師教場を去らずして懇切に教授し生徒をして倦ましめず」という説明している（図6）。「図解」は、女教師が教壇に立ち、恩物机の上に積木をだしている幼児を指導している姿を描いている。教科の授業のような、幼稚園草創期の恩物中心の知識注入式保育をうかがわせる内容である。これは後年、東基吉（附属幼稚園批評掛、本章3節3参照）などから、恩物は幼児の自己活動を引き出す「遊ぶ」ための道具である、と批判されることになる。

ただし、この図からもわかるように、第三〜六恩物をさす言葉が積木であったことがわかる。従って、明治二〇年代は一般の玩具として「積木」が紹介される場合がまれにあっても、「木片組立」「木片を積み上げること」という表現が多い。例えば、明治二七年の『玩具と遊戯』では、遊びは子どもの自発性を尊重すべきだと指摘した後、

……玩具に於いて之を言えば複雑したるものは到底製造し得られずと雖も、単純にして粗末なる玩具は成るべく児童自身をして製造せしむるを要す、譬へは木片を以て家の形、門の形、井戸の形、塔の形等を製し……種々様々なる形状を顕はし……(31)

と説明し、これを「木片組立」として図入りで紹介している。

また、当時東京女学館の教員であった国分操子の『日用実鑑貴女の栞』では、育児の心得のなかで積木をこのように説明している。

玩弄物は終始同じものなるときは飽きを来たす故に時々取替へて与ふべく且つ成る丈け智慧を増し且つ安全なるものを与ふべし木片《きれ》を積み上げること又は球を転がすことなど最もよろし(32)

明治二〇年代に入り、第三〜六恩物の訳語として「積木」が表れるが、それは恩物の一部をさす幼稚園関係者の専門用語であり、普通名詞ではなかった。当時の人々とって積木は、あまりなじみのない玩具だったことがわかる。

3　積木の定着・明治三〇年代

明治三〇年代に入ると、積木という語が頻出し始める。明治二六（一八九三）年から明治三一（一八九八）年にかけて発行された、婦人啓蒙雑誌『家庭雑誌』の記述を見てみよう。第3章で紹介したように、同誌は「欧米文化の影響をうけた都市の中上流市民を読者に予想し」(33)て、彼らの憧れる価値観を先取りした雑誌であった。従って、幼児教育に関する記事も多い。

明治二六年の第一七号では、子どもの玩具に関する記事で、「円柱や立方体や立形の置きかた」と説明していたが、五年後の明治三一年の同誌第一一二号では、積木という語を使用している。これは『家庭雑誌』ばかりではなく、明治三〇（一八九七）年発行の雑誌『教育壇』第五号・第六号など、他の雑誌にも見られる傾向である(34)。

この頃になると、幼児教育関係の書では、積木という語は完全に定着している。

例えば、A・L・ハウの『保育法講義録』（明治三六〔一九〇三〕年）では、

先ず最初は六個の玉に始まりて、其より第二恩物は三つの体、第三は積木と云ふ様に……(35)

翌年の東基吉『幼稚園保育法』では、

一　積木　積木は立方体長方形正方形大小三角形、方柱等諸種の形体の木片よりなるものにして……(36)

と記されている。

ただし、日本で最初に出版された月刊の保育専門雑誌であり、附属幼稚園内のフレーベル会の研究機関誌の『婦人と子ども』（『幼児の教育』の前身）に、明治三七（一九〇四）年「子供のおもちゃ」と題して寄稿した「ひさ子」（附属幼稚園関係者?）という人物は、積木という語を使っていない。

恩物はご承知の通りフレーベル氏の案出せられたもので、其後幼稚園の専有物の様になつて居りますが、私の考えでも之を使つて子供に玩ばせる方がよろしいと存じます……恩物と申しても、木を積む、板や貝を排べる……(37)

幼稚園関係者以外、つまり一般の人々に説明するためには、積木は、まだなじみのない言葉だったかもしれない。だが、前述の明治三三(一九〇〇)年徳富蘆花の『自然と人生』には、「……幼稚の玩ぶ積木なんぞ崩す様にぼろ、壊れ落ちて……」という一節があるように、小説にも表われ始めるなど、明治三〇年代には、積木が幼稚園の専門用語から抜け出して、日本語としても定着し始めたことがわかる。

4 積木の普及・明治四〇年~大正期

明治の終わりから大正期にかけて、積木は幼稚園の恩物から独立して一般玩具として商品化され、すでに町の玩具屋にも出回っていた。第3章でみたように、明治四一(一九〇八)年三越に小児部が設けられ、「児童博覧会」の開催や「児童用品研究会」の設立など、明治四〇年代に入ると、玩具をはじめ教育的に改良された子ども用品の販売が商売としても定着する。そのなかで、積木は代表的な「教育玩具」の一つとして、教育熱心な母親たちの支持を集める。すなわちこの頃には、恩物ではないさまざまな積木が、一般玩具として町の玩具屋で販売されていたことが、当時のカタログなどからも明らかに確認されるのである(38)。

それは、中村五六・和田実『幼児教育法』(明治四一年)の「積木は坊間の玩具店にも沢山あるので一般に子供社会には知れ渡つた玩具である」(39)という一節からもわかる。また、明治四〇(一九〇七)年には、高市次郎がフレーベル館の前身である白丸屋を設立し、和田とともに恩物の改良に取り組み、保育用品の一般販売にも力を注ぐが(40)、そこからも「改良積木」「組立積木」「軍艦積木」など、恩物ではない、さまざまな積木がうまれる。

こうして積木は、次第に一般玩具として認知されていく。例えば、明治四四（一九一一）年の雑誌『玩具世界』(41)に掲載された「おもちゃ相撲番附」には、数々の流行玩具にまじって「前頭」に「積木」が登場するなど、一般玩具としての認知度もたかくなり、大正期にはいると、積木は昔からある玩具として誤解されるほど一般化する。大正五（一九一六）年の『家庭と玩具』では、特許局発明課長の湯浅藤市郎が、次のように述べている。

……欧米の組立玩具は余程工業上の智識を吹き込む事が出来る、日本にも昔から積木もあるし（このような玩具は）発明を奨励する上からも適切なものと思われます……(42)

さらに大正一一（一九二二）年の『日本遊戯の解説』「九、つみき（積木）」の項目には、

古くから行われたる遊戯にして、昔時は木片を用い現今にありては積木と称する一種の玩具を用いて、家、門其の他種々の形に擬して之を積みて遊ぶものなり。積木は児童の想像作用及び思考力を練習する上に最も適当なる遊戯にして、現今幼稚園教育に之を応用せり(43)。

と、日本古来の玩具であり、これを逆に幼稚園が応用したのだと、まったく誤解した記述も表れるのである。

3　幼稚園における恩物批判

1　倉橋惣三と積木

草創期の幼稚園では、遊びながら幼児の知力が自然と開発されるものとして、第三〜六恩物である積木が重視され

たが、その後、恩物中心の注入的な保育は批判され、恩物に対する評価は次第に低くなる。そして、明治三二（一八九九）年「幼稚園保育及設備規程」では、保育内容は四項目に整理され、恩物は手技の一部に位置づけられる。

幼稚園で恩物、とくに積木を中心にした保育が改められるにあたり、大正六（一九一七）年東京女子高等師範学校附属幼稚園の主事を命ぜられた倉橋惣三（明治一五〔一八八二〕年～昭和三〇〔一九五五〕年）は、次のような回想を記している。

> 新まいの園丁に大した花壇の設計なんかできようもないが、一応気をかえるためにしたことは、創園以来の古いフレーベル二十恩物箱を棚から取り降ろして、第一、第二その系列をまぜこぜにして竹籠の中に入れたことであった。すなわち恩物を積木玩具としたのである。これは特別の意味をもつものとして取り扱われた恩物の格下げか、一般玩具としての横すべりか、見ようによっては議論のありそうなことだが、彼（倉橋）はただ幼児の積木遊びを、幼児の積木遊びとして幼児たちにさせたかっただけのことである[44]。

倉橋は研究用として正統な恩物を幾組か残し、その他は「積木の籠として各保育室にわかち備えた」という[45]。ことわるまでもなく倉橋惣三は、大正から昭和にかけて日本の幼児教育の理論的指導者であり、児童中心の進歩的な保育の提唱者として知られる人物である。その業績があまりにも有名なため、ややもすると幼稚園のおける恩物の一般玩具化は、彼によって行われたというイメージが強いが、倉橋が主事を命じられる以前の明治四〇年代には、積木は一般玩具として完全に市民権を獲得している。

しかも、明治三五（一九〇二）年頃を境に恩物中心主義保育は次第に疑問視される[46]が、その前段階として中村五六を中心とする附属幼稚園分室の保育から、その実践は始まっていた。積木が、幼稚園の教具から一般玩具として普及し始めるのは、このような流れに連動しているのである。ここでは明治期の幼稚園で恩物が批判されるまでのいきさつを改めて検証することで、積木が幼稚園の恩物から一般玩具となるまでの過程をたどっていきたい。

2　恩物中心の保育

明治政府は小学校の普及に力を入れたが、幼児教育にまったく関心がなかったわけではない。明治九（一八七六）年には、早くも東京女子師範学校に附属幼稚園が開設され、小学校へ入学する際に、基礎的能力を身につけることを目的とした保育が行われていた。それは具体的には、恩物を中心に子どもに知識を教え込む、いわゆる注入的な保育であり、遊びながら幼児の知力が自然と開発されるものとして、恩物は重視され、その指導に重点がおかれたのである。

その理由として宍戸健夫は、当時の幼稚園教育がアメリカをはじめとして恩物中心の保育だったこともあるが、明治政府の政策のなかに、恩物を求めていたものがあったのではないか、と指摘している。「欧米に追いつき追い越すため」に子どもの能力を開発する必要があるが、そのためにはまず家庭教育の近代化を急ぐ必要がある。幼稚園を導入した理由も、幼児が小学校で学ぶために役立つ基礎的能力の開発を促進するという点にあった。そこで「玩具遊び」の意義が説かれ、教育的な玩具が頒布され、恩物が重要視されるのである。

明治一一（一八七八）年の『教育雑誌』第八四号に掲載された、附属幼稚園監事の関信三「幼稚園創立法」は、幼稚園をつくるために必要なことなどを記した論文である。これは外国の書物を参考にしつつ関が書き下ろしたものであり、その意味では日本人による初めての幼稚園関係の文献といわれる(47)。そこで恩物は、次のように説明されている。

幼稚園ニ在テ保育科目ノ高度ヲ占ムルモノニシテ自ラ幼稚ノ智力ヲ増進シ人生勉強ノ開手ト為ス可キ最良ノ方法ナリ(48)

「恩物は保育内容のなかでも重要であり、これによって遊びながら自然と幼児の知力を増進する。従って知育教育の第一歩として最も適した方法である」、というのである。

関の後を受けた小西信八（安政元〔一八五四〕年〜昭和一三〔一九三八〕年）は、明治一四（一八八一）年、一七（一八八四）年と規則を改正して保育内容の改編を行うなど、日本向きに幼稚園を改良した人物である。彼は「読ミ方」「書キ方」の導入や小学校への「つなぎ組」の設置など、幼稚園を小学校への予備教育機関へ傾斜させていった。その目的は、「日本人に広く受け入れられる幼稚園のあり方を示して」(49)その必要性を広く人々に認識させることにあったという。

なかでも恩物は、小学校への入学準備のための教具として、まるで教科の授業のような使われ方をした。その意味では、「小学校の教科書に匹敵する」(50)ものであったが、「知能」と「身体」とを訓練する「道具」として幼稚園で取り入れられ、その中心的な役割を担ったのが、第三〜第六恩物の積木であった。

例えば、明治一八（一八八五）年の飯島半十郎『幼稚園初歩』でも、積木は「自然の性質に基づき工業の知識を誘引する一具」であり、「土木学、建築学の端緒」であるというように(51)、社会生活のなかで必要とされる能力や技術が備わるという、実利的な点から意義が説かれている。

当時の幼稚園の様子を、『日本幼稚園史』からみてみよう(52)。

一日の保育時間は、四時間、季節によって差はあったが、ほぼ午前一〇時頃から、午後二時迄であった。時限は二〇分から三〇分で合図に鐘をならしたという。また、一日の保育はほとんど、毎日次のような組み合わせで行われていた（ちなみに、当時は保育を開誘、保育室を開誘室といった）。

登園

整列
遊戯室―唱歌
開誘室―修身か庶物話（説話或いは博物理解）
戸外あそび
整列
開誘室―恩物―積木
遊戯室―遊戯か体操
昼寝
戸外遊
開遊室―恩物
帰宅

図7　恩物机に座る子ども（「二十遊戯之図」（複製画）お茶ノ水女子大学所蔵）

まず幼児が登園すると、必ず「付添い」とともに監事の部屋にはいり、朝の挨拶をすませる。その後それぞれの開誘（保育）室に入る。恩物は、午前と午後に必ずあり、午前の多くは「積木の類」、午後は「絵描き、色紙、麦わら等を材料としたものの製作」をする。このように「恩物は……殆ど一日の仕事の大部分を占めてい」(53)た。

実際に幼稚園で、積木はどのように使われていたのだろう。附属幼稚園の初代保母をしていた豊田芙雄（弘化五〔一八四八〕年～昭和一六〔一九四一〕年）は、午前の恩物の時間を次のように回想している。

まず、幼児は小学校の授業のように机の前に座らされる。恩物を使う机は、碁盤のように縦横に線が引かれており、幼児はこの線に合わせて保姆から指示されたいろいろな製作を行う（図7）。

恩物を用うる時間は、大抵十一時からであつて、鐘がなると幼児一同が廊下に整列し、保姆が先頭に立つて各開誘（保育）室にはいる。ここで礼をしてから幼児一人づつに恩物の木箱を配るが、この際保姆が一人づつに配ることもあり、又幼児の一人を選んで、配らせることもあり、幼児はめいゝに配ることを喜んでこの役に当たりたいと願うものが多かつた(54)

第一～第六恩物は、それぞれ丈夫な木箱に入れられていた。そして、あらかじめ幼児が一箱ずつ使えるように、多くの箱を用意していたという。

……保姆は教壇の保姆用机の上に……同じ木箱をおいて、幼児に向つて、今、先生がするようにして下さい、よく見ていて下さい。と云つて木箱の蓋を少しあけてから箱を倒に伏せておく。そして、この箱に左手をかけて右の手で蓋をあけてしまつて、一、二の三という号令とともに箱を上にあげる。その後空き箱に蓋をして側に置かせるのである。
次にあらかじめ保姆の考案した形を積木で作つて見せて、十分から十五分間位はこの通りの形に幼児に作らせ（問答法で積木の形を聞く）……こうした後は幼児が各随意に自分の好きなように、これも十五分間位この積木にて種々工夫させる。然して前にかたづけて置いたあき木箱の中に是をしまいこみ、夫れゞの場所に置かせて、ここでの恩物の時間が終わるのである(55)。

3　恩物批判の系譜――中村五六から東基吉へ

全国の幼稚園数が百を越えるのは、明治二二（一八八九）年である。この年、公立私立あわせて一一二園であり、五歳児の就園率が一％に達するのは明治三五（一九〇二）年である(56)。明治二〇年代後半あたりから、都市部で就学準備教育的な私立幼稚園が流行するが、新しく設立される園では、恩物中心の知育重視型保育の傾向が強まっていたという(57)。幼稚園の多くは、子どもの本性に従って自由な活動に導いていくという、フレーベル精神から逸脱した恩物中心の保育が行われていたのである。

しかも、全国の幼稚園のモデルである附属幼稚園は、当時の高島平三郎を中心とする児童研究運動の陰に隠れ、幼児教育機関として研究成果もはかばかしくなかった。このように保育内容・制度の普及・研究などあらゆる面で問題を抱える幼稚園に対して、その存在意義を疑う無用論や有害論が唱えられた。

そのような現状を打破するために、明治三三（一九〇〇）年女子高等師範学校附属幼稚園主事中村五六のもとに、助教授兼幼稚園批評掛に赴任したのが東基吉（明治五（一八七二）年～昭和三三（一九五八）年）であった(58)。

わが国で最初に体系的な保育論をまとめた東が、恩物中心の保育を理論的に批判したとされる。森上史郎は「東によって恩物はまさに〝子どもの遊ぶための材料〟として命を吹き返し」(59)たとして、東が恩物を子どもの遊ぶ玩具として理論化するまでを紹介しているが、明治三三年（一九〇〇）年に女子高等師範学校附属幼稚園に赴任するまで、まったく幼稚園のことを知らない東が(60)、なぜわずか数年で的確な恩物批判を行うことができるようになったのか、という疑問が残る(61)。しかも「幼稚園保育及設備規程」で恩物が手技の一部に位置づけられるのは、東の赴任以前である。それまでに恩物中心保育を克服するための何らかの実践が附属幼稚園側にあり、それが東の恩物批判の土台となっていた、と考えるべきではないだろうか。そこで重要な役割を果たしたと思われるのが、中村五六（文久元〔一八六一〕年～昭和二一（一九四六）年）であり(62)、中村を中心に設立された附属幼稚園分室である。

実は東の赴任する前に附属幼稚園分室では、恩物中心の保育からの脱却をめざした地道な研究が重ねられていたのである。これまで分室の保育は「保育所的性格をもった」貧民幼稚園のモデルという一面が強調され(63)、後の恩物批判につながるものとは位置づけられていない。だが、近年、文部省の認識とは異なり附属幼稚園側は、地方の普及にもたえるような「普通幼稚園のモデル」として分室をみていたという報告もあり(64)、分室の保育そのものを再検討する必要がある。

4　中村五六の恩物改良

明治二六（一八九三）年の『幼稚園摘葉』のなかで、中村は第三～六恩物の積木や第七の排板について、次のように述べている。

恩物ハ、其理精シク、其功大ナルモノニシテ、所謂幼児教育上ノ利器ナレバ、之ヲ用フル其人ヲ得ザルトキハ、其害モ亦大ナリトス。故ニ心ニ其理ヲ明カニセズ、術ニ功ヲ収ムル能ハザルモノハ、各自ノ技能ニ従ヒテ、或ハ之ヲ改変シテ用フルモ、敢テ発見者ノ意ニ反セザルベシ(65)。

もちろん彼は恩物を批判的に検討しているわけではないが、幼児の「心」のそぐわないものや、「術」に適わないものについては改変するように提案している。そこには「遊具を使う遊びの発達的視点が顔をのぞかせている」(66)のである。

具体的には、フレーベルの「積木には各段階の間に連絡がない」(67)、各部分の「木片ノ種類」は同一のものが集まり、第四恩物から第五恩物に移るとき、その数が急に増加して（八ピース～三九ピース）「幼児」が「困難ヲ覚」えている。そのため積木を第一から第五まで五箱にわけて、立方体・長方体各四の計八ピースから、順次一四、二〇、二八、四五と無理なくピース数と形を増やすなどの改良を提案している(68)。

これは明治三六（一九〇三）年大阪蔡倫社から、「中村五六氏考案変体積木」として、実際に商品化されている(69)。しかも、中村はさらに改良を重ね、同年に定められた附属幼稚園の「保育要項」（以下、「保育要項」と記す）(70)では、第一から第三まで簡略化したものを発表している。

明治二六年の附属幼稚園の規則改正で、恩物類は手技へ一括化され、積木は「重積方、排置方……」と表現されている。しかし、その一〇年後の保育要項では「四、手技」「一、六毬　二、積木　三、板ならべ……」という平易な語が使用され、次のような表がある（表1）。手技は「手本若くは実物」を示すが、「強ひて幼児の興味に反し其活動を抑制」しないよう釘をさし、次のことを注意している(71)。

1、恩物は諸種に区分せらるといへども其使用に際しては一律の形式に拘泥することなからんがため、各種必しも常に別々に使用せしむるを要せす、便宜相混用せしめ或は其取扱ひを多方的ならしむること。

2、恩物に属する名称の如きはなるへく幼児に親近なる形を以て称へしむること、例は積木に於ては正方体をマシカク長方体をナガシカク方体をウスイシカク三角柱をサンカク方柱をシカクノハシラ辺をフチ角をカド又はスミと称するが如し。……

表1　「積木は左の三種に分ちて各組に配当す。」

	正方体	長方体	方体	大三角柱	小三角柱	柱体
第1	4	4				
第2	4	4	4	4		
第3	4	4	4	4	8	4

など五項目を記している。1について東基吉は、以下のように説明している。

これが旧式の幼稚園教育者は中々八釜しいのである。外国の教育者は全く旧来の理論に拘泥し過ぎて、常に一律を墨守するのだが、我国の多数の保母は、理論も何も知らないでただ丶無暗に墨守して居るのだ。だから改良も何も出来る筈がない……恩物とは、恩賜のもの即父母から賜る玩具ということだから、決してそんなに究屈にすべきでないと思う。……是非此通りに玩ばねばなら（ぬ）というものではない(72)

当時、形式的な恩物使用にこだわる保育者が多かったことがわかる。「各組に於ける手技配当表」では、「積木」は「画き方」「紙たたみ」の全期間にわたり配当されている。そして、積木と板ならべには注意がある。

積木は第一第二第三の種類に従て木片の数を定めたりといへとも必しも常に其数に従ふを要せす其種類の範囲に於て幼児の状態に応し適当に配分するも妨なし(73)……

同要項では、各形の名称もわかりやすく改称され、幼児の興味を尊重し、自発性を抑制しないように注意している。そして、第一第二という順番にとらわれることなく、幼児の状態に応じて適宜積木を与えるように配慮されている。これらは先に紹介した、附属幼稚園の形式にとらわれた恩物(積木)使用法から抜け出ることをめざしていたと推測されるが、そのモデルは、中村が実質的に運営の責任者であった附属幼稚園分室にあったのである。

5 女子高等師範学校附属幼稚園分室と「積木」

① 「貧民幼稚園」か「普通幼稚園」か

明治二五(一八九二)年九月に附属幼稚園に、「貧民ノ幼児ニ適切ナル保育法」の模範を示すための、「簡易ノ保育法ヲ仮定」した「分室」が誕生する。同分室は、保育料無償の「東京市住民ノ生計上殆ト下級ニ近キモノノ児女」を保育する場であった。

先行研究では、分室は「貧民力役者等ノ児童」のための、いわゆる「貧民幼稚園」のモデルとされてきた(74)。だが湯川嘉津美は、分室が「簡易なる編成をとって都市下層の幼児を対象に保育を行ったことや、文部省がこれを貧民幼稚園のモデルとして考えていたことは事実だが」、仮規則を作成し、運営にあたった中村五六の認識は、その規則を分析する限り異なっていると指摘する。

附属幼稚園側は分室を、「最少の費用で運営可能な『普通簡易幼稚園』のモデル」と考えていた。むしろ、幼稚園教育の普及をめざし、その方法原理を用いた簡易幼稚園の実践研究などを行う、実験的な幼稚園であったという(75)。たしかに、産業革命が始まり、近代化の道を歩み始めた日本において、幼稚園の利用者は中上流層であり、幼稚園への入園を働きかける階層は、貧困層ではなく、子どもに学校教育を受けさせる余裕のある庶民層であった。それは分室に通う子どもの家長の職業が、明治二九（一八九六）年の『時事新報』に連載された「東京の貧民」(76)や明治三一（一八九八）年の横山源之助『日本の下層社会』(77)に描かれるような、「日稼人足」「紙屑拾い」「借車挽き」などのいわゆる「貧民」ではなく、「煙草屋」「硯屋」「料理仕出し業」「大工職」など比較的安定した職業が多いことからもわかる(78)。

現場の附属幼稚園側と文部省側には、たしかに分室に対する認識のずれがあったようである。「分室」は貧困者の子弟を対象とした保育施設であるという意識が、附属幼稚園側に低かったことは、開設のわずか三年後に、同校が規則を改正して月一五銭の保育料を徴収したいという伺いを、普通学務局にだしていることによく表れている。

分室ノ保育料ハ幼児一人ニ付一箇月金拾五銭トス……今全国各地ノ情況ヲ察スルニ現時益々普及ヲ要スル小学教育ニ在リテモ授業料ヲ免シテ大ニ児童ノ就学ヲ広ムルノ運ニ達スル能ハス幼稚園教育ニ至リテハ全ク保育料ヲ徴収セサル如キハ愈々行ハルヘカラサルノ勢ナリ由リテ保育料免除ノ幼稚園ヲ以テ全国普通ニ行ハルヘキ幼稚園ト見ルヘカラサルハ蓋シ自然ノ事態ナリ……(79)。

当時は小学校でさえも授業料を徴収していた時代であり(80)、たしかに保育料を徴収しない園の方が現実ばなれした施設であった。しかし、「分室」は「生計上殆ト下級ニ近キモノノ児女保育スル場所」を目的として設立されたのであり、その多くは子どもを学校に通わせる余裕のない家庭であることは当然予想されていた。それでも附属幼稚園側は「分室」を「普通の幼稚園」と比較して考え、保育料を徴収したいというのである。湯川が指摘するように、附属幼稚園側は分室を「貧民幼稚園のモデル」というよりも、「普通幼稚園」(81)のモデルと考えていた、と理解する方が自然である。

② 革新的な保育

女子師範学校附属幼稚園分室を「貧民幼稚園のモデル」としてみるかぎり、いくら保育内容が革新的であっても、それは経費負担を軽くするための簡略化であるという解釈が強くなり、その積極的意義は見出せない。

例えば、宍戸健夫は、分室におけるさまざまな革新性を紹介しながら、あくまでも「分室」＝「貧民の幼稚園のモデル」という前提に立っている。そのため、分室を二葉幼稚園に代表される児童保護的な施設の前段階として、明治後期の幼稚園の主要な流れなから切り離している(82)。従って後年の東の恩物批判、或いは明治三六（一九〇三）年の保育要項の改定につながるものとして、分室の保育を位置づけていない。だが普通幼稚園のモデルという前提に立つと、分室には幼児教育史の正当な流れにつながる整合性が見えてくるのである。

明治二五（一八九二）年九月から翌年一二月まで記された『女子師範学校附属幼稚園分室報告』は、当時としては革新的な保育が行われていたことをうかがわせる報告である。

分室の「遊戯」時間は、「土曜日を除いた日の一日六時間のうちで、四時間三〇分を占めているに対して、『手細工』はわずか三〇分である。これまでの附属幼稚園では、一日三時間三〇分のうち恩物関係の課目は一時間以上占めていたことを考えるとき大きな変化である」(83)。恩物中心主義を批判する分室の保育は、「幼稚園の門戸を貧民子弟にむけて開いたと同時に、そのあるべき国民的な保育内容の改革へむけて一石を投じたもの」(84)である、と宍戸は指摘している。

たしかに、恩物の「保育時間における比重が縮小されると同時に、その教授方法が『強迫』にならないよう改め」られている。

例えば、

積木　各児ニ相応シテ正方体、長方体、方体、三角擣等ヲ与ヘテ多クハ随意ニ工夫セシメ時々教ヘ授クルコトアリ(85)

とあるように、「教ヘ授クル」ことより「随意ニ工夫」させることに重点がおかれた結果、「これまでの恩物教授法」が逆転しているのである(86)。そのため、本園より分室の子どもの方が、さまざまな形の積木を作り上げるなど、遊びに広がりがみられた。

積木及排板ニ於テ幼児ノ工夫スル所ヲミルニ大ニ本園幼児ノ為スニ異ナル所アリ即本園児等ノ作ル所ハ大概門、家、船等ニ止マレドモ当分室幼児ノ工夫想像スル所ハ尚然ラサルナリ(87)

本園の子どもが積木でつくるものは、たいてい門、家、船ぐらいでしかないが、分室の子どもは、「宮、橋、燈篭、花車、門」など積み上げるものも多く、比較的家計の豊かな家の子どもは汽車の形もつくる。それに刺激され、汽車をまったく知らない子どもも、「近来工夫力増進スルニ従テ種々ノモノヲ造ル」(88)という。

これは宍戸が指摘するように、「随意ニ工夫」させたからという理由のほかに、四つほど大きな理由が考えられる。

第一に、報告書のいうように、分室の子どもは、「各児トモ家庭ニアリテ木片等ヲ玩ヒ居ルヲ以テ始ヨリ能ク玩弄ニ慣」れていたこと。当初分室に入園した三三名の子どもの家長の職業には、大工、木屑売、屋根職人なども含まれ、生活のなかで木片で遊ぶ経験が豊かな子どもがいたのである。

第二に、年齢による組み分けがなく、一組で保育されたために自由に触れ合うことにより遊びが広がったこと。

第三に、恩物机の前で注入的な保育を受ける本園の子どもたちにくらべ、遊戯の時間が多かったこと。最後に、積木は二〇恩物の中の第三～六恩物として別々に箱に納められたのではなく、一つの箱に収められ、順番や形式にこだわることなく、自由に遊べるという環境が、「工夫力」を増進させた大きな理由であろう。

積木及排板ハ本園在来ノ木片或ハ板片ニシテ箱中ニ一定ノ数ヲ備ヘタル箱ニ蔵者ニアラス大ナル箱ニ蔵メ置キ所用ニ応シテ一々之ヲ分配スルモノトシ始ハ専ラ之ヲ以テ秩序整頓ノ良習ヲ得セシムル方便トセリ故ニ之ヲ課スル始終ニハ必ス一定ニ排列シテ能ク整頓セシメ然ル後順次ニ自ラ箱ニ納メシムルコトトセリ(89)

分室は、いろいろな形の積木を取り出せる環境にあり、それが自由な積木遊びの展開を可能としたのである。これらは明治三六（一九〇三）年の保育要項の原型をなすものである。

倉橋が附属幼稚園の主事になる約三〇年ほど前に、分室では子どもの遊びを尊重する積木遊びが行われていた。すでに東が赴任した当時、このような実践の基盤があったのである。

むしろ後年東が、孤軍奮闘して、悪しき伝統主義の壁を破るために立ち向かい、実際の保育現場での子どもの自発的な活動を見て学んだと森上が評価する(90)、次のような視点は、すでに分室の実践のなかで培われていたのではないだろうか。

此間一の組の子供に板並べを致しました所が当り前ならば平面に並べなければならぬ板をば、こう云う風に、立て、山とか山脈とか云つて居る。当り前の原則に従えば、これは許されぬのである。一を立体にして立て、一を平面に並べるのであるから、其方法は間違つて居る、併しながら子供の考から云えば、これが反つて子供らしいのである。夫を何でも表出の方法が違うからと云つて、無理に平面的に並べさせせぬばならぬと云うのは、即大人の心を以て、子供に強ゆるのである……

……つまり子供も此方法が反つて分かり易いのである。然るを板はフレーベルがそう云つたからとて、何でも平でも平面に並べさせねばならぬと云うのは、即ち子供の自然に反したやらせ方ではありませぬか、子供の自然の発表に従うと…種々面白いものが出来る……（分室の子供に）積木も板も紙も粘土も一度に与えてやらせて見たのです。さうすると子供は一方では積木を以て家を造り、一方では板を立て、塀を作り、或いは紙で旗を拵へて喜で居るのです(91)。

このような分室の保育実践と中村の恩物改良を土台として、東の恩物批判が生まれるのである。東の採用には「部下の保姆達は……日々保育の仕事に忙殺され……研究などやる暇は」ない。「研究をやれというのなら我が輩の相棒に一人確りした男を入れて貰いたい」(92)、という中村の提案があったという。彼の赴任の目的は、分室で行われた実践的な保育を理論化することと、いまだ恩物中心主義的な保育の実践に固執する、本園のベテラン保育者の意識改革にあったのである。

6　東基吉の恩物批判

東の赴任した当時の附属幼稚園、すなわち本園では、まだまだ恩物至上主義的とでもいう雰囲気がまかりとおっていた。

フレーベル氏の恩物には幼児に適しないものは一つもない、従つて此中から取捨選択するという必要もない。若し幼児に適しない恩物があるというなら、夫は保育者が其使用法を知らないのである(93)。

こうした主張が当然のように繰り返されていたという。

保育者は、教科書どおりに決まった形や順序で恩物をあたえ、幼児は机の前に座らされ、指先だけを動かしている。これでは恩物は、子どもが生き生きと遊びを楽しむ遊具でなく、教えることを前提とした教材である。もちろん自由に遊ぶ時間もあるにはあるが、保育者が形式主義にこだわっているかぎり、そこには限界がある。

そこで「恩物の取り扱い方に付いて意見をだしてみたことも時々あつた」というが、「どうも旧慣墨守の力の強い保姆さん達は一向顧みようとし」なかった。若い保姆のなかには耳を傾ける人もいたが、古手の保姆に遠慮して口をださないというあり様だった(94)。

このような現状によほど腹を据えかねたのだろう。前述のように、東は『教育学術界』という直接幼稚園に関係しない雑誌では、「我国の多数の保姆は、理論も何も知らないでたゞ〳〵無暗に墨守しているのだから……改良もなにも出来るはずがない」(95)と強い調子で批判している。

東は、幼児の自然な発達を無視し知識教育に偏向したような幼稚園の現状に対して、痛烈な批判を展開している。

幼児期は「脳力使用の時代ではなく」むしろ「身体的発達を促進」させる時代である。時間がたてば簡単に理解できるような知識を、その意味も理解できないような段階で教え込むことは、かえって有害である。幼稚園は「子供の自発的活動」が中心であるはずなのに、ただ外から一方的に教え込むような保育をして「子供に子供自身の心的活動をさせ」ていない。このように「形式的に覚官を練習せしめるとか、或いは記憶推理等に力を発達せしめようという保育の方法は、断じて間違つて居る」(96)。そのもっとも悪しき例が恩物である、と東は指摘する。

たしかに入園当初のまだ恩物も見たことのない幼児に、遊び方を教えることは必要である。だが、フレーベルの理念に立ち返ってみれば、恩物は幼児がそれぞれの発達段階に応じて自ら「工夫想像の力を働か」せるものであり、一つの決まった方法だけを偏用すべきではない(97)。このような恩物中心の保育が行き過ぎれば、子どもは自発的な活動ができないばかりか、常に保育者の顔色を伺うことになる。しかも、大人が考えたお手本は子どもの創造力とはひらきがある。つまり、積木は積木だけで遊ぶというように、恩物の種類ごとに遊ばせるのは「吾々の思想を以て子供の思想を制限」することになる。恩物は、「も少し子供の自由に任せて子供の好いた通りにやらせ」た方がよいという。

しかも、東の批判は恩物の使用法に止まらず、理論的な方面にも及んでいる。「万物の発達の法則」を具体的に表したという恩物理論を三歳から六歳までの幼児が理解することは難しい。しかも具体から抽象へと進むというフレーベルのたてた順序にしたところで、それは恩物を論理的に説明するための手段であり、実際の保育のうえでは特別大きな意味をもたない。

これらの理論をまず幼稚園教育者の頭から取り除くことが先決である。自由にその心のおもむくままに恩物を遊ばせる。そこに恩物の「最大なる存在」意義がある、と東は力説するのである(98)。

東によって、恩物は教具から一般玩具へと解放される理論的な基盤がつくられる。恩物は家になり、車になり、橋に見立てられ幼児の内面からあふれる活動力、表現力を引き出す玩具として生まれ変わっていく。

附属幼稚園分室の保育実践と中村五六の恩物改良を土台として、それを東が理論化することで、初めて恩物中心主義的な保育が批判されるのである。東の恩物批判は、この保育実践によって地道に育まれた成果でありそれは後に、和田実やフレーベル館店主の高市次郎によって、恩物という枠を超えた積木の一般玩具化へと継承される。

4　恩物から積木へ——和田実とフレーベル館店主高市次郎

1　恩物の普及

①　恩物の二つの系統——佐藤商店と蔡倫社

恩物の普及について、その手掛かりとなるのがフレーベル館の創業者高市次郎（明治九〔一八七六〕年～昭和三二〔一九五七〕年）の回想である。

高市は、明治九年愛媛県に生まれた。師範学校を卒業後、小学校の校長などを経て、明治三九（一九〇六）年に上京し、神田区橋本小学校の上席訓導を最後に教職を辞し、保育用品の製造販売に従事する(99)。「教育玩具」の祖大貫と同じような経歴をもつ人物である。

彼は、フレーベル館の礎を築いたばかりではなく、当時附属幼稚園の指導にあたっていた和田実（明治九〔一八七六〕年～昭和二九〔一九五四〕年）と深い交友関係をもち恩物の製造販売に深くかかわっていた。その意味で、高市の「我国の恩物に就いて」という回想は興味深い。

吾国に行われた恩物には二つの系統がありました。その一つは……幼稚園が始めて創設せらるるや、文部省では独逸から遥々恩物を取り寄せ、之を見本として文部省の御用商人、九段下の佐藤商店に命じて必要な数だけ製作納入せしめたのが、吾国幼稚園に於ける恩物のはじめでありました。……殆ど独占的に佐藤商店では此恩物を製造する様になりました。それは第一から第二十までの恩物であつて、最初独逸から取り寄せたものと聊かの変化のないものを三十有余年間製造し続けたのでありました。

もう一つの系統は大阪の蔡倫社で製造発売されたもので、これは……大方の御存じになつている頌栄幼稚園及び同保姆養成所を創設せられたハウ先生が命じて作らせた恩物であって、これも第一より第二十までのものでありました。ハウ女史は、フリードリッヒ・フレーベルのお孫さんに親しく御指導を受けられ、随つてフレーベルの述べられたことを固く守つて之を実施せられたということでありました(100)(図8)。

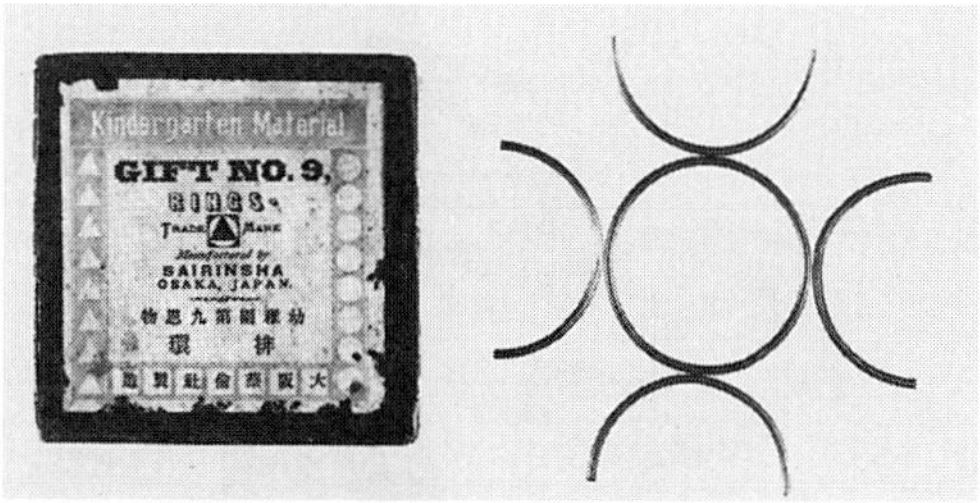

図8　蔡倫社製第９恩物（土浦幼稚園所蔵）

②　佐藤商店と東京女子師範学校

高市のいう佐藤商店は、明治一七（一八八四）

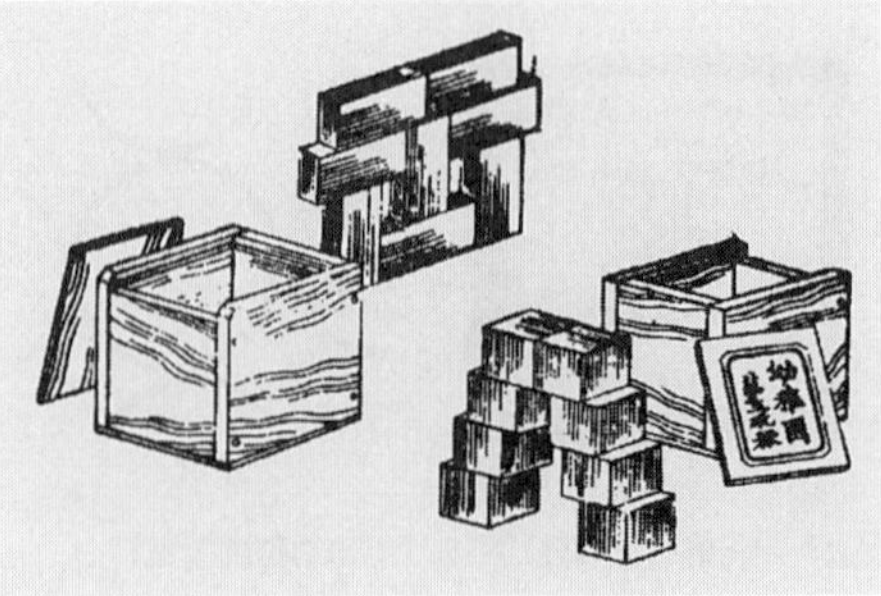

図9　桑田親五訳『幼稚園』上巻の恩物の挿絵（『明治保育文献集第１巻』より）

年の『文部省年報』にみられる。同報付録には「東京女子師範学校年報」が収録されており、そのなかの「保育用図書器具表」に、第三〜八恩物の製造者とし麹町区飯田町の佐藤正三の名前がみられる(101)。

また、この佐藤に桑田訳『幼稚園』の挿絵（図9）を見本として恩物を製作させたが、「これがなか、思ふやうに出来上がらないで、幾回も作りかえさせて、漸く出来上つた」(102)という話が、当時の幼稚園関係者の間にも残っている。

第2章で、明治一〇（一八七七）年の第一回内国勧業博覧会に文部省から出品された恩物のことを紹介したが、その製造を引き受けたのもおそらく佐藤商店であろう。また『日本幼稚園史』は、明治一七年当時附属幼稚園の主事をしていた小西信八が所蔵していた、「静岡懸求益会出品解説」という資料を再録しているが、そのなかで佐藤正三は、第三〜六恩物「木の積み立て」をはじめ一二種の「恩物の売捌人」(103)と紹介されている。

ただし当時の佐藤商店は、これらを商品化して販売したというよりも、その時々の注文に応じて製作していたと考えられる。例えば、明治一八（一八八五）年設立の茨城県の土浦幼稚園の資料には、次のような記述がある。

同年一月、土浦西小学校の校長が附属幼稚園を参観したことがきっかけとなり、土浦にも幼稚園の開設が計画される。町では募金を集め、保育法の研修のために小学校の助手を附属幼稚園に派遣するなど、着々と準備が進み、いよいよ開園のために「幼稚園恩物書籍器具」の購入を決める。

六月六日　　附属幼稚園設置ニ付保育法及図書器具取調トシテ左ノ三名出京ス……

六月十三日　奥井、菅両委員ニ上京中ノ保育取調方幼稚園恩物書籍器具購入ノ旨ヲ告グ

七月二十六日　幼稚園ニ保育器具ヲ排置シ参観員ヲシテ縦覧セシム（参観員トハ新治郡学務員二十七名及郡役所員四名ナリシ）(104)

購入決定から約一ヵ月後の七月二六日に、二〇恩物をはじめとする「保育器具」一揃を展示して、近くの教育関係者や役人に見せたというのである。

ここから恩物の注文から納入までは、一ヵ月強かかったことがわかる。購入先は東京であり、しかも同園は開園の準備から、保育方法などすべてにわたり附属幼稚園の指導を受けていることから(105)、これらの恩物が、佐藤商店製であることは間違いないであろう。

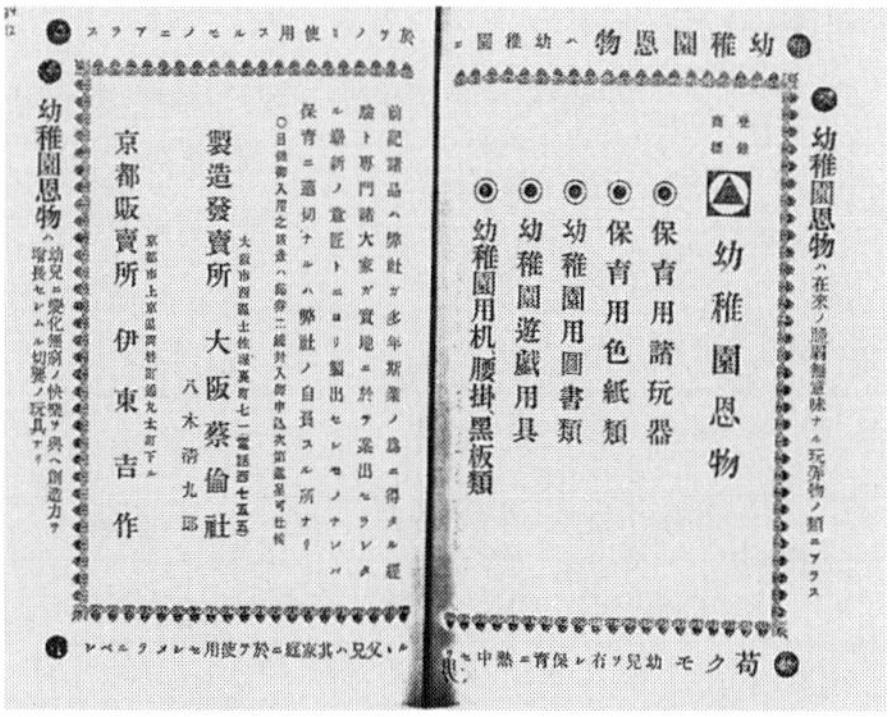

図10　蔡倫社の広告（『京阪神連合保育会雑誌』第7号、明治34年）

③　蔡倫社の恩物――商品化された積木

A・L・ハウ（一八五二～一九四三）の系統である大阪の蔡倫社(106)は、明治三〇年代にすでに恩物の一般販売にのりだしていた。明治三四（一九〇一）年の「幼稚園恩物」の広告の四隅（図10）には

●幼稚園恩物ハ幼稚園ニ於テノミ使用スルモノニアラス
●荀クモ幼稚ヲ有シ保育ニ熱中セラル、父兄ハ其家庭ニ於テ使用セシメタルベシ
●幼稚園恩物ハ在来ノ脆弱無意味ナル玩弄物ノ類ニアラス
●幼稚園恩物ハ幼児ニ変化無窮ノ快楽ヲ与ヘ創造力ヲ増長セシムル切要ノ玩具ナリ(107)

表2　登録商標　幼稚園恩物代価表

		西洋尺(吋)製代価	日本尺(曲尺)製代価
第壹恩物	六球　壹組	金　四拾銭	
第弐恩物	三体　壹組	金　四拾五銭	
第参恩物	積木(改正容箱入)壹組	金　拾五銭	金　拾八銭
第四恩物	仝　仝　壹組	金　拾五銭	金　拾八銭
第五恩物	仝　仝　壹組	金　四拾五銭	金　五拾四銭
第六恩物	仝　仝　壹組	金　四拾五銭	金　五拾四銭

◎保母用積木ハ右代価ノ五倍トス

等の文字がみえる。

また、明治三六（一九〇三）年九月に改正された値段表では、第三恩物から第六恩物は積木と記されており、その規格は西洋尺（吋＝インチ）と日本尺の二種類がある(108)（図11）。これは当時フレーベルに忠実であろうとするあまり、積木の基尺もインチを用いるべきだ、という意見が強かったことの表れであろう（表2）。

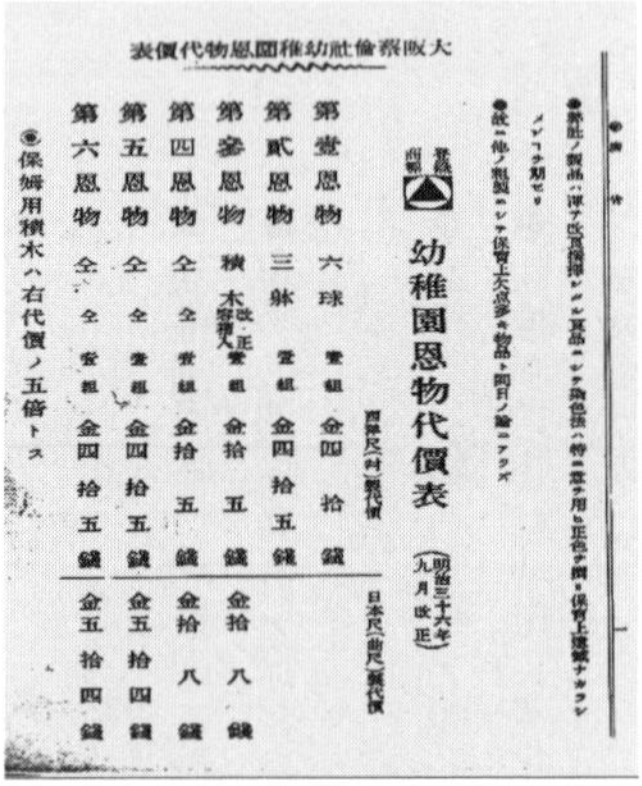

図11　蔡倫社の広告「幼稚園恩物代価表」（『京阪神連合保育会雑誌』第10号、明治36年）

次の文は、八年後の明治四二（一九〇九）年に和田実が書いたものだが、恩物至上主義とでもいう状況は、東基吉の時代とあまりかわらなかった。

……フ氏（フレーベル）の恩物を頑固に守ろうとする人がある。甚だしきは積木其他の玩具の寸法迄も日本の寸を用いてはならぬと云う頑固な人もある。日本人を教育するに日本の尺を遣つてはならぬと云うなどは、頑固を通り越して少しく滑稽であるが、夫程までに至らなくとも恩物を頑固に守ろうとするのは果して如何なる考えであるか判らぬ(109)。

また、一方で日本人を教育するのだから日本の寸法で製作すべきだ、という和田のような主張もあり、蔡倫社の代価表はその両方に配慮したものであろう。

基尺（基本となる寸法）に用いるのはインチか日本の尺か、一見すると大した問題ではなさそうだが、欧化主義が批判され、次第に国民文化が形成されようとしていた明治中期から、日本の伝統的な年中行事である雛祭りなども見直されていく。このような時期に恩物批判が始まり、その基尺も日本の寸法にすべきだという議論が保育界にあったことは興味深い。

ただし、蔡倫社の基本はあくまでインチ製であり、日本尺は割高であった。例えば、第三恩物の場合、一五銭に対し日本尺は一八銭であり、三銭ほど高くなっている。その他前述（本章第3節2）の中村五六の「変躰積木」が祭倫社で商品化されている(110)。

もっとも中村は、東のように恩物を批判的に検討しているわけではない。ただ無批判に受け入れるのではなく、幼児教育上の必要な教具なので、遊ぶ子どもに即して「改変」しても、フレーベルの意図に反したものにならないと主張するのである(111)。

このように明治三〇年代には、中村の「変躰積木」をはじめ、積木は恩物から独立して商品化されようとしていた。また、明治三九（一九〇六）年の『婦人と子ども』（第六巻一〇号）誌には、「幼稚園の積木」が欲しければ、「九段下中坂下の佐藤という所」に売っているという紹介がある。おそらく、この頃には、佐藤商店も一般に販売をしていたのであろう。

④　**両社の共通点**　佐藤商店、蔡倫社に共通する点は、二〇恩物の発売以来ほとんど改良を加えなかったことである。

湯川嘉津美によれば、ドイツやアメリカでは恩物は必ずしも二〇種ではなく、「フレーベルの遊具と作業の体系」を恩物の一語でまとめた例もそれほど多くないという(112)。

先にもふれたように、もともとフレーベルが教育のために考案した玩具は遊具（独：Spielgabe　英：Gift）と作業

（独：Beschäftigung 英：Occupation）の体系であり、「恩物」（Gabe）とは前者、即ち遊具の訳語であった。しかし、明治一二（一八七九）年発行の『幼稚園法二十遊嬉』で関信三が遊具と作業をまとめて二〇種として紹介したために、日本では「二十恩物」というイメージが定着する。

これはアメリカのシュタイガー社の恩物の製造販売等の影響を受けたものであり、その販売期間は、一八七〇年代の一〇年間（明治三年頃～明治一三年頃）ほどであった。その後同社は、このような恩物紹介に不満を抱いていたクラウス夫妻の指導のもとに、「二十恩物」（twenty gifts）から「二四種の Gift（恩物）と Occupation（作業）の製造」に切り替えたという(113)。

2　恩物の改良へ――フレーベル館と恩物

明治二〇年代後半頃まで、保育理論の目立った改良はなく、恩物の使用法も関の翻訳理論からあまり進んでいないとされるが、これは製作する側も、事情は同じであった。明治の初めから四〇年頃まで、基尺に日本の寸法をもちいた恩物や中村の「変躰積木」など、わずかながら改良の動きはあったが、基本的には、最初に輸入したものとまったく変化のないものを作り続けていたのである。しかし、明治三〇年代に、恩物批判が本格化すると、恩物改良の動きも始まる。そこで重要な役割を果たしたのが、和田実と高市次郎であった。

明治三九（一九〇六）年頃、高市は和田と意気投合し、毎日のように家を訪ね食事を共にしながら、「恩物の研究やら児に与える玩具の研究に余念のない有様」であったという。

……和田実先生が仰せらるるには「幼稚園の恩物の如きは三十年来実に一つの改良進歩をみない。又幼稚園の用品に就いても進歩せりと認め得るものが何も無いない。これではいけない。……宜し！君が幼稚園のものを研究するとならば、益々深く之を究め、恩物類も発売しては如何」……(114)

明治四〇（一九〇七）年、高市次郎は「白丸屋」を設立し、中村五六や和田実の指導をうけ保育用品の製造販売に乗り出す。彼らは欧米の幼稚園に関するいろいろな本を買い求め、「サンプルを取り寄せ専心研究を重ね」た結果、「恩物もGift（恩物）とOccupation（手技）の二つ」に分け二四種に改良した(115)。

明治四一（一九〇八）年には、附属幼稚園内にあった「フレーベル会」（日本幼稚園協会の前身）の名前を受けて、「白丸屋」も「フレーベル館」と改め、同会の指導を受けた。そして店内に「フレーベル会玩具研究本部」（日本玩具研究会）を置き、「内外の玩具を蒐集」し「分類して見本を陳列し」(116)、会員には新案玩具の配付を行う(117)。その目的は「児童心身の発達に資する効果」多大なるものを選択し、考案したものを廉価で販売することであった。そのために一般の玩具と「幼稚園恩物材料手工材料運動道具」を研究し、玩具化するのである(118)。

明治四二（一九〇九）年の同館の広告には、「幼稚園の恩物材料を**真**《(マ)》**に研究**《(マ)》せる商店ありや」「幼稚園の教材をフレーベル氏選定のもの以外に**見出**《(マ)》**さんと焦慮**《(マ)》せる商店ありや」「曰く、九段下中坂下に**フ**《(マ)》**レーベル館**《(マ)》あり」(119)とうたっている。そして、その理論的な指導にあたったのが和田実であった。

3　和田実の玩具分類表と恩物

和田実（明治九（一八七六）年〜昭和二九（一九五四）年）は、高市と同じ明治九年に東京で生まれた。神奈川県尋常師範学校卒業後、明治三八（一九〇五）年女子高等師範学校嘱託（後に助教授）となり、翌年同校に保育実習科が設けられるとその指導にあたった。

また、明治三九（一九〇六）年九月から明治四四（一九一一）年七月まで、フレーベル会の研究機関誌『婦人と子ども』の編集を担当するなど、当時の幼児教育界のオピニオン・リーダー的存在であり、大正四（一九一五）年には、東京女子高等師範学校を退職し、目白幼稚園、翌年目白幼稚園保母養成所（現、東京教育専門学校）を創立し、自らの幼児教育理念を実践した人物でもある(120)。

和田の問題意識は、子どもの遊びはどれだけ種類があり、どのように発達するかにあった。玩具は、遊ばれることで初めて教育的な価値が生まれるのであり、その玩具でどれだけ遊べるか、また、年齢（発達段階）に応じた玩具とは何かを、遊びを通して研究するのが和田の立場であった(121)。

しかし、玩具の必要性は声高に叫ばれながら、それが何のために必要なのかを深く研究したものはない。当時児童心理学者による玩具研究はあるにはあったが、それは発達段階ごとに玩具の教育的価値等をあてはめただけであり、実際の遊びのなかで玩具を分類しないかぎり役に立たないと和田は批判する(122)。そのためには、年齢とともに心理的、生理的、倫理的要素を考えにいれて、現在の玩具を調査する必要がある。

例えば、教育的ではない玩具、いかがわしい玩具として親や保育者などから嫌われるメンコ、根ッ木の他、賭博に類似した双六や玉ころがしなどがあるが、それらは子どもたちの間でものすごい勢いで流行している。これを一概に否定することは簡単だが、それでは子どもは納得しないし、生きた遊びの現状を把握することもできない。

そこで和田は、

①　現在流通している玩具は、どのような教育効果があるか、

②　製造される玩具を検査し、その教育的価値と範囲を明示し、

③　現在欠けている玩具を考案し、改善をはかる(123)

という目的で「玩具研究部」を設立し、彼の「遊戯（あそび）論」のなかに、玩具を位置づけていくのである。

明治四四（一九一一）年のフレーベル館発行の『保育法便覧』の「玩具分類表」は、その研究成果であった(124)。そこでは「乳児直観用」をはじめ、一〇項目に玩具が分類され、それぞれ品名、年齢、使用上の注意、教育的価値が整

理されている（表3）。

表3　玩具分類表

衝動的玩具	〔1〕乳児直観用
観察的玩具	〔2〕動的観察用〔3〕静的観察用〔4〕実験的観察用
模倣的玩具	〔5〕模倣的遊戯
練習的玩具	〔6〕運動用〔7〕玩弄用〔8〕製作用〔9〕思考用〔10〕勤労用

積木は「練習的玩具」の「玩弄用玩具」のなかに、「軍艦積木」「組立積木」が分類されている。対象年齢は五歳以上、「軍艦積木」は「種々ノ形ノ木片多数アリ組ンデ軍艦ヲ作ル」と説明されている。また、「組立積木」はフレーベル館の特性品であり、先の「玩具研究部」で考案されたらしい。

　◎組立積木　電車汽車を組立て得るものにして車台と屋根との間に普通幼稚園にて用いる積木の方柱と平方体とを積みて真に迫れる形となり之を押し転がすことを得(125)

これも「軍艦積木」と同じく、決まった形を積み上げる玩具であった。「玩弄用玩具」の教育的価値は、次のように記されている。

　練習スレバスル程興味ヲ増シ其技ノ上達スル玩具ニシテ五官ノ練習ヲ主トシ観念流動ヲ催進シ指頭ノ感覚ヲ敏ニシ又特別ノ工夫ヲ要シテ推理想像ノ諸能力ヲ練習ス(126)

つまり、遊べば遊ぶほど興味を増し、うまく遊べるようになり、五官を刺激し、イメージを膨らませることに役立つ。また、指先の感覚を敏感にして、また形をつくるとき特別にいろいろと工夫をするので、推理力や想像力を育むことになる、というのである。

「幼稚園恩物」（対象年齢三歳以上）は、これらの発展である「製作用玩具」として位置づけられている。これは「玩弄用玩具」から得た知識と技能を、実際に「発表」し、「興味ノ点」でも「教育的価値」においても、もっとも重要なものとされている。ちなみに「発表」とは今日の言葉でいえば「表現」であろう。

和田はフレーベルが玩具を選定し、理論的に配列したのはよいが、そこから何を選び、どう配列するかは今日の人間が考えることである。つまり、恩物は数が少なく、発表的玩具に偏っているので改良の余地がある、と主張する。例えば、球を万物の基本形として、そこから自由になにかを表現することでその法則を理解するといっても、それだけの予備知識がなければならない。汽車をしらない幼児が、積木を汽車に見立てられるわけがない。見るという経験があって、初めてそれは可能となる。フレーベルは子どもの自発的活動を引き出すことはよく研究しているが、それを支える「受領的収得的の段階」（観察）があることは詳しく論じていないと批判する(127)。

このような考えから、「玩弄用玩具」で軍艦や電車・汽車などの具体的な形の積木を配列し、その発展の「製作用玩具」に「幼稚園恩物」を分類したのであろう。

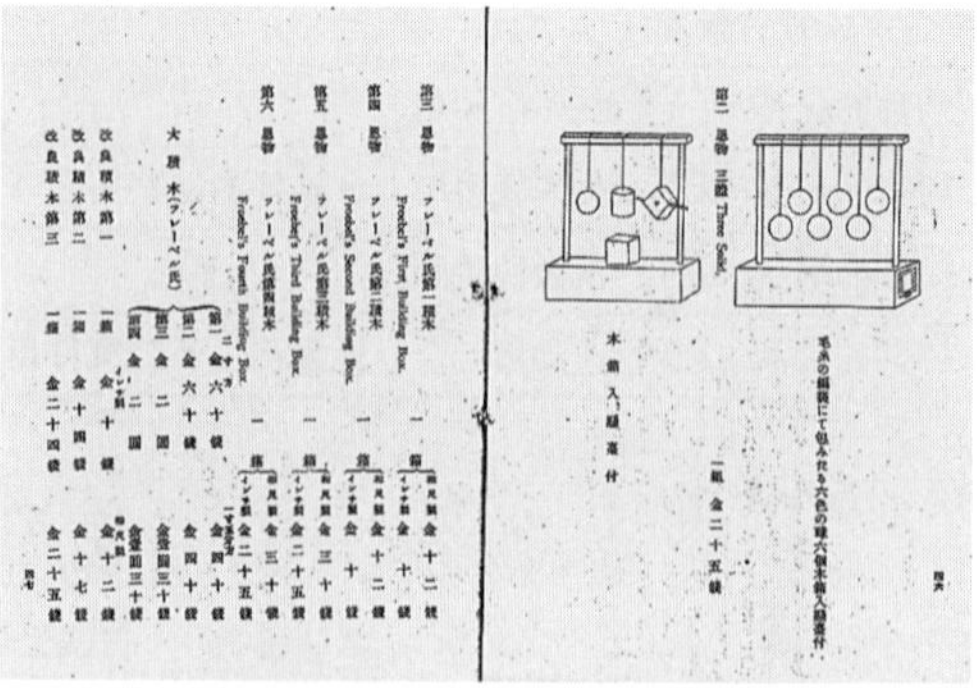

図12 『保育法便覧』フレーベル館、明治44年（フレーベル館所蔵）

4 幼稚園から家庭へ――フレーベル館の積木

ここで重要なのは、和田がこれまで保育の中心として取り扱われた恩物を重視しながらも、それを玩具の一つとして分類表のなかに位置づけ、第三～六恩物をまとめて恩物とは別に「積木」としたことである。明治二〇年代に、中村五六は「変躰積木」を考案しているが、それはあくまでも恩物の改良であった。しかし、和田では恩物から完全に独立した玩具として、積木が位置づけられている（図12）。

例えば、『保育法便覧』には、一〇個単位で「積木」の各パーツが別売されているのをはじめ、「恩物」の他に「大積木」・「改良積木」・「大型積木」などが販売されている[128]（表4）。

「大積木（フレーベル氏）」は、一辺が一寸（約三cm）の「恩物」を一寸五分（約四、五cm）、二寸（約六cm）と順に大きくしたものであり、同じく「改良積木」を大きくしたのが「大型積木（改良）」である。そして立方体、長方体などの六つのパーツが三種類ごとに一〇個単位で別売りされている。

「改良積木」（図13）は、前述の中村の変躰積木の改良型である。明治三九（一九〇六）年の『保育法』で中村は実地調査を加え、第一から第三積木まで、八・一六・二八ピースとなるようにさらに改良を提案している[129]。フレーベル館の「改良積木」は、それをさらに単純化したものであった。

表4　恩物　The Gift（第一、第二恩物　略）

第三恩物	フレーベル氏第一積木 Froebel's First Buildind Box	一箱	和尺製　金十二銭 インチ製　金十銭
第四恩物	フレーベル氏第二積木 Froebel's Second Buildind Box	一箱	和尺製　金十二銭 インチ製　金十銭
第五恩物	フレーベル氏第三積木 Froebel's Third Buildind Box	一箱	和尺製　金三十銭 インチ製　金二十五銭
第六恩物	フレーベル氏第四積木 Froebel's Fouth Buildind Box	一箱	和尺製　金三十銭 インチ製　金二十五銭

大積木（フレーベル氏）

	二寸方	一寸五分方
第一	金六十銭	金四十銭
第二	金六十銭	金四十銭
第三	金二円	金一円三十銭
第四	金二円	金一円三十銭

改良積木

	インチ製	和尺製
改良積木第一	一箱　金十銭	金十二銭
改良積木第二	一箱　金十四銭	金十七銭
改良積木第三	一箱　金二十四銭	金二十五銭

大型積木（改良）

	一寸五分方	二寸方
第一	金四十銭	金五十五銭
第二	金六十銭	金九十五銭
第三	金九十銭	金一円六十五銭

積木（十個ニ付）

	一寸方	一寸五分方	二寸方
立方体	七銭五厘	三十銭	五十銭
長方体	七銭五厘	三十銭	五十銭
平方体	六銭	二十五銭	四十銭
大三角体	六銭	二十五銭	四十銭
小三角体	六銭	二十五銭	四十銭
方柱体	五銭	二十銭	三十銭

図13　改良積木（旧開智学校管理事務所）

○改良積木　積木の形はフレーベルの各形と同じで、組合せ方を繁間の度に従い三種となしたもの。東京女高師付属幼稚園（中村五六先生）の案で、殊に広く用いられています。基尺三センチメートル（約一寸）の積木、長方体＝一八、平方体＝一二、柱＝六、を木箱に納めてあります(130)。

「大型積木（改良）」は、明治四二（一九〇九）年に「日本玩具研究会」の「配付玩具」（自二年至三年男女児）として、「大積木」という名称で紹介されている。

大積木　……此所に大積木と云うのは桜の木で二吋（インチ）立方を基礎とし立派に造った中村先生考案の第一積木である恩物を大にすると云うことは、此の頃進歩したる人の能く唱うる所で女子大学附属幼稚園・東洋幼稚園あたりは現に大なるものを児童に使用させておる。今度開園せんとしておるリヨク氏の幼稚園にも大積木（二吋立方）を造られた、又ある幼稚園では一尺立方の積木を造り遊戯場に於いて共同に用いさせておる所もある由。児童は高いところ大なるものを好む、之れが向上の傾向を表しておるので此の希望を満たしてやると云うことは即ち向上心を助長するのである(131)。

これは「改良積木」の拡大版だが、一番大きなものでも一辺が約六cm程度であり、いわゆる今日の大型の積木ではない。ただし、この頃から大型の積木も造られ始めている。

大正三（一九一四）年フレーベル館では、土浦幼稚園の園長の依頼を受け、最大縦一二〇cm×横三〇cm×厚さ一五cmの「大恩物積木」を製造した(132)。

指先や手先だけを使う構成遊びである積木を大きくすると、遊びはダイナミックになる。例えば、階段のある家を建ててその内で遊んだり、登ったり、協同の遊びを展開することもできる。だが、「大恩物積木」は、発売以来「遅々として用いられず、僅か東京市に於いて」数園が使用するばかりだったという。しかし、昭和九（一九三四）年の同館の目録によれば、「昨年大阪市の保育会で特に研究せらるる」ところとなり、同市の全幼稚園に一組づつ備え付けることになったという(133)。さらに昭和一四（一九三九）年の目録には、「用具は総て大型にすべし」というのが最近の傾向であるとされ、附属幼稚園で考案された基尺八cmの「床上積木」なども販売されている(134)。大型の積木が、幼稚園で本格的に普及するのは、昭和に入ってからのことである。

『保育法便覧』では、「大積木」・「大形積木」は、和尺で統一されている。日本人が遊ぶのだから和尺を使用するべきだ、という和田の主張の表れであろう。しかし、基本となる「恩物」・「改良積木」はインチ製が主流であり、和尺はやはり割高であった。これは、保育者の間にフレーベル信仰が根強かったことの表れだ、と推測される。

また値段に関しては、たしかにフレーベル館の恩物は蔡倫社にくらべ割安であった。第三・四恩物で三銭、第五・六恩物で二〇銭ほど安い。もっともこれは大した違いではなかったのかもしれない。

明治四〇（一九〇七）年頃、東京の米一〇キロの小売価格が一円五六銭、大工の一日の手間賃が一円程度、市街電車が一律三銭であった(135)。

第三～六恩物の合計価格は、フレーベル館で七〇～八四銭、蔡倫社でも一円二〇～四四銭、つまり現在の貨幣価値でいえば、両社とも五、六千円もあれば積木が一セット買えた計算になる。

ただし、これは日雇い労働者の二～三日分の賃金に相当する額であり、決して庶民の子どもたちが手にするような玩具ではなかった。ちなみに明治三八（一九〇五）年の附属幼稚園の保育料は、月額一円五〇銭である(136)。積木は子どもを幼稚園に通わせる余裕のある、中上流層の家庭のハイカラ玩具であったのである。

例えば、前述の「日本玩具研究会」の会員募集の広告にも、「中流以上の御家庭にお子様があれば一ヶ月五十銭の玩具は少なくとも御求めになりましょう之を本会に御申込になれば研究した真に教育的の而も新な面白い玩具を月々送ってあげます」(137)とある。そして、購入する側（この場合は主に中上流層の親）には、積木に何らかの教育上の意義を宣伝しなければならなかった。

明治四〇年代には、恩物から独立した積木が一般玩具として受け入れられる下地が形成されていたのである。

5 「積木」の商品化

1 積木の源流

ブリューゲルの絵画「子どもの遊戯」にも「煉瓦積み遊び」がみられるように、フレーベル以前にもヨーロッパには、材料を積み上げて何かに見立てる遊びは存在している。従って、積木を保育用具として限定せず、家庭で使われることを念頭において改良・販売した和田実やフレーベル館の役割は重要だが、それは積木の一面でしかない。

積木には、①恩物の玩具化だけではなく、文字積木をはじめ、直接には②恩物とは関係のないものも存在する。積木とは、色々な形の木片を積み上げて形をつくる玩具の総称であり、恩物の玩具化だけでは、その全体像は見えてこない。繰り返すが、戦前の幼稚園は学校体系の枠外にあり、就学も強制されなかったために、制度上はあまり普及しなかった。明治四〇年の時点で幼稚園数は四〇〇にも満たず、五歳児の就園率が一・五％であり、幼稚園の影響力は小さく、和田をはじめとする幼稚園関係者だけを発信源として、積木が各家庭に浸透したとは考えられない。そこで保育現場の外にでて、明治期の玩具業界の動向をさぐる必要がある。

本節では、恩物にとどまらない広い意味での積木が商品化され、それが幼児教育者の玩具教育論に合流し、大正昭和期に大衆化するまでの過程を検討することにする。

2 村上勘兵衛「幼稚園遊戯具十一種」――西欧玩具の模造品

基尺（基本となる寸法）があり、立体的な木片を自由に積み上げ、いろいろな物を組立てる、いわゆる「構成遊び」(138)に主に用いられる玩具という意味では、積木は①恩物の玩具化である。しかし、電車や汽車など完成図にあわせて組み立てる「組立積木」や遊びながら文字を覚えることを考慮した「文字積木」などは、②恩物とは直接関係のない積木である。そして、日本で最初に普及するのは、②の系統の積木であった。

明治一〇（一八七七）年第一回内国勧業博覧会に、東京府澤木彦輔「文字教授玩具」、いわゆる「文字積木」らしきものや京都府の村上勘兵衛「幼穉園用具十一種」が出品され、澤木とともに「花紋賞牌」を授与されていることは、先に紹介した。これらは果たして商品として流通したのだろうか。あるいは試作品の域に止まっていただけなのか、を検討するために、村上の記録をもう少し詳しくみてみたい。

「幼穉園用具十一種」には、「洋製ヲ模造シ幼穉園ノ用ニ供ス児童ノ識ヲ未タ小学ニ升ラザルノ前ニ開暢スル実ニ是等ノ物ニ資スル」(139)、という解説がついている。これを見るかぎり恩物の模造品のようだが、審査にあたった近藤真琴は、次のように述べている。

> 京都府ノ出品村上勘兵衛ノ作ル所ノ童子園玩具、地球図、日本図、五十音等方形ノ木材ニ粘シ児童ヲシテ組立シムル者、及ヒ紙織形体初学、剪刀細工、臨画器、綴字器等都テ十一種、皆洋製ヲ模造シタル者ニテ、製作悪カラス、価モ亦廉ナリ……

村上が製作したのは、童子園(140)玩具、つまり恩物だけではなく、地図や文字積木なども あった。これが実際に商品化されたことは、村上勘兵衛製造「幼稚園遊戯具」の定価表（図14）が、明治一〇（一八七七）年五月五日付で京都府学務課から東京府学務課に送られたという東京都公文書館が所蔵する記録からわかる。

表5

京都府学務課〇版	明治九年一二月廿十日版権許可		
幼稚園遊戯具定価表	製造人村上勘兵衛		
		上製	常製
㋑大日本全国及五畿八道之図	定価	23銭	18銭
㊀地球全図及五大州之図	定価	23銭	18銭
㊁五十音の組立	定価	25銭	10銭
㊂組織之手初め	定価	15銭	10銭５厘
㊃形体の初学	定価	20銭５厘	10銭
㊄組織細工第一	定価	17銭	13銭
㊅画学の初歩	定価	20銭	16銭
㊆剪刀細工	定価	25銭	21銭
㊇組織細工第二	定価	17銭	13銭５厘
㊈画学の基礎	定価	21銭	17銭
㊉いろは五十音数字牌	定価	23銭	18銭

図14　幼稚園遊戯具定価表

今般本府ニ於テ独逸国より有益ノ幼稚遊戯具数品取寄セ板権ヲ有シ当課ニテ摸造発売センニ付別紙定価表弐葉（黄紙ハ上製白紙ハ常製）御送致ニおハ飛候御望ニモセハ（判読不可）〇幾組ト申事（十一品ヲ一組ト唱フ）御取極御申越可有之夫々運搬可致最運輸賃ハ定価外ニ有之条此段御承知有之度

京都府学務課

明治十年五月五日

東京府学務課御中(141)

すなわちドイツから幼児の遊戯具を取り寄せ、上製と普及品の二種類一一種の玩具を村上が製造し、これを京都府学務課から発売した。そこで東京府学務課へ注文依頼を行っているのである。同封の定価表は、表5のような内容であった。

以上のことから、村上製造の「十一品ヲ一組」とする「幼稚園遊戯具」は、第一回内国勧業博覧会に出品された

「幼穉園用具十一種」と同じのものである可能性がたかいことがわかる。

「幼稚園遊戯具定価表」の右側には、「エウチエン　イウキク　テイカヘウ」、左側には「ヲサナコ　アソビタウグ」というルビがふられている。「文字積木」や「いろは数字カルタ」「日本地図」「世界地図」など、ドイツ製玩具の模造というよりも、村上はこれを日本風に改良して発売したことがわかる。ただし、近藤のいう童子園玩具（恩物）に対応するように、㊄組織細工第一、㊇組織細工第二など、第三〜六恩物の積木と推測されるものも確認できる。すでに明治九（一八七六）年の時点で、積木は商品化されていたことがわかるのである。

しかし、これ以降村上の記録は見当たらないことから、積木が一般玩具として受け入れられる土壌はなく、世間にはほとんど流通しなかったのであろう。事実、積木の商品広告が市販の書籍や雑誌に登場するのは、明治二〇年代以降である。

3　積木の商品広告——教育博物館の模造品から「幼稚教育都美喜」へ

第三回内国勧業博覧会ニ於テ有功賞牌拝受　家庭并ニ幼稚園用

教育玩具目録

○手工玩具之部

花籠

機織器械

家之組建

縫取

箱庭

形綴

竹細工

知恵ノ友

絲組

更紗雛形

木細工

○地理玩具之部

模造地理

六大洲高低図

六大洲綴地図

地球儀

○物理具玩之部

図15　大貫政教編集『修身教訓画解説』第２輯（国立国会図書館所蔵）

明治二四（一八九一）年に発行された大貫政教編集『修身教訓画解説』第二輯には、積木という語こそ使われていないが、積木の商品広告が初めて掲載されている（図15）。

第三回内国勧業博覧会ニ於テ有功賞牌拝受

家庭並ニ幼稚園用　教育玩具目録

○手工玩具之部

（略）

家之組建　是ハ模型ニヨリ木片ヲ以テ種々ノ家ノ立体

ヲ造ラシシムルモノナリ

形　綴　是ハ木片ヲ以テ模型図ニヨリ種々ノ形ヲ造ラシシムルモノナリ(142)

これは手島精一が中心となり欧米から持ち帰った(143)「東京教育博物館」の展示品「家屋組立木」の模造であり(144)、家などの完成図をもとに木片を立体に積み立てる②の系統の積木であった。

商品化された最初期のものとおもわれる積木は、前章で紹介した明治三四（一九〇一）年の土浦幼稚園（第3章図19参照）の「幼稚教育都美喜（つみき）」（第3章第3節参照）であろう。そのB5版の解説図には、四つの造形例が示されている。

長野県須坂市の（財）田中本家博物館にも、同じ「幼稚教育都美喜」が所蔵されているが、これには「安全着色証明」は添付されていない。箱は、ほぼオリジナルに近い保存状態を保っているため、ラベルが剥落した可能性は低い。内務省令第一七号「有毒性著色料取締規則」の発令が明治三三（一九〇〇）年であるところから、それ以前の積木と推測される。

また、同館には「教育玩具乗物都美喜」「教育乗物積木玩具」「積木西洋館」「積木（TOYS）」「トケイツミキ」など、多くの積木が所蔵されている。「トケイツミキ」には「理想的玩具新案積木東洋幼稚園園長岸辺福雄先生指導」というレッテルが貼られている。東洋幼稚園の設立は、明治三六（一九〇三）年である。

田中家の積木は、少なくとも明治後期から大正期にかけて、東京で一般に流通していたものであることはたしかだが(145)、第3章で指摘したように、明治三〇年前後には、高級品ばかりではなく、街角で売られる安い「おもちゃ絵」に至るまで、「教育〇〇」という商品が出回り、多くの玩具商が「教育玩具」販売を名乗っている。一般の玩具に「積木」という語が使われ始めるのは、実はこれと軌を一にしているのである。

東京堂の「幼稚教育都美喜」や田中本家博物館の一連の積木・大貫の「家之組建」「形綴」に共通する点は、

① 定まった基尺がない
② 完成図にあわせて木片を積み上げる積木である
③ 教育に役立つ玩具ということが強調されている

の三点である。

この時期、主に出回っていた積木は、応用の範囲が限られ、イメージに応じて自由にくみかえられる幅が少ない、基尺のない積木であり、明治期に西欧から輸入された玩具をモデルとしている。すなわち明治初期、積木は恩物とは直接関係のない西欧玩具の模造品として商品化されたことがわかるのである。

4 幼児教育の商品化

明治四一（一九〇八）年に発行された和田実の主著『幼児教育法』には、次のような一節がある。

積木は坊間の玩具店にも沢山あるので一般に子供社会には知れ渡つた玩具であるが併し売つて居るのは大抵応用の範囲が極まつていて自由自在に数多の物を造ると云ふ訳には行かない、是に就いて一番能く出来て居るのはフレーベル氏恩物中積木である。何となればフ氏の積木には形体左記の六種あつて然も応用に最も都合のよい様になつて居るからである(146)。

和田の発言は、当時の積木は応用の範囲が限られ、イメージに応じて自由にくみかえられる幅が少ないもの、和田のいう「練習玩具」、つまり「組立積木」の類が多かったことを暗示している。しかも、「積木＝教育玩具」という認識は、必ずしも玩具商の間にも浸透していたわけではなかった。

明治四五（一九一二）年、東京銀座にあった北村玩具店の目録『玩具のしをり』(147)は、「児童のためには玩具ほどたいせつなものはなく、児童に適当な玩具を与へねば、適当な成長は出来ぬと言つてもよろしかろう」とあるように、玩具の教育的効果を意識して編集されたものである。

このなかで積木は、「つみき」と「ぐんかんつみき」の二種類を扱っている。前者は「家をつみ立てるので大小二種類あります」、後者は「つみ木で軍艦をこしらえるやうになつてゐます」、という解説がそれぞれある。後にフレーベル館が発売する「軍艦積木」や東京堂の「幼稚教育都美喜」とほぼ同じものだが、それらは「教育品」ではなく、「雑品」の項目に分類されている(148)。

当時の「おもちゃ屋」には、フレーベルの教育理念などにもとづき積木を製造するという意識は薄かったのであろう。文栄堂・東京堂をはじめ多くの玩具商が発売する積木は、ある決まった形に木片を積み上げるものであった。これらの積木には、名前ばかりで基尺も定まっていない木片、悪質な素材、子どもが口に入れると有害な塗料を使用したもの等々、幼児教育的な配慮がほとんどない「あやしげなもの」も少なくなかった(149)。当時教育への関心がたかまり、幼児を含む広い意味での「子ども」全体が学校教育を受ける対象として、国民の各層に意識され始めていた。このような世間の風潮を敏感に感じ取った玩具商が、「教育」を商品化したのであり、その主力商品の一つが幼稚園で重視されていた「積木」であった。

5　恩物の玩具化——東山堂「教育玩器積木」

では和田のいう「フレーベル氏恩物中の積木」は、どのような形で一般に販売されていたのであろう。前節で、高市次郎の回想をもとに、幼稚園に恩物を販売する業者として、佐藤商店と蔡倫社という二つの流れを紹介したが、第三恩物～六恩物を「積木」と命名し販売したのは、「東山堂太田忠恕」という人物であった。

明治二三（一八九〇）年「教育家秘蔵品蒐集会」（開発社主催）の「東山堂太田忠恕」の出品のなかで、初めて「つみ木」という言葉が使われているが、同会には著名な教育学者（伊沢修二・高嶺秀夫・手島精一・中村五六他）や学校

（常磐小学校・千代田小学校・桜田小学校他）にまじり、太田のほか前述の文栄堂大貫政教・東京堂奥田立実も出品をしている。これらの業者を中心に、「教育玩具」は進展したと推測される。

目録から、彼らの出品したものを見ることにする。

◎東京堂奥田立実氏出品
●歩兵交戦ノ模型●顕微鏡●三稜鏡●時計玩具●玩具游泳魚……
◎東山堂太田忠恕氏出品
●六ツノ球●三ッノ体●ならべ輪●つみ木●近道子宝……
◎文栄堂出品
●蒸気船米舂器械雛形●蒸気船雛形●蒸気鉄道列車船雛形……●地球儀●電信機……(150)

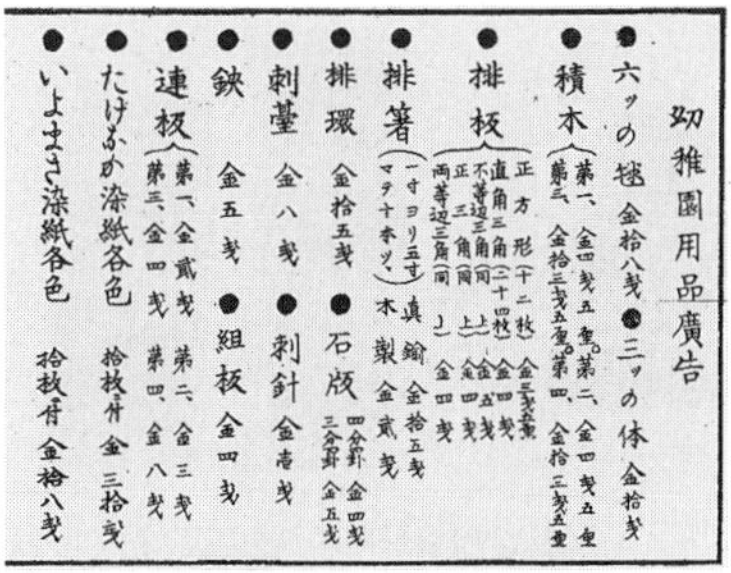

図16　『改良珠算術』巻末の「幼稚園用品広告」（国立国会図書館所蔵）

太田の詳しい経歴は不明だが、『改良珠算術』『小学簡易科珠算書』『高等小学修身口授教案』などの、数学関係の教科書の執筆と販売をしていたらしい。太田が「積木」を商品化したことを確認できるのは、明治二六（一八九三）年『改良珠算術』巻末の「幼稚園用品広告」である（図16）。

●六ッの毬　金拾八銭
●三ッの体　金拾八銭
●積木　第一、金四銭五厘。第二、金四銭五厘。第三、金三銭五厘。第四、金拾三銭五厘。

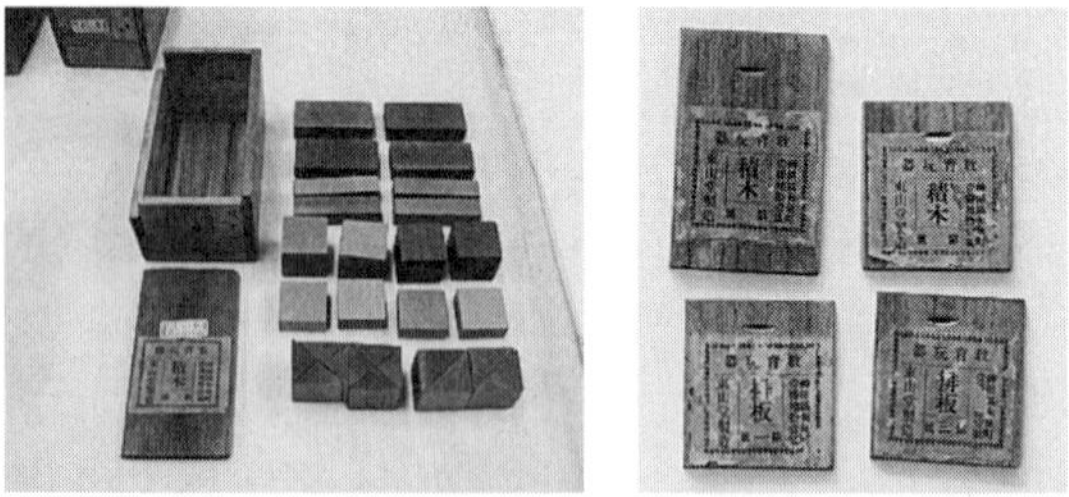

図17　東山堂積木（左：旧開智学校管理事務所所蔵、右：土浦幼稚園所蔵）

●排板……(151)

発売元は同じ「東京神田区泉町一番地第十一号　東山堂」であり、蔡倫社と同様に二〇恩物を扱っている。従って、高市次郎のいうように、恩物を販売する業者は佐藤商店と蔡倫社だけではなく(152)、複数の業者が恩物を扱っていたことがわかる(153)。

たしかに土浦幼稚園には、蔡倫社の他、大阪府前田商店製の第六恩物も保存されているが、ここで重要なことは第三〜六恩物が積木という商品名で初めて発売されていることである。しかも土浦幼稚園、長野県松本幼稚園にも、この広告の時代に対応するとおもわれる積木の実物東山堂製の「教育玩器積木」（図17）が残っている。そして土浦幼稚園がこれを購入したのは、明治二五（一八九二）年から明治三〇（一八九七）年の間であることも確認できるのである。

なぜなら土浦幼稚園の備品名簿は、『明治廿三年五月改正幼稚園図書器械名簿』、『明治二五年図書器械名簿』、『明治三拾年七月改図書器械名簿』の三冊が残っているが、「教育玩器積木」の所蔵が確認されるのは『明治三拾年七月改図書器械名簿』からである。これらの名簿は随時書き加えられたという可能性もあるが、筆跡は統一しており、明治三〇年七月の時点にまとめて作成されたものと考えられる。従って、同積木は、明治二五年から明治三〇年七月までの間に購入されたものであることは間違いないであろう(154)。つまり明治二六（一八九三）年『改良珠算術』巻末の広告の時期と、年代が重なるのである。

「教育玩器積木」は、長年遊ばれるうちに中身は入れ替わり特定できないが、外箱は六・五×六・五×六・八センチと、それよりやや背が高い六×六×八・六センチの二種類である。残っている積木をあてはめてみると、基尺は約一インチ、直方体、立方体、三角柱などを組み合わせて一つの直方体が完成するようにできている。

すなわち、数学や修身の教科書を発行していた東山堂が、「幼稚園用品」という商品名で第三～六恩物を「積木」と命名して売り出したのが明治二〇年代中頃であった。土浦幼稚園の「教育玩器積木」は、日本で最初に「積木」という商品名で売り出された恩物の一つである。まさに東京堂「幼稚教育都美喜」とともに、積木のルーツといえる貴重な資料二点が、土浦幼稚園には残っているのである。

ただし、「教育玩器積木」はあくまで第三～六恩物であり、積木玩具ではない。この積木を幼児教育という立場から理論的に整理し、自由にいろいろな形を組み合わせて遊ぶ、いわゆる「構成玩具」として恩物から積木を独立させる道をひらいたのが、明治四〇年代の和田実やフレーベル館の高市次郎を中心とする保育現場からの動きであった。そして、彼らは、組立積木をはじめとする恩物とは直接関係のない積木も分類表のなかに確実に位置づけている。ここに積木は、幼稚園の教具から玩具へと脱皮する下地がつくられ、一般玩具としての「積木」が誕生するのである。

6　積木の普及――フレーベル館を中心として

1　「幼稚園令」の周辺――広がる積木の世界

明治四〇（一九〇七）年代には、積木をはじめとする児童用品を教育的な見地から改良する動きが本格化するが、すでに述べたように、その中心は幼稚園関係者ではなく、日本児童学会と提携した「三越児童用品研究会」であった。しかし、大正の終りから昭和初期にかけて、五歳児の就園率こそ一〇％以下だが(155)、幼稚園の本格的な普及が始まる。大正一五（一九二六）年幼稚園に関する最初の単独の勅令「幼稚園令」が制定される前後には、幼稚園の存在意義が広く社会に認識されるのである(156)。

「フレーベル館三十年沿革小史」は、次のようにいう。

フレーベル生誕の日を期し、幼稚園令発布せらる。……これより幼稚園の新設相次ぎ、幾許ならずして其の数倍加するに至った。其の量に於てのみならず、其の質に於ても面目漸く一新し、幼児教育の隆盛日を逐うて顕著となった。本社も此の気運に棹し、益々研究努力を怠らず、保育用品の製作に専念して今日に至る(157)。

同年幼稚園数は一〇〇〇園を越え、さらにその前年の大正一四（一九二五）年から昭和六（一九三一）年まで、毎年一〇〇園以上の幼稚園が増設され、昭和一二（一九三七）年には二〇〇〇園まで達している(158)。そして①恩物の玩具化にかぎらず、②恩物とは直接関係のない積木などをふくめて、積木は幼稚園とともに本格的に普及を始めるのである。大正期から昭和初期に、積木の普及に中心的な役割を担った、フレーベル館のカタログなどを手掛かりにみてみたい。

大正三（一九一四）年には、フレーベル館「日本玩具研究会」が一ヶ月五〇銭の会費で、会員の各家庭に「幼稚園用品家庭用玩具」の配布を始める。翌年の「幼稚園用保育品」の広告の「幼稚園用品は家庭玩具として亦普通玩具に冠絶す」(159)、という記述からもわかるように、同館は本格的に幼稚園用品の家庭への普及に力を入れ始め、それにともない積木の種類も増加する。

例えば、大正三年、最大縦一二〇cm×横三〇cm×厚さ一五cmの「大恩物積木」の製造を始め、大正六（一九一七）年には「連結積木」(160)が発売されている。

各積木ノ各面ニ穴ガアリマシテ之ニ嵌合スル棒ガ備ヘテアリマス。此棒デ自由ニ連接スルコトガ出来ルノデアリマス。棒ヲ使ハネバ普通ノ積木ト同ジデアリマス。

普通ノ積木ト異ル点ハ次ノ通リデアリマス。

一、出来上タルモノヲ移動スルコトガ出来マス。

二、アル位置で廻転スルコトガ出来マス、探海燈、砲台ヲ造ル時等ハ最モ具合ガ宜シイノデアリマス。
三、側面へ突出スルコトガ出来マス
変化ニ富ムコト普通ノ積木ノ数倍デアリマス。

この説明からわかるように、「連結積木」はいわゆる「トンカチ積木」とよばれるものである（図18）。「幼児に充分なる満足を与えるために」に発売され、「大形共同用」「小形幼児用」の二種類があった[161]。

翌大正七（一九一八）年には「軍艦組み立て」、大正八（一九一九）年には、一辺が三尺、約九〇cmもある「極大形積木（ヒル氏の積木）」が製造、販売されている[162]。

これはコロンビア大学のヒル（Patty Smith Hill, 1868～1946）の考案によるもので、一五年間の実践から出来上がったという。これは積木の教育的な効果を生かし、子どもが自主的、創造的な遊びのなかで体全体を動かしながら、共同して遊びに取り組むことのできる、大型の積木であり、「新思潮に適合せる極大形積木（最長三尺）、全重量八〇貫、総数計六八〇個で、定価は一組（六八〇個）一三〇円、半組（三四〇個）六五円、四半組（一七〇個）三三円」、という広告を出している。

図18　連結積木（旧開智学校管理事務所所蔵）

そして備考に、「此積木は、本邦に於いては岸辺先生とでスリーシ先生が亜米利加から見本を採って来られたのが始まりで、両国共目下今盛に用ひられて居る」[163]と記されている。フレーベル館は、これを日本の寸に直して発売し、昭和九（一九三四）年にはヒル積木の普及品とともに独自の改良を加えたものを発売したのである。

従来発表せる形状と数とは、ヒル女史が最初発表せるそのまゝでありましたが、其後段々研究を重ね、長い積木の両端に穴を穿け、鉄棒によつて止め、或は車、心棒等を使用せらるゝ様になりました。夫れに御使用の各幼稚園の御批評を綜合し、大改良を加へたものであります。従来の積木御使用の御園は、車心棒と板とを御補充になれば一層生きた積木となります(164)。

また「準恩物」として、昭和二(一九二七)年の目録には、ヒル氏積木・床上積木・乗物積木、昭和九年のそれには、普及品と大恩物積木が掲載されている。ちなみに「準恩物」はフレーベルの恩物に相当するものだが、より高度なものであり、恩物と異なる点は、「玩具的の興味を有し、児童自ら進んで之を用いんとする様考案した点」だという。

2 需要の増大——普及品の発売と低価格

『幼稚園用品目録昭和二年度』(フレーベル館)には、明治四四(一九一一)年の『保育法便覧』と同じく、恩物一三種と手技一一種が発売されている。ただし「第三～六恩物　積木」の基尺は、従来の尺とインチの二種類あったものが、基尺三センチに統一されている。また、「積木の改良に就きて」という一文があり、次のように記されている。

一、木箱は角をこまかくあられに組みてワニスを塗り、色ちがいのレッテルを貼りたれば丈夫で、汚れないで且つ優美である。

二、内容の積木は従来、朴材で造つたが今度櫻材で磨きにしたから頗る感じがよい。而して寸法も余程正確である。

また「積木バラ」として各百個単位で別売もされている。このように昭和二年に、基尺はセンチに統一され、材質なども改良される。さらに、昭和九（一九三四）年度には「普及品」も発売されている。

> 普及品の発売に就いて
> 保育用品の民衆化を企て山村僻邑に普及せしめんとの意志より、材料の実用化、精密機械の応用より製法を合理化して価額を廉価したものあります。（以上の普及品皆此の主旨による）(165)。

「普及品積木は皆カツラ材」で「全部機械仕上げ」にすることにより低価格を実現させる（ちなみに上製品は桜材）。しかも、上製品・普及品ともに、値段は以下のように値下りしている(166)（表6）。

明治四四年から昭和二（一九二七）年の値上がりは、物価の上昇が主な理由(167)であり、大正八（一九一九）年には物価高騰のために「定価参割の値上」を謹告している(168)。では、昭和九年の値下げにはどのような意味があるのだろう。昭和六（一九三一）年四月には、「取次者の利益を直接需要者へ」として、次のような広告がある。

> 全商品の値下げを致しました《ママ》一般原料の下落、工賃の値下げ、産業の合理化、多量生産により原価が低廉になつた上に、今回は《ママ》需要者へ直接販売をなし、卸売りを全廃《ママ》以て取次者の利益をも直接需要者各位に差上げることに致しました《ママ》此の故に《ママ》絶対の廉価を御信用願ひます……(169)。

表6

	明治44年	昭和２年	昭和９年
第三恩物	和尺製　12銭 インチ製　10銭	50銭 （基尺３㎝）	上製　40銭 普及品　32銭
第四恩物	和尺製　12銭 インチ製　10銭	50銭 （基尺３㎝）	上製　40銭 普及品　32銭
第五恩物	和尺製　30銭 インチ製　25銭	１円60銭 （基尺３㎝）	上製　１円30銭 普及品　１円５銭
第六恩物	和尺製　30銭 インチ製　25銭	１円50銭 （基尺３㎝）	上製　１円20銭 普及品　１円

たしかに、原料・工賃の下落が値下げの主な理由だが(170)、積木の需要が増大し、普及品を発売するなど販路が広がり、大量生産と機械化により低コストが実現したことも理由の一つだと推測できる。これにより昭和初期、積木は本格的に普及し始める。

3　一般家庭への普及

積木の需要の増大は、明治の終りから大正期にかけて木製品玩具の販路が広がり始め、昭和初期に決定的に拡大したことからもわかる。

昭和二二（一九四七）年老舗の人形問屋の主人で、人形玩具の研究家としても知られる山田徳兵衛（一〇世）は、戦中・戦後と「木製玩具は玩具界の大きい分野を占め」ているが、これは意外にも近年の現象であると前置きして、次のような回想を業界紙に寄稿している。

明治の末までは木製といえば大部分は挽物細工であつて、主なるものの中で挽物以外の木製品は、積木、春駒、舟、木馬（反り馬と踏み台のような物）、棒押の類ぐらいであつた。……そのうち幼児に対するブリキ等の玩具の危険性がやかましく吟味されるようになると、百貨店は木製品の上物を頻りと歓迎した。一方ミシン挽きをスタートとして、木製玩具に新しい工作機械が用いられるようになり、塗料もよいものが現われ、塗装方法もコンプレッサーを用いるようになると、百貨店等の方針と相まつて、木製品は急速度に向上したのである(171)。

山田のいう「木製品の上物」とは、積木であろう。「積木＝子どもの発達に役に立つ教育玩具」というイメージが浸透するとともに、その販売を支えたのは百貨店であった。百貨店の顧客が、教育的な玩具を求める傾向が強かったことは、三越児童用品会の活動からもわかるが、玩具業界の記録からも確認できる。
昭和一四（一九三九）年玩具の業界紙には、「玩具売行き種々相―ところかはればしなかはる―」という記事を掲載している。盛り場である浅草や流行の尖端をいく銀座・あらゆる階層が集る百貨店の売れ筋商品を紹介した後、次のような記述がある。

また盛り場（浅草）では概ね教育的効果というよりも、子供を無条件に喜ばせる物が歓迎される傾向があるが、百貨店は多くの場合、子供がぢかに買はないで、父親や母親という風に大人が買って帰るので、教育上の効果について相当考慮されたものが、よく売れるということであるが、その傾向はたしかにあろう(172)。

これについて、フレーベル館常務取締役（当時）であり、創業以来の高市の右腕としてモノつくりの責任を担っていた松澤宣雄(173)は、同年次のように述べている。

西洋では、まだフレーベルの定めた恩物を、幼稚園に於ける教育用具として以外に、あまり外部的に発展させていないようであります。けれども我国に於ては、幼稚園のみでなく、一般的にも相当普及されており、玩具の中に進出しているのも色々あります。
このことについては、私共の店としても相当に貢献しているのであります。というのは、社長が教育家であるために、恩物を幼稚園のみの範囲にとどめることなく、更に研究すべきであるという見地から、三十年来これが研究に没頭して、今日に至つたからであります。
恩物の玩具化したものとしては、積木なども卑近な一例ですが……(174)

しかし、蔡倫社のように幼稚園用の恩物に手を加えず市販してもうまくいかなかった。松澤の回想は続く。

……幼稚園で使うそのままのものを家庭へも普及するというような意味から、三越、松屋、松阪屋等の百貨店では、販売を試みたこともありました。

けれどもこれらの品物は、団体生活の場所で多勢の子供が使用するものである関係から、色彩が施してなく、体裁上よりも頑丈主義で、値段が高いために、どの百貨店でも永続しなかつたようです(175)。

積木が普及するためには、安価でカラフルであるなど一般向きの玩具に改良する必要があった。その意味において第三～六恩物を玩具化し、自由な遊びを生み出すための家庭用の玩具として多くの「積木」を誕生させたフレーベル館の役割は大きい。同館の功績は、積木を保育用具として狭く限定せず、中上流層とはいえ、家庭で使われるということを念頭において改良販売したことであろう。この意味において、昭和初期積木は名実ともに完成するのである。

第5章　「教育玩具」出現の背景

■「幼稚園」の普及と教育意識のたかまり

明治一〇年代中頃から三〇年にかけて、文部省は「幼稚園」を働く人々のための施設（現在の「保育所」）として普及させる方針であったが、幼稚園は富裕層の子弟の為の施設として広がり、明治三二（一八九九）年の『幼稚園保育及設備規程』で、「中産以上の家庭の教育機関」として位置づけられる(1)。本章では、なぜ幼稚園は、文部省の思惑とは正反対の性格を帯びた施設として普及するのか、そして、それはなぜ明治三〇年代なのか(2)、という問題を検討する。それにより、幼児教育の支持層の「教育意識」を明らかにすることで、「教育玩具」出現の背景を考えてみたい。

1　明治一〇年代の幼児教育政策の課題――就学準備教育の場から貧民層の保育施設へ

1　初期の幼稚園

明治九（一八七六）年一一月東京女子師範学校（現、お茶の水女子大学）に附属幼稚園が開設されるが、当時の教育政策は政権を担当する少数のエリートの育成と小学校の普及に力が注がれ、幼児教育を積極的に普及させる段階ではなかった。近代国家としての体裁を早急に整えたいという事情もあり、実状も考えず幼稚園を取り入れたが、小学校も十分に定着しない時代に、子どもを入園させる親はよほど進歩的であり、かつ余裕のある階層であった。同校附属幼稚園の園児の大半は、上層の子弟で占められていたという(3)。

しかも、同園の創設に強い指導力を発揮したと考えられる田中不二麿でさえ、集団活動を通じて子どもの主体的成長を保障するという本来の役割を軽視し、幼稚園を「子どもの『知』の開発に重きを置く」就学準備教育の場として認識していたという(4)。

このような施設が、庶民の生活の実態とかけ離れていたのはある意味で当然であった。明治九年、文部大書記官九鬼隆一は文部大輔田中不二麿へ提出した「巡視」報告書のなかで、「中等以下ノ人民」の子弟の現状を「六七歳ニ及ヘハ父母ノ出ツル時ハ留リテ内ヲ守リ外ニハ児ヲ負ヒ草ヲ刈」(5)る、と述べている。

当時、大半の庶民の生活は貧しく、農村では子どもも貴重な労働力であった。また、幼い子どもも、家の留守をまもり、弟妹の子守をすることで家事を助けていたのである。これが小学校の就学率を引き下げていた一因でもあった。九鬼は、赤ん坊を背負い学校に来る少女たちのために、いわゆる「子守学校」の必要性をいちはやく指摘している。

稚児ヲ襁負シテ学ニ就クノ子女四五人以上通学セル校中ニハ、相互ニ代ル、其護育スル所ヲ通シ其全数ニ応シテ一二人或ハ二三人ツ、ニテコレヲ保護セシムヘシ、是授業ノ間稚児ヲ背ニ縛シテ苦痛ノ思ヒアラシムル事ヲ防クカ為ニシテ、又就学ノ子女モ其間専心ニ習ヒ得易キナリ、但其互ニ交モ護育スル時ニ当リテ些少ナリトモ稚児ノ扶育ニ益アランコトヲ認ムル者ヲシテ其子女ノ扶育ヲ誘導セシムヘシ、コレ即幼稚園ノ原素タルヘキナリ(6)

政府は、近代国家の構成員となる「国民」を養成するためにも、就学率の向上に努めるが、子どもは学校に通うことさえままならなかった。「学制」にもとづく画一的な教育制度は、「中等以上ノ人民」を基準にしており、現実離れしているのである。

九鬼は続けて次のように言う。

今日教育ヲ此ノ如キ貧窶ノ子弟ニマテ及ハサンコトヲ欲スルニハ、必先コレニ適シテ其実益ヲ与フヘキ授業ノ方法無カルヘカラス、又法寛ニシテ事簡ナル適当ノ規則ヲ設ケタル教場無カルヘカラステ今ハ然ラス、地方ノ学事多クハ文部省三四直轄校ノ教則校則ニ模倣セサル者幾布ナリ、蓋此教則ハ要スルニ或ハ中等以上ノ産アリ其中等以上ノ地ニ住スル者ノ子弟ニ施スニ近シト雖、此ヨリ以下ノ人民ニハ到底行フヘカラスシテ、未地方ニ其教育ニ適スヘキノ設アル所ヲ観サルナリ(7)

貧しい子ども達が教育を受けるためには、彼らの実情に即した工夫が必要であった。しかし、地方の学校の多くは、文部省直轄のモデル校を真似ることばかり熱心で現実を見据えていない。これらの学校は、都市部の中等以上に財産のある家の子弟を教育することを想定しており、その他の子どもたちの教育にそのまま適応する施設ではなかった。つまり、九鬼は「国民皆学」の為に、「教育を日本の子どもの生活現実」に合せ、それを見直すべきだというのである(8)。

2　幼児教育政策の変化

明治一三（一八八〇）年に田中から九鬼に文部行政の実権が移ると、これまでの制度の根本的な手直しが行われる。その結果、幼児教育政策も変化し、幼稚園は「貧民層の保育施設」として振興される。

『文部省第八年報（明治十三年）』は、その目的を次のように述べている。

……幼稚園ノ目的タルヤ専ラ幼児ノ教育ヲ主トスルモノニシテ固ヨリ都鄙ノ別ナク亦貧富ノ分ナシト雖モ、其設置方法ノ宜シキヲ得ル事有ルトキハ却テ貧区窮民ノ為ニ最モ其益アルヲ見ル、何トナレハ世ノ貧困ニシテ一家数人ノ幼児ヲ有スル者ハ常ニ其家務ニ営々トシテ之ヲ養育スルノ義務ヲ盡ス事能ハサスモノ多クシテ、啻ニ幼児ノ悪習ヲ醸成スルノミナラス其遊戯ノ際或ハ危険ノ所ナキ事能ハス、若シ是等ノ父母ニシテ其幼児ヲ入院セシムル事ヲ得ルトキハ父母ハ専ラ其家務ニ従事スル事ヲ得可ク、又幼児ハ夫ノ頑陋ナル保育ヲ免ル事ヲ得可キヲ以テナリ(9)

幼稚園は、純粋に幼児を教育する場であり、そこに本来階層的な区別はない。しかし、いま必要なのは、庶民の子どもを預かる幼稚園である。貧しく子どもの多い家は、生計を立てるために仕事に追われ子どもの躾も十分に行き届かない。それればかりか、放任された子ども達は良くない遊びをしたり、危険なところで遊んだり、その生育環境も劣悪である。もし幼稚園が、これらの子どもを預かる施設として普及すれば、子どもの健やかな成長が保障されるとともに、親も安心して家業に専念することができる。それがひいては、就学率の向上につながるのである。やがて、このような文部省の政策は「簡易幼稚園」の奨励という形で具体化する。

3 「簡易幼稚園」と学齢未満児就学問題

「簡易幼稚園」の奨励の目的は、いわゆる『文部省示諭』(以下、『示諭』と記す)によく表れている。明治一五(一八八二)年一二月、文部省は全国各府県の学務課長や府県立学校長を招集して「学事諮問会」を開催し、同省の基本方針を説明した。その内容を文章化して配付したものが『示諭』である。これは「第二次教育令体制に関する、最も体系的かつ詳細な文部省の公式見解であった」(10)といわれる。

そこで同省は幼稚園が上層のための施設となっている現状を指摘し、貧しい人々や労働者の子どものために簡易幼稚園を増設し、普及させるように指示している。

（幼稚園は）都会ノ地ニ非サレハ之ヲ設クルコト能ハス又富豪ノ子ニアラサレハ之ニ入ルコトヲ能ハサルノ感アラン、然レトモ幼稚園ハ又別種ノモノモアリ都鄙ヲ論セス均シク之ヲ設置シ貧者力役等ノ児童ニシテ父母其養育ヲ顧ミルニ暇アラサルモノヲ之ニ入ルコトヲ得ヘキモノトス、此種ノ幼稚園ニ在テハ編制ヲ簡易ニシ唯善ク幼児ヲ看護保育スルニ堪フル保母ヲ得テ平穏ノ遊嬉ヲナサシムルヲ得ハ即チ可ナリ、是尚ホ群児街頭ニ危険鄙猥ノ遊戯ヲナスモノニ比スレハ大ニ勝ル所アリ其父母モ亦係累ヲ免レ生業ヲ営ムノ便ヲ得テ其益尠シ少小ナラスヘキナリ(11)

その内容は、前述の『文部省年報』と基本的には共通していた。だが、その一方で、当時学齢未満（六歳以下）の子どもが小学校に入学する事が多く、文部省は、明治一七（一八八四）年二月一五日文部省達第三号において、学齢未満の幼児を小学校へ入学させることを禁じる。

学齢未満ノ幼児ヲ学校ニ入レ学齢児童ト同一ノ教育ヲ受ケシムルハ其害不尠候條右幼児ハ幼稚園ノ方法ニ因リ保育候様取計フヘシ此旨相達候事(12)

そこで、普通学務局は、学齢に達していない幼児が背伸びをして小学校で授業を受けることは「心身ノ発達ヲ害スルコト」が少なくないという通達の趣旨を説明している。そして、『示諭』で示した「簡易幼稚園」の設置を要請するのである。

この「通達」の影響は大きかった。例えば、東京女子師範学校校長の那珂通世は、その翌日の卒業証書授与式で次のように挨拶している。

（卒業生は）小学校の教授法のみならず幼稚園の保育法を練習せられしなれば幼児保育の事も……担当すべき所なり（これまで各府県の幼稚園数は僅かであり、それを生かせなかったが文部省達第三号で）今より後は各地方の通邑大都に幼稚園の方法漸く行はれ保育の術に熟練せる者を要すること益急なるべし……幼児の保育に従事せられば初等の教育を完成するに於てその功効甚大なるべし(13)

すでに明治一三年から東京女子師範学校では「幼児保育法」を「兼習」にして、「小学教員タル事ヲ得ルノミナラス又幼稚園ノ保姆タルニ堪フル」よう配慮していた。なぜなら文部省の方針では、初等教育上小学校と幼稚園は密接なつながりがあり、完全な女教員になるためには「幼児保育法」に精通する必要があったからである(14)。それがようやく現場で生かすことができる期待が、那珂の挨拶に表れている。

また、石川県からは普通学務局に保姆養成のために東京女子師範学校内幼稚園への人員の派遣が可能かどうかの照会があった。これに対して普通学務局長は、「元来此の事ハ同校規則外に渉るを以て多少の不都合なきにあらされとも……左記の事項に準拠せハ派遣差支なき」と答えている。その内容は、「特別参観ノ名義」で講義を受け、現場実習をすること。学校内の寄宿舎に泊まり、外泊をしないこと。少なくとも半年、さらに一年の研修期間であればなおよいというものであった(15)。

だが、これらの政策は幼稚園の大衆化と普及の促進に影響を与えることはできなかった(16)。岡田正章が指摘するように、たしかに教育関係者に、「学令前児童の保育問題に対して広く認識させることに役立ち」はしたが、むしろ、これは「公学費の削減をはかり、学齢児童の義務就学制を最低限度維持する」ために有効だったといえよう(17)。つまり、学齢未満児の入学を禁止することで、より多くの学齢児童を小学校に受け入れる体制をつくるために「簡易幼稚園」が必要だったのであり、それを積極的に振興するという意識は薄かったのであろう。当時は、学齢未満児が大量に小学校に入学するという状況であり、彼らの適正な受入れ施設の必要性が生じたのである。

従って、この時期に設立された幼稚園の多くは、「文部省の相つぐ簡易型の奨励にもかかわらず、東京女子師範学校附属幼稚園にならって開設される各府県の師範学校附属幼稚園を範とし」た「園制の比較的整った公立小学校附属幼稚園」であったといわれている(18)。

2　学齢未満児の就学禁止通達と幼稚園——土浦幼稚園を中心として

1　「簡易幼稚園」と土浦幼稚園関係文書

この時期に設立された幼稚園は、厳密にいえば文部省が奨励した「簡易幼稚園」にはならなかった。だが、「通達」の説明にもあるように「完全ノ規模ヲ具スルモノノミニ限ラス種々」編制を簡易にして、状況に応じて学校の一部等に設立し、東京女子師範学校附属幼稚園の規模を簡単にした施設という意味では、これはたしかに「簡易幼稚園」であった。

官立の保育施設がない時代、学校関係者は幼児教育のモデルを同校附属幼稚園にとる以外方法がない。しかし、ここで問題なのは、なぜ「通達」にそって設立された「簡易幼稚園」が文部省のめざす「貧者力役等ノ児童」を収容する施設とならなかったのかである。財政上の理由とともに、幼児教育の必要性を理解している層が富裕層の側にあったという説明はもっともだが(19)、これだけでは不十分である。そもそも教育関係者は、「簡易幼稚園」をどのように理解していたのか、つまり彼らは『示諭』の意図をどこまで具体化しようとして幼稚園を設立したのかが問われなければならない。そのためには、まず「簡易幼稚園」の設立経緯と実態を明らかにする必要がある。

だが、おそらく資料不足のためであろう、これまでの先行研究では「簡易幼稚園」の実証的研究はほとんどされていない。そこで明治一八（一八八五）年一〇月設立の、茨城県土浦西小学校附属土浦幼稚園の関係文書を中心に、その実態を振り返ってみたい(20)。

なお、ここで紹介する資料は同園の『創立百周年記念誌』に一部が採録された他はすべてが初出であり(21)、この時期の幼稚園の実態を解明するうえできわめて有力な資料であるとおもわれる。なぜなら土浦幼稚園の開園は「通達」がでた翌年であり、同時期に設立された他の幼稚園の記録がほとんど散逸したとおもわれるなかで、きわめて詳細にその設立経過を辿ることができるからである。

2　土浦幼稚園とその時代

明治一七年の「通達」を境に、各地で公立幼稚園が次々と設立され、この勢いは明治二八（一八九五）年頃まで続く。この年全国の公立幼稚園数は一六一園。明治一八年の二一園から計算しても一〇年間に約七倍以上の伸びを示している。

明治一八年の『文部省年報』は、次のように言う。

（東京女子師範学校附属幼稚園の設立以来既に一〇年を経過したが）当初該園ノ設アルヤ地方亦倣ヒテ之ヲ起スモノアリシニカ其数固タリ僅々ニ過キス然ルニ近時ニ至リ世人ノ注意スル所トナリ年々其数ヲ増加シ前年ハ五箇本年ハ十三箇ノ設立アリテ現数凡ソ三十箇ニ上リ地方ノ猶ホ其設立ヲ企ツルモノ頗多シ(22)

これは明治三〇年代後半から始まる都市部の私立幼稚園の設立ラッシュとは性格がことなり、あくまで官立幼稚園を中心とした増加であった。つまり「通達」を受ける形で幼稚園が造られたことを示している。

当時の幼稚園は全国に三〇園。内訳は国立一園、府県立五園、町村立一六園、私立八園であった。しかも、その多くは大阪東京の都市部に集中しており、地方でしかも町村立の幼稚園をもつところは宮城・福島・茨城・徳島・高知の五県に各一園があるだけであった。従って、土浦幼稚園は最も早い時期に設立された、町立の幼稚園だといえる。

『教育時論』第二〇号は、この設立に尽力した土浦町の旧学務委員の功績を、次のように讃えている。

……幼稚園の如きは師範学校附属の他一般の町村立学校に於て其の設あるは殆と聞かざる所なり、茨城県新治郡土浦町の土浦小学校は学費も饒にして教育も多く総て校務の整理方正しく茨城県にては最盛大なる小学校にして、是れ偏に旧学務委員諸氏の尽力に由る者なりしが右等の諸氏は尚も幼稚園を設けんと熱心せられ遂に……開園式を挙行せられたるよし……是が茨城県に幼稚園ある新紀元にして後来は其風を見て陸続之を設立するものあるべきか、他の諸県には土浦町有志者の如き者ありて早く率先を為されんこと切望に堪へざる所なり(23)

土浦町（現在の土浦市）は、江戸時代中期三〇年間にわたり老中をつとめた土屋政直に代表される譜代大名土屋九万五千石の城下町であった。江戸時代は、霞ヶ浦の水運を中心とする港町、水戸街道の宿場町として栄えた。また、幕末の名君寅直によって藩政改革が進められ、人材の登用、財政改革等の成果があがったという。特に、藩校郁文館の開校により学問が進展し、同地からは沼尻墨僊をはじめとする数々のユニークな学者を輩出したという。また、廃藩置県後は、一時新治県として県庁が置かれるなど、土浦は茨城県南部の政治文化の中心地であった。この地にいち早く幼稚園が開園されたことは、その文化水準や経済力から考えても決して偶然ではなかった。

まず、順を追って幼稚園の設立の経緯をたどることにする(24)。

3　土浦幼稚園の設立と実態

①　設立経緯

土浦幼稚園の始まりは、明治一八年一月一八日に当時の校長坂本佑一郎が、「学校管理法、授業法の研究のために」「女子師範学校附属幼稚園女子小学校」を参観したことに始まる。およそ二カ月後の三月一四日、坂本は旧学務委員三人と協議し「土浦西小学校内ニ幼稚園ヲ設置スル事」、また、そのために「土浦女子小学校ニ東京女子師範学校卒業生ヲ聘スル事」などを決めている。そして「町会」(町議会)の議決をうけて、戸長(町長)と学務委員三人は、有志の寄附金集めに奔走する。その一方で、坂本は「幼稚園ノ設置要項」を調査し、五月一三日付で五人(戸長・学務委員・校長)の連名で茨城県令へ上申書を提出している。

『茨城県教育家略伝』前編之下(弘文社、明治二七年)によれば、坂本は真壁郡下妻町の人。安政五(一八五八)年二月に新治郡柏崎村に生れ、父は江戸で儒学者林述斎(一七六八〜一八四一年)の門弟となり、幕府に仕えた後、下妻で家塾を開いたという。

坂本は幼い時から漢籍に親しみ、明治五年の「学制ノ頒布アルヤ身ヲ起シテ教職ニ従事」し、明治六年二月印幡県鴻ノ台学校に入学後、千葉県立小学師範にうつり、明治七年三月に卒業。小学校の訓導等をへて、明治一〇年三月に茨城師範学校に入学し、翌年卒業した。その後は土浦町師範分校、土浦中学校、土浦小学西校など三年間土浦で教鞭をとり、明治一五年一月下妻小学校校長となり、明治一八年一月に土浦東、西、女子小学校校長に赴任している。

従って、同年一月一八日に「女子師範学校附属幼稚園女子小学校」を参観したのは、まさに赴任直後であり、その後二カ月後には附属幼稚園の設置を決定したことになる。そして幼稚園の開園式直前の八月には功績により「終身有効ノ高等師範学科卒業証書ヲ受」けたが、県下の教育家のなかでこれを授与されたのは当時坂本一人であったという。これは幼稚園の設立に関する功績も手伝ったのかもしれない。

土浦出身者でない坂本の発議で短期間に幼稚園の設置が決定された背景には、彼の人柄ともに土浦で教鞭をとっていた時代に積極的に町民の啓蒙につとめていた実績が信頼を得たのかもしれない。例えば、彼は明治一二年に「普通教育ノ上進ヲ図リ」「智識ノ交換」を目的として、水戸市にあった同倫社の土浦分社の設立に中心的な役割を果たす。そして、父兄を対象とした定期演説会などをひらき、明治一三年には社長に就任している。そのような彼の活動が、幼稚園新設を提案するにあたり、町の有志の信頼を得た一因であったと考えられる。

前述の『文部省年報』中の茨城県の報告には、管内で一つの「完全ナル幼稚園ナキハ毎ニ遺憾トスル所」であったが、「新治郡土浦町ニテ町立小学校附属ノ幼稚園設置ノ計画」があり、これを「務メテ奨励勧誘シ」たという記述がある(25)。いわば、「通達」に応じて開園されようとしていた土浦幼稚園に県側も大きな期待をかけていたことがわかる。

六月六日、書類上の問題も解決した校長と学務委員は、土浦女子小学校助手塚本こうを伴い三人で「保育法及図書器具」の調査のために一週間上京する。そして帰省後、彼らは「恩物書籍器具」等の購入を決定している。

さらに塚本は、「幼児保育法」の研修を受けるために自費で女子師範学校への二週間の研修を希望したので、学校側は同校附属幼稚園保姆の豊田芙雄に依頼書を書く他、塚本に幼稚園の経費より訓導旅費を支給したという(26)。塚本の履歴書には、慶応元（一八六六）年一二月生まれとある。士族の娘で、当時二〇歳であった。土浦女子小学校の下等科・上等科を卒業し、明治一四（一八八一）年から同校で助手を務めていた(27)。後に彼女が、茨城県の保姆第一号となる。

七月二六日には注文していた「保育器具」が届き、それらを展示し新治郡の学務委員と郡役所員らに縦覧させている。『明治廿三年五月改正　幼稚園図書器具名簿』によれば、まず二十恩物を各一個から三個所蔵している旨の記載があり、そのうえで、積木、組板、環排べなどの各恩物をまとまった量で買い足していることがわかる。おそらく、開園当初にまず恩物を一揃い用意したのであろう。

なお、開園資金は町民から集まった二〇〇円余の寄付と県からの補助金五〇円であったという(28)。小学校の三校の教員助手一同が寄付を行い、有志者の寄付には「金〇〇円　何某」という「標札」を市街に立てるなど、町をあげて幼稚園作りが行われた(29)。

八月三一日には、幼稚園設立のために招聘した東京女子師範学校の卒業生堤松子、同校附属高等女学校の卒業生である小池敏子の二名が赴任する。両名とも慶応二（一八六六）年生まれで、当時一九歳であった。だが、女学校を卒業したばかりで職歴がない小池に比べ、堤の履歴は華やかであった(30)。

堤松子は、後に貴族員議員となる子爵堤功長の長女であり、堤家は藤原北家の流れをくむ甘露寺家の分家として、江戸時代から続く名門であった。また、後に旧土浦藩主の土屋家の当主となる尹直は松子の甥にあたる。彼女は、明治一六（一八八三）年に女子師範学校卒業後、千葉師範学校助教諭をへて、明治一八年四月から七月まで、当時六歳の明宮（大正天皇）の御用掛を務めている。『明治天皇紀』の明治一八年三月二八日条には、堤に関する次のような記述がある。

三十一日又堤松子を召して唱歌を学習す。是より忠熈・修長・資生・松子等交々に候して日課を上がる。……天皇……告げて曰く、明宮唱歌に雀・鳥等普通尋常の歌詞を用ふるは不可なり。御用掛西村茂樹・同高崎正風等と議り、古長歌等の中に採り、別に恰好の歌詞を製作し、松子をして作曲せしむべしと(31)。

堤は主に唱歌の学習にあたっていたらしく、赴任直前の「八月二十四日　幼稚園用琴代金十八円五十銭」という記述から、開園当初の土浦幼稚園では、堤の指導で唱歌の時間は琴で行われていたと推測される。

堤が土浦に赴任したのは、明宮の御用掛を退職した直後であった。従って、堤の年俸二一六円は破格であった。小池は年俸一一〇円、塚本は月俸五円。当時、土浦西、東、女子小学校三校の校長であった坂本でさえ年俸は二四〇円である。堤の待遇が、如何に特別であったかがわかる。また、堤と小池の在任期間は、明治一八年九月より明治一九年一月までの四カ月間であり、幼稚園開園と女子小学校の教育レベルの向上のために短期間の契約で招かれたのであろう。

土浦町が、破格の年俸で堤を招聘し、かつ新任校長の発案を即座に受け入れ、幼稚園開設を決定した背景には、それを可能とするだけの豊かな経済基盤があげられる。

土浦町は、江戸期より霞ケ浦、利根川水系の舟運で栄え、明治前期には県内の主要な市街のなかでは水戸をしのぐ経済力を有していた、という。維新以来の最初の経済不況期であった明治一七年当時でさえも、年間五千円以上の取引を営む豪商は二六人であった(32)。また、戸数一九五〇戸のうち商業戸数が過半数の一〇二〇戸を占めていたように(33)、読み書き算盤をはじめとする子女の教育に理解が深い商都であったことも理由の一つであろう。

こうして坂本と堤等を中心に開園準備が進められ、九月一五日に土浦幼稚園は仮開園を迎え、いよいよ保育がスタートする。また、この日より「女子校教員堤まつ」が「幼稚園へ出園」し、「幼児保育法ヲ」保姆「塚本こうニ示諭」したという。そして一〇月一七日県令を迎え、正式な開園式を催すのである。

② 開園当初の様子　開園式の様子をしめす具体的な資料は残されていないが、『教育時論』は「当日の来賓は九十余人に達し唱歌もあり奏楽もあり仲々盛りなる」(34)と伝えている。たしかに計画では、県令の出席とともに、土浦小学校三校の児童七五〇人分の費用として一人当り一銭の七円五〇銭を計上するなど、盛大に行われた様子が伺える(35)。また、開園後は視察者や、幼稚園の教具の貸出依頼など茨城県の教育界から注目されたが、意外に町民の幼稚園への関心は希薄であった。

『文部省年報』は、土浦幼稚園について次のように報告している。

……幼稚園ニ入園セシモノ僅々十名ニ過キス大ニ設置ノ目的ニ齟齬スルモノノ如シ蓋人民未タ幼稚園ノ何物タルヲ弁セス保育料ヲ出シテ遊戯ニ従事セシムルハ得失相償ハスト云モノアルニ至ル……本園ノ盛衰ノ如キハ痛痒相

開セサルカ如シ故ニ自今奨励怠タラサルヘキモ之ヲシテ昌盛ニ至タラシムルハ尚若干ノ歳月ヲ要ス可シ学齢未満幼児保育ニ関スル方法ノ如キハ未タ記スヘキモノナシ(36)

入園者はわずかであり、設置の目的と大いにくいちがっていた。住民は幼児教育の意義を理解せず、保育料をだしてまで遊ばせることは割に合わないという者さえいる。これからも続けて幼稚園を奨励するつもりだが、それが町に定着するには時間がかかるであろう。県側は開園にあたり補助金を出すなど幼稚園に注目していたが、その落胆ぶりが伝わってくる。

では、開園当初の園児はどのような家の子弟だったのか。

園児の募集は予め六月一三日から二五日にかけて行われた。その文面は以下の通りである。

当校附属幼稚園ニ於イテ男女幼児満四年以上満六年以下〇〇〇(判読不可)ヲ限り入園差許候条志願ノ者ハ本月廿五日迄ニ当校へ申出ベシ此旨広告ス

明治十八年六月十三日　土浦西小学校(37)

この募集に応じた園児は、太田きよ・奥井たみ・関重信・尾形伊三郎・進士莞爾・町田文一の六名であり、すべて町の有力者の子弟であった(38)。尾形は町の裕福な商家の子息、奥井は学務委員奥井義の娘とおもわれる。また、太田は江戸時代は名主で、本陣を任されていた家柄であった。一方、町田は中学校の校長の息子、進士の父親は前小学校校長であり、旧土浦藩の江戸詰家老、関は砲術指南役を務めた上級武士の子孫であった。おそらく短期間のうちに集められた園児は、何らかの意味で幼稚園に理解を示す関係者の子どもたちであったのであろう。

このような状況に危機感をもったのか、翌年の四月一日、園側は「幼稚園保育料当分壱ケ月金六銭カラ収入スル」

事を取り決めている。その趣旨は幼稚園に入園者が少ないのは開園以来日が浅くその「要旨未夕父兄ニ貫徹」しない為であり、その原因の一つに保育料もあると思われる。そのため「本額ヲ収入」することで「入園誘導方尽力」することにあった(39)。

開園当時の保育料は幾らかはわからないが、学務委員が保護者の財産に応じて数段階に分けて保育料を決めていたらしい(40)。果たして六銭からの保育料とはどのような階層を想定したものなのだろう。

これを推測する目安として、明治一六（一八八三）年六月の土浦小学校の授業料がある。児童の一カ月の授業料は五段階に別れ、「一等二五銭、二等二〇銭、三等一五銭、四等一〇銭、五等五銭」であった。この等級は児童の家の宅地の評価額で決まったらしく「一等三〇〇円以上、二等三〇〇円未満二〇〇円以上、三等二〇〇円未満五〇円以上、四等五〇円未満、裏借地及び表借家、五等は裏借家」の者であった(41)。金六銭は、およそ最低の五等にあたり、『示諭』のいう「貧者力役」の子弟の入園も想定した保育料であったとおもわれる。この効果が現れたのか、六月三日「幼児数増員ニ付幼稚園保母補助」として「矢島はる」という女性を採用している。そしてその約二週間後に、県令一家が幼稚園の視察に訪れた際に校長が提出した報告書には、幼児数二八人とある。保育料を引き下げたために入園者が増加したのだろうか。

だが、実際に入園した幼児には、文部省のいう「貧者力役」の子弟はほとんどいなかったと推測される。例えば、明治二四（一八九一）年の『幼稚園入園願綴』には、入園者の氏名の脇に学務委員が決めたと思われる保育料が記されている。そこには「一等三〇銭、二等二〇銭、三等一〇銭、四等一〇銭」の四段階が記されているが、六銭の保育料の記載はない。もっとも、既に六銭の保育料は廃止されていたのか、あるいはそれに該当する入園者がいなかったのかは定かではない。

但し、この年の入園者六四人（一月一〇日から一二月一日まで）の保育料の内訳は「三〇銭が五人、二〇銭が二九人、一〇銭が三〇人（三等一九人、四等四人、等級無記名七人）」であった。一等の三〇銭は町の有力な商家、旧藩の御用医師の他は、校長坂本の長男をはじめ他から赴任した地方官僚の子弟であった(42)。町の子どもたちは、小学校の基準に照らし合わせてみると、三〇〇円から五〇円以上の家産のある家の子弟が多かったのではないかと推測される。

また、明治二四年の『幼稚園日誌』には保育の終了時間は確定できないものの始業時間は五月一日からは八時半、一〇月二日からは九時であった。天長節や教育勅語発布一周年を記念した休業など小学校との合同行事が多いことからみても、おそらく小学校に準じて午後三時頃には終業したとおもわれる。また、夏期休暇は七月二一日から八月二〇日迄、一二月二五日から一月七日まで冬季休暇であった。

開園当初の保育料が六銭と低く、金銭面をはじめ、休暇や保育時間の面で、いくぶん東京女子師範学校附属幼稚園より庶民的であったが、やはり土浦幼稚園は働くことに追われる「貧者力役」の子弟を収容する施設ではなかった(43)。

なぜなら上層の子弟を保育する東京女子師範学校附属幼稚園をモデルとする限り、その保育内容や形態等の基本的な部分が貧困層が必要とする保育施設とは異なっていたからである。しかも、産業革命以前の労働者階級も十分形成されない時代に「簡易幼稚園」が定着する基盤はなかった。「善隣幼稚園」や「二葉幼稚園」に代表される貧民層のための保育施設が、主として登場するのは都市化が始まり、工場労働者が増え始める明治二〇年代の後半から三〇年代にかけてのことである。だが、後にみるように、その頃には、すでに幼稚園は余裕のある階層の教育施設として独自の展開を遂げており、もはや「保育所」的機能を切り離さざるをえない状態になっていたのである。

だが、このような現状を認識しながら、なお文部省は貧民層のための「簡易幼稚園」の奨励に務めるのである。では、彼らは「幼稚園」にどのような役割を期待していたのだろう。

3 「簡易幼稚園」奨励の目的

1 文部省の幼稚園認識

当時の普通学務局長であり、後に初代文部次官となる辻新次は、学制、教育令、諸学校令などの制定、改定、施行にあたり文部省の中枢で重要な役割を果たした人物である。しかも「示諭」が示された「学事諮問会」でも、会幹として議長ないし幹事長に相当する地位にあった。その彼が「大日本教育会」の集会で、幼稚園は学校のように知識を教えるところではないと前置きをした後に、次のように述べている。

……幼稚を教育して無理なことを教へてハ折角幼稚園が出来て却て人をして教育を仕損つたと云ふ……従来の様に人を教育すると云ふ考へてはなくして丸で考を変へたならは如何でありませう……学校とハ大いに其目的を異にして居りますから只幼稚園ハ学校の小さいのである学校の次のものであると云ふ考へではなくして別のものであるとの考へを以て教へなければバ違ひます……簡単に云ひ直せば幼稚園に入たものは入らざるものより壮健になり色か青くて虚弱そうな児童が幼稚園に入りてより真黒に成て壮健そうに成りたると云ふ所に人々か注意して貰い度……(44)

また、「示諭」も、幼稚園は学校とは異なり「遊嬉ヲ以自然ニ身体ノ発育ヲ誘導」し「一己人ニ係ル性質ト交際ニ繫ル性質トヲ培養スル所」であり、それは「遊嬉場」に過ぎない。完全な幼稚園で保育を受けた児童は「小学校ニ入ルニ当テ……保育ヲ受ケサルモノニ優」れていると説明している(45)。

つまり、幼稚園は心身ともに健康な子どもを育て、小学校に入学させるための施設という位置づけであった。例えば、手島精一が指摘するように、幼稚園が必要なのは、生活におわれ家庭教育が十分にできなかったり、あるいは幼児期教育の大切さを理解しない層であった（第2章第3節参照）。いわば、家庭教育の不備を補う施設がここでいう幼稚園であった。

従って彼らは、一般大衆の子どもにこそ幼稚園の必要性を認めていたのである。だが、小学校の普及さえも停滞する時期に、簡易幼稚園の設置が財政的に難しいことも知っていたはずである。では、それでも幼稚園を奨励する意図はどこにあったのかのだろうか。

それは、はからずも教育界の指導者たちが模索した方法にみることができる。

2　「大日本教育会」の試み

明治一八（一八八五）年七月発行の『大日本教育会雑誌』に、教育博物館長手島精一は広く会員内外の意見を聞くために、次のような懸賞論文（賞金一〇円）を募集している。

> 学齢以下ノ児童ヲ保育スル方法
> 都鄙ノ別ナク学齢以下ノ児童衆他ヲ保育スルニ其教育上ニ適シ且其費途多カラスシテ現今之ヲ実施シ得ヘキノ主旨ニ基ツキ論説起草アラン事
> 但シ都鄙ノ別ヲ本文ノ主旨ヲ起草アルハ固ヨリ適切ナリト雖モ特ニ一都鄙ニ限ラス広ク他ノ都鄙ニ実施セラルヘキモノ(46)

つまり、彼は費用のかからない方法で幼児教育を全国に普及させるためのアイデアを募集したのである。これは前年の「文部省達第三号」を意識したものであろう。

第2章で述べたように手島は、文部官僚として博覧会や博物館の出品物の蒐集や選別、展示等を通じて幼児教育の啓蒙に大きな役割を果たした人である。特に教育博物館長の職を離れるまでは、「一般人民に利益あらん為」に普通教育（家庭教育）の普及に力を注いでいる。しかも、この懸賞試問は「大日本教育会」の正式な審査事項でもあった。

しかし、世間の関心は低く四カ月の期日に寄せられた論文は数編であった。そこで締め切りを延期して最終的に一八編を集めたという。これを受けて会長の辻新次は、七名を審査委員に指名している。そこには手島の他に、東京女子師範学校附属幼稚園監事の小西信八、後に同附属幼稚園の主事となり、明治中後期の幼稚園教育界の指導者となる中村五六等がいた。

『大日本教育会雑誌』第三八号は、審査結果を次のように伝えている。

……互ニ其評決スル所ヲ合議シ終ニ小竹啓次郎氏ノ答案ヲ……第一ト評決シ審査ノ顚末ヲ……会長ニ申報シタリ……委員ノ評定シタル所此編ヲ以テ完全無疵ト為スニ非ス……但全体ノ上ヨリ之ヲ見ルトキハ此編尤実施スルニ妨ナキヲ以テ第一ト為ササル……(47)

論文審査は、現実に実施可能かどうかが重視された。当選した小竹啓次郎の論文は、幼い少女が子守をするような非科学的な育児の現状を嘆き、これは幼児教育の大切さが国民に浸透していない結果だと指摘する。そのために、まず父母の啓蒙の必要性を説く。

児童ノ父母ヲシテ家庭教育ノ方法ヲ知ラシムル事……（もし）完全ナル幼稚園アリト雖決シテ効ヲ奏スヘカラス（父母が幼児教育の芽をつむのではなく無知がそうさせるのである）故ニ父母ヲシテ家庭教育ノ方法ヲ知ラシムレハ児童保育ノ目的大半ヲ達スル方便ヲ得ルニ近付ケルナリ……(48)

そして、その具体的方法として学校や寺院などを集会所にして、地域単位で会員を組織し小学校の教師などが中心となり「通俗簡易ニ且卑近ノ例ヲ挙ケテ家庭教育ノ談義」をすることなどを提案している。

3　懸賞試問の意図

それでは、この懸賞試問の意図はどこにあったのだろう。それは、当時の主要な教育雑誌『教育時論』から推し量ることができる。

明治一九（一八八六）年一月、応募数が低調で期日を延期せざるをえない状況を受けて次のような記事が掲載される。

左に掲載せるハ弊社の隠酋生が平生主張せる宿説にして此頃大日本教育会に載せる手島精一の懸賞問題に充てん為に綴りたる者なりといふ其考案極めて新奇といふにはあらざれども世の教育家に保育の方法を工夫するの基を与ふるに足るべしと信ずるが故に……載録する者なり(49)

そして、隠酋生は手島の問題の意図を説明し懸賞論文への注意を喚起している。

……世の父母をして悉く教育の理に通ぜしめ最も適当なる保育の方法を授け家庭に於いて之を教育せしめんこと最も望ましき所なれども是れ望むべくして……別に保育の方を案出せざるべからず即ち別に保育所を設け保育人を置きて之を保育せしめざるべからず……

……教育上尤も大切なる時期にある幼童は……適当なる保育を受くる者甚少きを知らるべし（しかし幼稚園は資

産のない人は通えないし）全国に幼稚園を設くる企画ハ達し難かるべし……設立既に難かしとすれば他に幼稚園類似の者を設けて仮令其性質は善良を極めざるも寧其区域の広からんこと要し……幼童を保育する方案なかかるべからず……是○《（判読不可）》手島先生が問題に賞を懸けられたる主眼の要点なり……(50)

ここで隠酋生は懸賞試問の意図を的確に指摘している。即ち、各家庭で適切な幼児教育をするのが理想だが、それは現段階では不可能である。ならば保育所（幼稚園）を設けて、その手本をしめせばよい。しかし、財政上それも難しいので類似の（簡易）幼稚園を設立することで、むしろ幼児教育の裾野が広がらないか。手島はそのためのアイデアを募ったのである。

続いて、同誌は「家庭教育　育児（保育）の心得」を、第五六号（明治一九年一一月五日）から第六八号（明治二〇年三月五日）まで、四カ月間にわたり連載する。その目的は次の通りであった。

家庭教育の事は近頃女子教育の説盛に行ハれ来りし以来大に世人の注意を喚び起したるものの如し、顧ふに教育学の進歩してより此学を修めたる人の眼を以て従来の家庭教育を見れば其不完全なること実に甚し依て吾等は其注意すべき個條を見出すに従て毎号の雑記欄内に載せ世の父母に告げて一日も早く改良の工夫をなされんことを切望す……(51)

その間に取り上げたのは二五項目。例えば、「大声を発して叱るべからず」（第五七号）、「化物を以て怖すべからず」（第五八号）、「頭を打つ勿れ」（第六一号）、「哺乳時間を一定すべし」（第六八号）であった。また、第八一号には、前述の小竹啓次郎が「家庭教育（保育の心得）」として「常ニ種種ノ談話ヲ聞カシムベシ」を寄稿している。

そして、第六三号では「幼稚園ヲ設ケズシテ別ニ六歳未満の児童ヲ保育スルノ便法如何」という論題で読者にアイデアを募集している。しかし、集まった提案は小竹の案と大差はなかった。

岡田は第六三号の記事を紹介し、就学前保育機関の設置は、「たとえ、費用のかからない方法での対策が……提案されても、ついに好転することはできなかった」(52)と述べている。

だが、すでに見てきたように、実はこれこそが「簡易幼稚園」奨励の目的であったといえよう。幼稚園の入園を希望する層は、文部省が期待する一般大衆ではなかった。しかも財政的余裕もない状態では、地方や民間の力で「簡易幼稚園」を設置し、家庭教育の不備を補うしかなかった。まず同省にできることは、幼児教育の必要性を大衆に啓蒙することであった。これが、当時唯一可能な幼児教育政策であったのである。

4　「簡易幼稚園」から「幼稚園」へ

1　官立「簡易幼稚園」の設立——女子高等師範学校附属幼稚園「分室」

明治二〇年代に入ると幼稚園は、東京・大阪・京都などの都市部だけではなく「地方ニ於テモ漸次増進」する。しかし、それはすべて「中産以上ノ子女ヲ保育スル」ことを目的としており、保育料も高く「未タ貧人ノ子女ヲ保育スルモノアルヲ聞カス」という情況であった(53)。

「簡易幼稚園」が実際に設置されるのは『示論』から一〇年後の明治二五(一八九二)年である。ようやく同年九月に女子高等師範学校附属幼稚園に「貧民ノ幼児ニ適切ナル保育法」の模範を示すための「簡易ノ保育法ヲ仮定」した「分室」が誕生する。その設立趣旨には、次のようなことが記されている。

……東京市住民ノ生計上殆ト下級ニ近キモノノ児女保育スル場所ニシテ之カ経理上ニ至リテハ大ニ費用ヲ節シテ保育ノ効果ヲ収メンコトヲ講シ後来地方ニ広ク設置スヘキ幼稚園ノ模範タランコトノ希望ヲ有スルモノナリ(54)

このような目的をもった「分室」は、「本園」とくらべ保育時間も長く、保育料を徴収することもなかった。また「年齢の異なる幼児を同一学級に編制し、これによって、幼児数の少ない地域でも経費を節約」できるように配慮されていた(55)。ようやく文部省が奨励しようとした「貧者力役」のための幼稚園を設立するための模索が始まったのである。

しかし、これまで「本園」が上層の幼児を中心に保育をしていたという事情を考えるとき、「本園」と「分室」とでは厳格な区別があったことは当然であった。

明治四一（一九〇八）年から附属幼稚園の保姆をしていた野間トヨは、次のように回想している。

明治末期から大正初期頃では幼稚園は家庭教育の足りないところを補う教育の場であり、健全な家庭教育を行っている家では、あえて幼稚園に子弟をださなくてもよいという考え方が圧倒的に多かったのではないでしょうか。……

付属幼稚園の分室というのも貧民下層階級の子弟を対象とする幼稚園教育のモデルとして設けられたものだと思いますが、本園とは全く垣根によってはっきり区別され、その保育様式も全く違ったものでした。分室では車屋、酒屋、雑役夫などいろいろの職業をもった下層階級の子弟を対象に、年長、年少の区別なく、四十人〜五十人の子どもを一緒に集めて、保育しておりましたが、上流階級の子弟は、下流階級の子弟とあそばせないという当時の風潮に従って、全然本園と分室との交流はなく、私も分室のことは殆どよく分かりません。とにかく幼稚園は上流階級のものか、下流階級のもの、という風潮は一般に強かったと思います(56)。

やがて明治四五（一九一二）年の附属幼稚園規則改正で、分室は第二部と改称され、保育料もそれまでの無料から月三〇銭となり、「名実ともに貧民幼稚園としての性格は払拭され、普通幼稚園となった」(57)という。「二葉幼稚園」(明治三三〔一九〇〇〕年開園)に代表されるように、貧困者の子弟を対象とした幼児教育施設は、むしろ民間人の力で普及発展していく。一方、公の施設である「分室」はその目的を達成することができずに消えていくのである。

2 「分室」の実状

「分室」が表向きの目的を達成できなかった理由の一つに、「貧民下層の子弟を対象とする幼稚園教育のモデル」としてあえて定義された施設に、子どもを通わせる保護者側の抵抗もあったであろう。

明治三一(一八九八)年刊行の『東京風俗志』は、子どもを学校に通わせる余裕のない家庭を救済するための「貧民学校」は、通わせる親も「『御慈悲学校』とか『貧乏学校』とか称えて、其児をしてこれに学ばしむるは世に其肩身を狭からしむる思いをなして、これに投ぜしむるを恥ず」(58)と記している。

当時、たしかに近代化のなかで労働者階級とよばれる人々が都市部で増え始め、保育所の必要性はたかまりつつあった。ただし、まだ一般の人々には生活権という考えも、健全な発達をうながすために子どもを保護育成するべきだという意識をもつ人々も少なかったのである。

例えば明治三〇(一八九七)年の『家庭雑誌』は、幼稚園の現状にふれた後に、次のような会話を紹介している。

……大工《だいく》の八公、魚屋《さかなや》の熊公と湯屋《ゆや》の板《いた》の間《ま》に会《くわい》す。放言壮語《はうけんそうご》して曰く、今時《いまどき》の学校だの、幼稚園だの何《なん》の役《やく》にも立たねへ、差配《さはい》の子は幼稚園《えうちえん》に行きだしてから脳膜炎《のうまくえん》てへのに罹《か》つて、顔の色は真青《まつさあを》だ、区長さんの坊《ぼつ》ちゃんも幼稚園で卒倒《そつたう》したてへのでモー退園《さがつ》てる、己れの所の餓鬼《がき》ァ、我儘《わがまゝ》放題《はうだい》をさして遊ばして置くから。あの通り肥《ふと》りやァがつて、力士《すもう》のやうだ、何でも小供は遊ばして置くのが一番《いちばん》善《い》いんだ子ー(59)

このような人々に対して、まず必要なのは「二葉幼稚園」のように貧民窟に飛び込み、保育を行う実践であった。献身的な同園の保姆たちの姿にふれることで「はじめは、もの好きで奇特な人もあるものだーと、自分の子どもをあずけておきながら冷やかにながめていた」(60)親の意識が変わり、理解されていった。

一方で階級差別的な保育を行いながら、上から貧民の保育のモデルをしめす「分室」は、貧民はおろか一般庶民の生活に浸透するだけの力がなかったのであろう。また、現場の女子高等師範学校側も「分室」が貧困者の子弟を対象とした保育施設であるという意識そのものが低かったのである。それは第4章第3節で紹介したように、「分室」開設のわずか三年後に、規則を改正して保育料を徴収しようという同校の動きによく表れている。だが、普通学務局は、次のような理由から規則の改正を許可しなかった。

(附属幼稚園の分室は) 重ニ下流人民ノ幼児ノ保育スヘキ研究ノ資トナシ兼テ一般ニ其模範ヲ示スノ趣旨ニ出テタル義ニ候ヘハ今若シ分室ニ於テ保育料ヲ徴収シ以テ普通ノ幼稚園タラシムルトキハ現ニ完備ニ過クルノ憾アル本園ハ愈々上等ノ幼稚園トナリ本園及分室共ニ設置当初ノ目的ニ適ハサルニ至ルノミナラス今後益々其必要ヲ感スヘキ簡易ナル保育方法ノ研究所及其模範ヲ欠クノ憾ヲ来タス義ニ付許可不相成事ニ省議決定候……(61)

仮にもし分室が保育料を徴収すれば普通の幼稚園とかわらなくなるばかりか、他より設備が整っているだけに、むしろ高級な幼稚園になる。そうなれば、下層の人々の子弟を受け入れるモデル施設としての分室の役割を果たさなくなる。ここに普通学務局が、保育料の徴収を却下した理由があった。

だが、このような思惑とは反対に、幼稚園はますます余裕のある家庭を中心に発達し、次第に一人歩きを始めるのである。

3　「幼稚園教育」への期待——保育所的機能の切り捨て

明治二四（一八九一）年の『教育時論』第二二二号は、当時の幼稚園の問題点を次のように述べている。

今日日本の父兄輩は幼稚園を以て一種の贅沢物と見做し、従て幼稚園の漸く貴人的の風に陥る勢いあるは、教育の為め頗る患ふべき事なりとす。故に吾輩の企望する所は、女子高等師範学校附属幼稚園の如きは、其設立の本意該校生徒の実地練習を目的とすに在るが故に、此の附属幼稚園と半ば営業の性質を帯へる私立幼稚園は暫く措き、公立に係わる幼稚園の如きは、いま少しく其月謝及び諸雑費に逓減し、且萬事に質素を旨として、多くの子弟を養育することを旨とし、徒に貴人の風を増長して、幼稚園の本意に違背することなからんことを希望すなり(62)。

幼稚園を世間では、贅沢な施設と認識していた。それは、公立も私立も大差がなかった。だが、園児の保育料で運営している私立にくらべ、公立はもう少し月謝を安くするなどして多くの子どもを受入れるなどの大衆化に努めるべきだ、というのである。だが、贅沢で、貴人的の風をおびた幼稚園に親は何を期待していたのだろうか。

明治二六（一八九三）年の『家庭雑誌』は、それを次のように伝えている。

……此頃東京府下にて、多くの幼稚園を設くるものあれども、其内幼稚園の真の趣意を知るものとては少なく、学校の如く、むやみに幼童に唱歌を教へ、物事を教へ、教へて覚へずんば、不可とするもの多しと云ふ。幼稚園はまことに幼稚園にして、小児を心よく遊ばしめ、遊びの中に其品質を鍛ふ所にして、学校とは全く性質を異にするものなるに、何も分らざる人が、かゝる事を企つるはまことに危険の事と云ふべし。幼稚園に子女を托する人々は、よく〳〵幼稚園の師母の人となりに注意すべし……(63)

このような知育偏重の傾向は、都市部だけではなく、地方でも大差がなかった。同年山口県の岩国、豊浦、私立鞆浦各幼稚園が園児の学力によりクラス分けをしていた問題で普通学務局は次のような通牒をだしている。

……其保育課程及時間表ニ於テ第一学年第二学年等予メ其程度ヲ規定有之ハ幼児ノ○○ニ依リ二箇ノ組ヲ設クル儀ニシテ第一学年ノ課程ヲ卒リタル者ニアラサレハ第二学年ニ進マシメサル儀ニ有之候哉果シテ学力ニ依リ階級ヲ設クルモノトスルトキハ保育ノ旨趣ヲ誤リ幼児ノ心身ヲ害スルノ虞有之候間右様ノ儀無之様注意ヲ与ヘラレ規則改正ノ好機モ有之候ハ、相当訂正ヲ加ヘシメラレ度……(64)

幼稚園を就学準備教育の場として考え、子どもの「知的能力」の開発を重視する幼稚園が多かったようである。明治二八年に「女子を文明の母たらしめる」ために記された『日用実鑑貴女の栞』には、「世の主婦細君よ、愛息令嬢の既に其歳に達するあらば速かに幼稚園に送りて其智能を発達せしむべきなり」(65)と書かれている。父母も幼稚園教育に目に見える教育効果を期待していた。

勢い、その要望に答えて規模の小さい私立幼稚園では、いわゆる「早期教育」に走る傾向も現れてくる。

世間尚ほ旧教育若しくは無教育の父母あり、幼稚園を以て、幼児に何事をか教ゆべき所と看做し、若し幼児を幼稚園に托すること半年にして、何事をも学び来らざるときは、幼稚園は何の役にたたぬ所なりなど、不平を漏らすことなきにあらず。

……多少月謝を集めて、僅に維持し居るが如き微々たる幼稚園に至りては、五六の退園者を生じても、直に其維持法に大影響を及ぼすが故に、忽ち狼狽周章して、幼児取扱方を変更し、幼児に智識を詰め込むことの非なるを知りつゝも、強いて何事をか教へんとし、肝要なる体育を二の次として、智育を偏するに至る、実に恐るべきの極にあらずや(66)

親の期待が知育の向上にある以上、たとえそれが幼稚園本来の姿でないことはわかっていても、経営者側もその要求に答えるしかなかった。

明治三〇年前後は、学歴主義が浸透し、一部の国民の間に教育意識がたかまりつつあった。経済的に余裕のある家庭では、わが子の将来に備え、就学準備教育的な学校化した幼稚園を求め始めていた。おそらく、彼らは学校で行う「文字を媒介とする知識教育」を受けるために、何かしら役立つような準備教育を幼稚園に期待したのであろう。また、実態はともかく、それを家庭で補完するものが「教育玩具」であった。

5　日本の「幼稚園」の誕生——「幼稚園保育及設備規程」制定の意味するもの

1　「幼稚園保育及設備規程」制定の周辺

やがて、このような幼稚園が各地に増加し、認知されるに従って互いの連絡や交流、保育法の研究などを目的とした、組織的な団体が現れ始めてくる。そして、保育関係者からは幼稚園が学校制度のなかに明確に位置づけられていないことへの不満が生れてくる。

そこで明治三二年に、その有力団体である「フレーベル会」が小学校令・師範学校令に準じた「幼稚園教育令」の発布等を求めて「幼稚園制度ニ関スル建議書」を文部大臣に提出する(67)。それに応えて、文部省が「省令案」を準備し、第三回高等教育会議に諮り制定されたものが「幼稚園保育及設備規程」であった。

しかし、「建議書」が「従来ノ教育ノ基礎ヲ与フル」初等教育の起点として幼稚園の位置づけを望んでいたのに対して、文部省や高等教育会議は規程の制定には消極的であり、幼稚園の非学校的性格を強調して学校体系の外に位置づける(68)。そして、幼稚園を家庭教育を補助するものとして、その機能を狭く限定した。湯川嘉津美は、このような幼稚園認識は「戦前の幼児教育の鍵的概念として機能したが」、先行研究では必ずしもその制定過程の解明は十分ではないと指摘している(69)。

2 「幼稚園」の現状の追認

高等教育会議の議事録を読み返してみると、指導層の思惑とは違った施設として幼稚園が普及し、それを国として放置できない段階になり始めたことがわかる。

例えば、委員の伊沢修二は、同規程を設けることは文部省が幼稚園を「公立学校ノ系統」の一部として認めたことになるのかと質問している。これに対して普通学務局長沢柳政太郎は、「幼稚園ヲ教育上ノ施設ノ一部トハ認メ」るが、「学校ノ一種ト認メタ訳デハナイ」と答えている(70)。

しかし、なおも伊沢は次のような質問を続ける。

（幼稚園を）公立ノモノトスルトキハ、今日市町村ノ小学校ノ負担ト云フモノハ実ニ非常ナモノデ……マダ授業料ヲ廃スルコトガ出来ヌデ居ル国民教育ノ有様デアルニモ拘ハラズ、此幼稚園ト云フモノヲ又国費ヲ以テ支ヘ国費ヲ以テ維持シテ往ク所ノ其部内ニ入レラレント云フコトハ、余程ノ幼稚園ニ必要ガアルカ、又ハ当局ニ於テハ、当リ前ノ国民教育ハ十分調フタト認メテ居ルカ……(71)

市町村の小学校の負担は大きく、まだ授業料さえ廃止することができない。小学校の普及も満足にできない状態なのに、それでも幼稚園が必要なのかと、伊沢は追及するのである。

これに対して沢柳は、同規程は公立幼稚園の設置を奨励するものでないとしながらも、その必要性について次のよう述べている。

（幼稚園の設立はまだわずかだが）近頃大ナル人口ヲ持ツテ居ル処ノ地ニ於テハ余程幼稚園増設ノ傾キガアル次第デアリマス、畢竟大ニ市町村立或ハ其他府県立等ノ幼稚園ヲ奨励スルト云フ趣意デハアリマセヌガ、既ニ現存シテ居ル所ノ幼稚園ト云フモノハ二百二十余アリ、将ニ大ニ起ラントシテ居ル際デアリマスシテ幼稚園ノコトニ関シテ多少ノ規程ヲ設ケ（たいと）(72)

つまり、都市部で幼稚園が増設される傾向があり、文部省としても今のうちに規程を設けたいというのである。では、これまで同省が奨励していた貧民のための「簡易幼稚園」はどのように位置づけられるのか。伊沢の質問は続く。

（伊沢）……当局者ノ御考ヘハ此幼稚園ノ設置規則ニ據ツテ行ク幼稚園ト云フモノハ、富ンダ子弟ヲ教育スルト云フ御考ヘデアリマスカ、或ハ一般ノ貧民デ、自分ガ実業カ何カニ出ル時ニ小供ノ預ケ所ガナイカラ、例ヘバ小供ヲ預ケテ置イテ夕方帰リニ連レテ行クト云フ方ノ趣意デアリマスカ……

（沢柳）……（この規程の趣旨としては）主トシテ貧民或ハ主トシテ富人ノ子弟ヲ保育スルト云フ意味ハ少シモ含ンデ居ラヌノデアリマスガ、此規定ノ中ノ或ハ小児ノ托児所、主トシテ職工ノ一日ノ労働ヲシテ居リマス者ノ為ニ托児所ト云フヤウナ規定（は）……マダ今日我国ノ有様デハ托児所ト云フモノヲ設立スル時機ニ達シテ居ルマイカト云フヤウナ考カラ、夫等ノ規定ハ省イテアリマス……(73)

同規程でいう幼稚園は富裕層のためのものか、或いは、貧民のための施設なのかと問う伊沢に対して沢柳は本来階級的な区別はないと前置きしたうえで、託児所のような規程は時期尚早なので省いたと述べている。ここに幼稚園は、「中産以上の家庭の幼児のための教育機関として性格づけられ」るのである(74)。

だが、伊沢の懸念は現実の問題に根ざしていた。当時、まだ地方の小学校には乳児や幼い弟や妹を連れて登校する児童が多かった。そこで彼らを一時的に学校で預る、所謂「子守学校」が数多く設立されていた。同規程の制定が、それに悪影響を与えることを伊沢は恐れたのである。

なぜなら、学齢未満児の施設の規程ができれば、たとえ当局者が意図しなくても、地方の教育関係者は自分の管轄する施設が規程を満たしているか否かを争い、それによって「誇リ顔」をするものも現れるだろう。そうなれば設備が不十分ながら、次善の策として「子守学校」等の設立を考える動きに水をさすことにはならないか。伊沢にいわせれば、「寧ロ現在アル子供ノ処分ヲドウスルカト云フ設備ガ、出来テ、其後ニ」このような規程がだされるべきであり、順序が逆だという(75)。

伊沢は、これまでの文部省の方針を代弁していたにすぎなかった。たしかに「中産以上の家庭の教育機関」を目的として規定された同規程は、従来文部省が奨励してきた「簡易幼稚園」とは、明らかに矛盾していた。

もっとも、沢柳も「簡易幼稚園」の必要性を否定していたのではない。伊沢の発言に関連して質問にたった手島精一には、託児所のような施設は将来必要になるだろうし「現ニ此ノ規定ニ幾分カ其事マデモ規定致シタイト考ヘタ位」(76)だと述べている。

だが、この問題について執拗に食い下がる伊沢に、沢柳は次のようにも答えている。

……先刻モ申シマシタ通リ幼稚園ハ以前カラアルノデアリマスガ、今日迄ハ保育ノ趣意方法設備ト云フコトガ何モ規程ガナイノデ、夫ヲ今回必要ナリト認メテ提出ニナッタ訳デスカラ、ドウカ御賛成ヲ願ヒマス(77)

ここでなによりも問題なのは、都市部に流行の兆しの見え始めた幼稚園が、もはや保育所的機能を切り離した中・上層の施設ばかりであるという現実であった。これを追認し今のうちに規制しないと手遅れになるという焦りが当局にはあったのではないか。つまり『示諭』で示した理想からかけ離れた施設として、幼稚園が一人歩きを始めていたのである。

後日伊沢も、この意味を納得し、以下のように発言している。

（同規程は）完全ナル規則ニナツテ居ルカラ其完全ナル規則ヲ以テ、一般ニ府県ニ起ル幼稚園ニ適用スルコトハ、却テ市町村費ヲ増スコトニナル、且又此ノ如完全ナル幼稚園ハ前ニ当局者ヨリ説明ノアツタ如ク寧ロ私立ニスベキモノデ、公立ニスベキモノデハナイト云フコトハ本員（伊沢）モ当局者ト同感デアリマス(78)

つまり、同規程は都市部を中心に設立される私立幼稚園を想定して設けた基準であった。従って、これにそった公立幼稚園が全国に続々と設立されることは、「喜ブベキコト」ではなく、むしろ「憂ウベキ」ことになる。そこで、一般の公立施設に相応しい「幼稚園ノ規則」を設ける必要がある(79)。これを伊沢が中心となり審議し、子守学校的機能をもった「保児場」の設置を付帯決議として、文部大臣に建議したという(80)。

3　「幼稚園」の誕生——教育意識のたかまりのなかで

やがて文部省当局者の予想したとおり、明治三〇年代の中頃から増え始めた都市部の私立幼稚園は、新中間層に経済的に支えられ、ついに明治四二（一九〇九）年には公立幼稚園を追い越していく(81)。これらの「幼稚園」は中上流階層の子弟が通う、いわば贅沢な施設であり、その教育内容は就学準備教育的な装いの強いものであった。

幼児教育のこのような展開は、国が一環して奨励していた貧民層のための「簡易幼稚園」とは正反対であった。たしかにこれは国民の教育意識のたかまりという意味では歓迎すべきことだが、国として奨励すべきことではなかった。それでも、放置できない段階にまで「幼稚園」が広がり始めていたのである。そこで「幼稚園」が中流以上の家庭の施設であるという現状を追認しながら、あくまで、学校ではなく家庭教育の不備を補う施設であることを再確認する必要がうまれたのであろう。

これによって、近代教育制度のなかで、日本の「幼稚園」が保育所的機能を切り離した形で位置づけられるのである。いわば近代日本の「幼稚園」は、民間の教育意識のたかまりのなかで誕生したといえよう。その一方で、「二葉幼稚園」が「二葉保育園」に改称するように、貧困者の子弟を対象とした施設は、幼稚園とは別の託児所（現在の保育所）という形で発達するのである。

結章

社会通念と教育意識

教育玩具と幼児教育の動向を手掛かりに、幼児期を含む子ども全体が、近代教育の対象として日本人に意識され始めるまでの過程を探ってきた。近代日本における子どもをめぐる環境の変化の源流をたどると、「遊び」をとおして教育するというフレーベル思想（幼児教育）や子どもを科学的な研究対象とする、いわゆる「児童研究」運動の成果が日本に紹介され、定着する、明治三〇年頃までさかのぼることができる。

この頃「学校」制度の普及とともに、一部の人々の間で乳幼児教育への関心がたかまり、「年齢」などに応じた子育てや「発達」を促進させる玩具の与え方などが議論され、「教育玩具」という造語が流行する。そして、それまで「手遊」やいたずらの道具にすぎなかった玩具も、都市部の教育熱心な家庭を中心に「教育的か、非教育的か」という基準で選別される。ここには「教育」を受け入れる側の心のなかに形成された教育意識の変遷が映しだされているという前提のもとに論を進めてきたが、これまでの議論を整理することで、あらかじめ序章で設定しておいた二つの課題を考察し、結論を導き出したい。

(1)　幼児教育と玩具が密接な関係をもつことが社会通念になるまでを明らかにする。

学歴や資格を取得することで職業を選択でき、社会的な階層を上昇させる可能性が極端に少なかった江戸期の身分制社会では、子どもに家（親）の仕事を継承するための勉強や修業はさせても、基本的に希望する職業に就くために目標を定め、幼いうちから塾や勉強に駆り立てる必要はなかった。従って玩具も、魔よけや病よけ・健やかな成長を託すなどの縁起物的な要素を含みながらも、より楽しく遊ぶためのモノにすぎなかった。幼児期の「遊び」に教育上の意義はなく、そこには「よい遊び」も「よい玩具」も存在しなかった。つまり「教育玩具」という発想が、産まれる素地がなかったといえるのである。

明治に入り、「四民平等」が実現し、建前上だれもが出身階層に関係なくその能力に応じて出世可能な「能力主義」社会が誕生する。そして、優秀な人材を選抜する場として学校制度が導入されると、「教育」を「出世」の手段として理解する層が現れ、学校教育への関心がたかまる。それが小学校入学前の幼児（就学未満児）へも向けられ始めるのが、明治二〇年代後半から三〇年代前半であった。これは明治二七年から遅くとも明治三五年の間に流行し始めたと思われる「教育玩具」という造語によく表れている。

高級品から安価な「おもちゃ絵」に至るまで「教育」という語は、当時幅広く流行したことが確認できるが、それは草創期にありがちな看板倒れのものが大半であり、「教育」というイメージだけが一人歩きしていた。やがて、明治三〇年から明治四〇年代にかけて、①保育理論が日本的に消化され恩物中心の保育が批判され、②玩具をはじめとする子ども用品の教育的な改良の研究が進む、そして③子どもの発達段階に応じて与えるべき教育的玩具が整理され（玩具分類表）、④それをもとに商品化する業者が現れる。

明治の終わりから大正にかけて、「子ども用品」の改良が商売としても成り立つほど、幼児教育への関心はたかまり、幼稚園関係者と「教育玩具」を販売する玩具業者、子ども用品の教育的な改良につとめる児童研究者等との三つの流れが合流する。そして、三越やフレーベル館などの企業を中心に、その商品化が進み、「教育玩具」は一般家庭へと広がり、「幼児教育」と「玩具」が密接な関係をもつことは、一種の社会通念となる。すなわち、近代的な教育制度が普及する過程と連動して、乳幼児の発達をうながすと大人が一方的に信じこむ「教育玩具」が社会に浸透し、「玩具は子どもの知的発達を促進させる」という社会通念が形成されるのである。

(2) このような社会通念を積極的に支持した人々の教育意識を考察する。

幼児を含む広い意味での「子ども」全体が、学校教育を受ける対象として、国民の各層に意識され始めると、そのような世間の風潮を敏感に感じ取った玩具商が、「教育」を商品化したものが「教育玩具」であった。「教育玩具」の流行はあらゆる層にまで及んでいるが、おもちゃ絵などの安価な玩具は名前だけで、その実態は従来のものとほとんど変化が見られない。「教育玩具」の「教育」とは、「教育に役立つ／教育効果を持った」という価値的・規範的なニュアンスを含んだ「あたかもある望ましい規範が共有されているような語」として、恣意的・無限定に拡大解釈される「子供の成長・発達に望ましい」という基準で用いられる語（広田照幸『教育言説の歴史社会学』名古屋大学出版会、二〇〇〇年、六〇～六一頁）だが、おそらく、安価な玩具を購入する人々は、高等教育を受けることで「立身出世」する人々を仰ぎみながら、意味もよくわからないままに、「教育」という語がかもしだすイメージだけを歓迎したのであろう。当時の玩具には、「教育」ブームにのって強引に普通の玩具に「教育」をこじつけた安易な内容のない商品が少なくない。

それでも（その内実はともかく）実際に何らかの教育的効果を期待して「教育玩具」の名のもとに開発され、商品化された百貨店などに並ぶ玩具を購入し、支えたのは、幼児をはじめとする子どもの教育に関心をよせる上層の人々とともに、資本主義社会の発展にともない社会成層の中間部分に新たに登場する新中間層であった。

学校教育がエリート選抜の役割を担うことを、人々が認識し始めると、経済的に余裕があり、上昇志向の強い家庭では、子どもへの教育が重大な関心となる。やがて、それが低年齢化し、家庭の教育にも波及すると、このような人々が主に「教育玩具」を支持し、知育（文字を媒介とする知識教育）偏重型幼稚園を必要とするのである。「教育玩具」は、将来学校教育に適応する「賢い子ども」を育てるために役に立つ玩具、つまり「遊びながら子どもの知的発達を促進させる」ことができる機能を備えていると大人が一方的にイメージを抱く玩具であった。

「教育玩具」が流行する明治三〇年前後には、幼稚園は一人歩きを始め、教育熱心な家庭の子どもを受け入れる施設となり、就学準備教育的な色彩を強くする。もはや、明治三〇年代に入ると、このような幼稚園の存在を無視できない段階まできていた。そこで急ぎ文部省は明治三二年に「幼稚園保育及設備規程」を設け、現状を追認し、児童保護的要素を切り離した「中産以上の家庭の教育機関」として幼稚園を位置づけるのである。

学歴主義が浸透した結果、幼児を含む子ども全体が教育対象として認識されると、教育熱心な家庭はわが子が学歴獲得競争に勝ち抜くための施設として幼稚園を必要としたのである。そして行政側は、平等な就学機会を保障するために、表向きは幼稚園を学校体系の外に置きながら、その実、中上流層のための就学準備教育の場であることを黙認したといえる。

つまり、民間の教育要求のたかまりが、「教育玩具」ブームを支え、国の教育行政を変化させ、文部省の思惑を越えて近代日本の「幼稚園」を誕生させたのである。

結論

先行研究によれば、一九一〇年～一九二〇年代（明治四三年～大正九年）に教育熱心な「教育家族」が誕生したとされる（中内敏夫「『新学校』の社会史」『国家の教師・民衆の教師』新評論、一九八五年、沢山美果子「教育家族の成立」『叢書産む・育てる・教える』第一巻、藤原書店、一九九〇年など）が、その源流をたどれば、「教育玩具」が流行を始める明治三〇年前後にまで遡ることができる。

明治三〇年前後には、幼児教育への関心が中上流層を中心にたかまるとともに、一般大衆の間にも子どもの発達に玩具がなんらかの影響を与えるということは、おぼろげなイメージとして浸透を始めていた。なかでも学校制度を支持する中上流層の教育要求が徐々にたかまり始め、その関心が幼児を含む子ども全体にまで向けられる時期と連動して「教育玩具」ブームがおこることが確認されるのである。

この頃から、子どもに教育が必要であり、それによって身につけた学歴が、就職・結婚・世間体など将来生活していくうえで有利な条件になることが社会通念となりはじめる。そして、それが文部省の思惑さえもこえて、児童保護の側面を欠いた幼児教育施設として、近代日本の「幼稚園」を誕生させたのである。

就学期間が明確化され、授業料も原則として徴収されないなど、義務教育制度が確立する明治三三年の小学校令の前後に就学率も上昇したとされるが、それは制度上の確立という問題だけではなかった。学校教育を受け入れる側の大衆の教育要求のたかまりが一部では連動していた。

従って、近代教育は上から強制的に押し付けられたというよりも、大衆の教育要求のたかまりが補い合う形で構築されたことが、「教育玩具」の動向を通して明らかになるのである。

註

序章

1　汐見稔幸は早期教育と育児行為の区別が曖昧であるために前者を次のように定義している。「①特定の能力や技能の習得を意図して、②できるだけ早い時期から開始するという指向性をもち、③働きかけに対する子どもの期待される反応を強く期待して行われる、④乳幼児への計画的働きかけである」（「現代早期教育事情」高良聖編著『警告早期教育が危ない』日本評論社、一九九六年、二六頁）。

2　市川珠理「葛藤する母親たち」前掲高良聖編著『警告早期教育が危ない』六七頁。

3　湯川嘉津美「教育玩具のパラドックス」加野芳正、矢野智司編『教育のパラドックス／パラドックスの教育』所収、東信堂、一九九四年、二五〇頁。

4　玩具の研究動向については、上笙一郎「日本の〈遊び＝おもちゃ研究〉のあゆみ」（『叢書日本の児童遊戯』別巻、クレス出版、二〇〇五年）がある。

5　なお、児童研究運動は、一八八〇年にボストンの小学校で新入学児を対象としたスタンレー・ホール（G. S. Hall）の調査研究に始まるとされる。岸本弘・岸本紀子「新入学児の心的内容」（『子どもの心理と教育』明治図書、一九六八年）、Hall, G. S., *Contents of Children's Mind on Entering School, Aspect of Child Life and Education*, 1907. 参照。

6　明治大正期の雑誌『児童研究』における玩具研究の動向は、是澤優子「『児童研究』にみる近代玩具観の潮流」（『人形玩具研究』第一七号、二〇〇七年）が参考になる。

7　松岡信義「アメリカの児童研究運動（Child Study Movement）――その思想と性格――」『教育学研究』第四九巻第四号、一九八二年、三五五頁。なお松岡は、アメリカの児童研究運動では、infancy を対象とした子育てに関する研究スタイルは運動にはならず、学校教育の改革をめざした子ども研究のスタイルは一つの運動になっていた、と指摘している。

8　山本敏子「明治期・大正期の心理学と教育（学）――子どもと教育の心理学的な研究の動向を手掛かりに――」『東京大学教育学部教育哲学・教育史研究室〈研究紀要〉』第一三号、一九八七年、一〇四頁。

9　『オモチャ教育論』東京堂、一九六九年、五二頁。

10　例えば、明治三二年の「高等教育会議」で普通学務局長沢柳政太郎は次のように述べている。「……幼稚園ヲ以テ教育上ノ一部トハ認メマスケレドモ、之ヲ以テ直ニ学校ノ一ノ種類ト云フコトニ認メタ譯デハナイノデアル……」（『第三回高等教育会議議事速記録』国立国会図書館蔵、三〇―三一頁）。詳しくは第5章第3節を参照されたい。なお、幼稚園が学校の一種として正式に規定されるのは、昭和二二（一九四七）年の『学校教育法』からである。

11　これは生まれや財産に関係なく国民すべてに、立身出世（階層上昇）の可能性を保障する平等社会である反面、能力差（学歴）によって「社会的選別と差別」を受けることを容認する社会でもある（堀尾輝久『教育入門』岩波書店、一九八九年、四九頁。なお『現代日本の教育思想』青木書店、一九七九年をあわせて参照）。

12　幼稚園数については、文部省『幼稚園教育百年史』（ひかりのくに出版、一九七九年）所収の「第一表　年度別幼稚園数、幼児数、教員数及び五歳児就園率」による。以下同様である。

13　例えば、倉橋惣三は次のように述べている。「幼児教育の要件を、こんなに理想的に具えているところは、家庭の他にはないのである。勿論、幼児教育のために施設せられている教育機関、即ち幼稚園にも多くの価値がある。幼時期教育の専門的教育と多年の経験とによる幼稚園の教育作用は、確かに家庭教育を補うものである……幼児教育の本来の要件を充たす点に於いて家庭に越すものはないのである」（「幼児の心理と教育」『子供研究講座』第三巻、昭和六（一九三一）年）。

14　『現代保育用語辞典』フレーベル館、一九九七年。

第1章

1 江戸の教育観・育児観については、櫻井庄太郎『日本児童生活史（新版）』日光書院、一九四八年、山住正己・中江和恵「子育てと子育ての書」『子育ての書』第一巻、平凡社、一九七六年、姫岡勤「封建道徳に表れたわが国近世の親子関係」『家族社会学論集』ミネルヴァ書房、一九八三年、小嶋秀夫『子育ての伝統を訪ねて』新曜社、一九八九年、石島庸男・梅村佳代編『日本民衆教育史』梓出版社、一九九六年を参照にした。

2 折口信夫「雛祭の話」『折口信夫全集』第三巻、中央公論社、一九九五年参照。なお雛祭りについては、有坂与太郎『雛祭新考』建設社、昭和一八（一九四三）年、山田徳兵衛『新編日本人形史』角川書店、一九六一年、是澤博昭『日本人形の美――伝統から近代まで、浅原コレクションの世界』淡交社、二〇〇八年をあわせて参照。

3 速水融『近世濃尾地方の人口・経済・社会』創文社、一九九二年、二四〇頁。

4 同前、八一頁。

5 速水融『歴史人口学でみた日本』文藝春秋社、二〇〇一年、一三一頁。

6 鬼頭宏「宗門改帳と懐妊書上帳――十九世紀北関東の乳児死亡率――」『近代移行期の人口と歴史』ミネルヴァ書房、二〇〇二年、九六～九七頁。

7 厚生労働省『人口動態統計』によれば、平成一五年度の乳幼児（生後一年未満）の死亡率は〇・三％である。

8 前掲、速水『近世濃尾地方の人口・経済・社会』所収「表九―二二表出生順位による幼児死亡」（二四六頁）参照。

9 日蘭学会『洋学史事典』雄松堂出版、一九八四年、七一頁。

10 前掲、速水『近世濃尾地方の人口・経済・社会』二四四～二四五頁。

11 ハルムート・オ・ローテルムンド（Hartmut O. Rotermund）『疱瘡神――江戸時代の病をめぐる民間信仰の研究』岩波書店、一九九五年、二一四～二一七頁。

12 鈴木牧之『北越雪譜』初編巻之二、岩波文庫、二〇〇二年、九六頁。前掲『疱瘡神――江戸時代の病をめぐる民間信仰の研究』一七三～一七四頁にも、九州の大村や天草で隔離する例などが紹介されている。

13 大島健彦『疫神とその周辺』岩崎美術社、一九八五年参照。

14 香川雅信「疱瘡神祭りと玩具――近世都市における民間信仰の一側面――」『日本学報』一五、一九九六年参照。

15 積極的に疱瘡神から守るというよりも、「疱瘡を人の意志で避けたり、人為的に取り除いたりすることは不可能」なので、「不可避的な伝染病をとにかく軽く乗り越え」るという、消極的な願いが表現されている（前掲『疱瘡神——江戸時代の病をめぐる民間信仰の研究』一二七頁）。

16 『小児必用養育草』元禄一六（一七〇三）年。

17 今日人形店などで販売される五月人形にもちいられる緑色の毛氈は、近年のことである。例えば、吉徳資料室所蔵の山本松谷画『子供あそび　床かざり』という明治三〇（一八九七）年頃の五月飾りの絵の毛氈は赤色である。

18 斎藤良輔『日本人形玩具辞典』東京堂、一九六八年、一三七頁。

19 山田桂翁『宝暦現来集』巻之二、天保二（一八三一）年（『近世風俗見聞集』第三、国書刊行会、大正二（一九一三）年、四〇八頁）。

20 「江戸末期下級武士の日記『桑名日記柏崎日記』にあらわれた玩具」『十文字女子学園短期大学紀要』第二一集、一九八九年、五三〜五五頁。

21 同前、五五頁。

22 『東京玩具人形問屋協同組合七十年史』東京玩具人形問屋協同組合、一九五六年、三頁。

23 古くは平安時代の『源氏物語』に、「あけくれのもてあそびものに思ひ聞えつるを」とあるように、玩具は「もてあそびもの」を語源としている。やがて「もちあそび」の語尾が省略され、代わりに接頭語の「お」が加えられて、音便により「おもちゃ」になったといわれる。式亭三馬『浮世風呂』初篇（文化六（一八〇九）年）をはじめ、江戸時代後期には「おもちゃ」という語が使われていたことがわかる（斎藤良輔『日本人形玩具辞典』東京堂出版、一九七七年、五九頁）。しかし、当時の書物や禁令をみると、「手遊」という表現のほうが一般的である。

24 北尾重政『江都二色』安永二（一七七三）年（吉徳資料室蔵）。

25 大蔵永常『広益国産考』第六巻、弘化年間（一八四四〜四七年）（吉徳資料室蔵）。

26 山田徳兵衛「明治の玩具（上）」『少国民文化』第二巻八号、昭和九（一九三四）年、三六頁。

27 前掲『宝暦現来集』巻之二（『近世風俗見聞集』第三、三七頁）。

28 同前、巻之十四、（同前、二八二頁）。

29 持遊細物やの上段には、「童子のもてあそび物、一切此所にあり。諸方の細工人おもひおもひあみたてをつくりて、此家に持来る。但、紙、薄板等をもつて造る雑品の物なり。」と記されている。

30 例えば、文政七（一八二四）年に出版された『江戸買物独案内』には、玩具、つまり「手遊」に独立の項目はない。手遊を扱っている店は「こ」の小間物の項に三軒、「ひ」の「雛人形」の項にある一八軒中「雛人形手遊問屋」が九軒みられるだけである。

31 手島精一「第五部第一類自其一至其六報告書」『第三回内国勧業博覧会審査第五部報告書』（『明治前期産業発達史資料勧業博覧会資料一二四』明治文献資料刊行会、昭和五〇〔一九七五〕年復刻）六～一一頁。

32 三谷一馬『明治物売図聚』立風書房、一九九一年参照。

33 例えば、『大猷院殿御実紀』寛永一九（一六四二）年五月五日には、家綱の初節句の飾りについての記述がある。前掲山田『新編日本人形史』参照。

34 『江戸鹿子』巻二、貞享四（一六八七）年（吉徳資料室蔵）。「年中行事」の項には、二月二七日から三月二日まで「ひいな道具売」、四月二七日から五月四日まで「甲人形売」と記されている。なお、江戸時代初期の「雛祭」は、雛道具を中心とする「雛遊び」という要素を多分に含んでいた。江戸の人形文化については是澤博昭『江戸の人形文化と名工原舟月』展図録、とちぎ蔵の街美術館、二〇〇五年参照。

35 五月人形については山東京伝『骨董集』文化一二（一八一五）年（『日本随筆大系』巻八、吉川弘文館、昭和二〔一九二七〕年）参照。

36 前掲、有坂『雛祭新考』九一・一〇三～一〇四頁。

37 前掲、山田『新編日本人形史』一一八頁では、延享五（一七四八）年『絵本十寸鏡』となっているが、紹介された図版は『和泉川』のものである。

38 『西川祐信集』上巻、関西大学出版部、一九九八年（関西大学図書館影印叢書第六巻、第一期）一七二～一七三頁。

39 四壁庵茂蔦『わすれのこり』下、一八五四（安政元）年（『〔続〕燕石十種』第二巻、中央公論、一九八〇年、一三九頁）。

40 これらの雛・雛道具については是澤博昭「寛政の改革と芥子雛・雛道具――極小美の誕生――」『東洋大学アジア・アフリカ文化研究所研究年報』第三六号、参照。

41 元禄一七（一七〇四）年から「はま弓」「菖蒲甲」「東帯之雛」「雛道具」などとともに、金銀のかな物などを用いた「持てあそひ物」、すなわち豪華な玩具に対する禁令がでている（『江戸町触集成』第二巻、塙書房、一九九四年、四八六頁）。

しかし、この「持てあそひ物」が、八寸以上の市松人形や雛道具に代表される芥子細工などを指していることも多い。あくまで禁令の中心は、節句に関連する人形類であった。例えば、宝暦九（一七五九）年、享和三（一八〇三）年の禁令（『江戸町触集成』第六巻、一〇七頁、同第一一巻、九五頁）。

42 川口洋「十八世紀初頭の奥会津地方における嬰児殺し――嬰児の父親が著した日記を史料として――」『近代移行期の人口と歴史』ミネルヴァ書房、二〇〇二年、六七頁。なお間引きついては大田素子「少子化と近世社会の子育て――マビキの社会史」（『一家族の社会史』岩波書店、一九九一年）、「もう一つの〈子どもの発見〉――一八～一九世紀日本農村における子ども期と子育て文化」（『人間発達と心理学』金子書房、二〇〇〇年）をあわせて参照。

43 柳田国男「小児生存権の歴史」『定本柳田国男集』第一五巻、筑摩書房、一九六三年、三九五頁。

44 同前、三九五～三九六頁

45 同前。

46 柳田国男『こども風土記』朝日新聞社、昭和一七（一九四二）年、二九頁。

47 近世史料研究会編『江戸町触集成』第一二巻、塙書房、一九九九年、一六九頁。

48 『東京市史稿』第五三巻、東京都、一九六三年、七〇一頁。

49 『東京府統計表』、但し小木新造『東京庶民生活史研究』日本放送出版、一九七九年、五七三～五七四頁。

50 前掲『江戸町触集成』第一二巻、一二一頁。

51 斎藤月岑『東都歳時記』天保九（一八三八）年（『東洋文庫二二一東都歳時記三』平凡社、一九七二年、六四頁）。

52 もっとも町人の子どもだけで、武士の子どもは拾はなかったという（菊池貴一郎『絵本江戸風俗往来』東陽堂、明治三八〔一九〇五〕年、但し『東洋文庫五〇絵本江戸風俗往来』平凡社、一九九一年、一八八頁）。なお、平出鏗次郎『東京風俗志』（富山房、明治三一〔一八九八〕年）をあわせて参照。

53 柳田国男『小さき者の声』（『柳田国男全集』二二）参照。

54 前掲柳田『こども風土記』五六頁。

55 前掲『北越雪譜』二編巻之一（岩波文庫、一九七～一九八頁）。

56 前掲、皆川「江戸末期下級武士の日記『桑名日記柏崎日記』にあらわれた玩具」五二頁。

57 『和俗童子訓』巻之二、宝永七（一七一〇）年（『子育ての書』第二巻、平凡社、一九七六年、一四頁）。

58 前掲『江戸町触集成』第一一巻、三一三頁。
59 中田幸平『日本の児童遊戯』社会思想社、一九七〇年、三六頁。
60 寺島良安『和漢三才図会』正徳二（一七一二）年、巻一七嬉戯部（東京美術、一九九〇年復刻、二八九頁）。なお、前掲中田『日本の児童遊戯』をあわせて参照。
61 前掲『江戸町触集成』第六巻、四七一頁。
62 前掲、斎藤『日本人形玩具辞典』九〇頁。
63 前掲『江戸町触集成』第六巻、四五三頁。
64 前掲『和俗童子訓』巻之一（前掲『子育ての書』第二巻、一七頁）。
65 岡熊臣『農家童子訓』上之巻、文政三（一八二〇）年（同前、二二〇頁）。
66 大蔵永常『民家育草』上之巻、文政一〇（一八二七）年（同前第三巻、二一八頁）。
67 手島堵庵『前訓』口教一、安永二（一七七三）年（同前第二巻、二三八〜二三九頁）。
68 江村北海『授業編』巻之一、天明三（一七八三）年（同前、一四七〜一四八頁）。
69 同前、一四八頁。
70 同前、一四八〜一四九頁。
71 例えば、『和俗童子訓』巻之三は六歳から習い事を始めることを述べている。

第2章

1 佐藤秀夫「近代日本の学校観再考」『教育学研究』第五八巻三号、一九九一年、二〇二頁。
2 堀尾輝久「学校の現在と学校論の課題」（『講座学校一』柏書房、一九九五年、八頁）。また、近代の学校制度はすべての国民を学校に集め、そこから国家に有益な人材を選別することも目的の一つであった。その能力選抜の役割を担ったのが学校であり、そこで発行する卒業証書（学歴）を「人びとが社会システムや社会制度のもとである地位を獲得する」時に、資格として重視するイデオロギーが「学歴主義」であるといわれる（天野郁夫編『学歴主義の社会史』有信堂、一九九一年、二二一頁）。
3 旧暦にもとづく生活習俗（年中行事・祭礼）が失われていくのに学校の普及が一定の役割を果たしたことを、高橋敏は指摘している。学校は「父母等部落共同体の人びとに接近し」、彼らを取り込み「小学校は村の文化センターの機能を果たす」。そして小学校教育から生まれ定着した数々の学校行事（運動会・遠足・修学旅行など）に地域の習俗は駆逐されるという（『日本の民衆教育史研究』未来社、一九七八年、二六九頁）。

4　石井研堂『明治事物起源』第一五編暦日部「五節の廃止」（ちくま学芸文庫、一九九七年復刻）。

5　文部省布達一二五号、明治六（一八七三）年一〇月七日（「明治六年九月文部省伺十五」『公文録　文部省之部』）。

6　湯川嘉津美『日本幼稚園成立史の研究』風間書房、二〇〇一年、八九頁。

7　日本保育学会『日本幼児保育史』第一巻、フレーベル館、一九六八年、九一頁。

8　岡田正章「『博覧会見聞録別記　子育の巻』解説」（『明治保育文献集』別巻、日本らいぶらり、一九七七年、一〇頁）。

9　近藤真琴『博覧会見聞録別記　子育の巻』（前掲『明治保育文献集』第一巻、二八～二九頁）。

10　同前、七五頁。

11　前掲、岡田「『博覧会見聞録別記　子育の巻』解説」一六～一七頁。

12　近藤真琴は「一級事務官海軍六等出仕」として、派遣の職務は「出品目録諸著書編集」、また博覧会では「編集写真」を担当している（田中芳男・平山成信編『澳国博覧会参同記要』澳国博覧会事務局、一八九七年、『明治前期産業発達史資料』第八集〈二〉、明治文献資料刊行会、一九七四年復刻。以下『発達史資料』として巻数のみを記す）。

13　『近藤真琴伝』攻玉社学園、一九八六年、八二頁。

14　同前、一〇三頁。

15　同前、九五頁。

16　『近藤真琴資料集』攻玉社学園、一九八六年、一二五頁。

17　古川正雄（天保八〈一八三七〉～明治一〇〈一八七七〉）は、緒方洪庵の適塾で福沢諭吉と同窓であった。安政五（一八五八）年福沢とともに上京、築地鉄砲州の塾に同居し、塾生第一号となった。また、「慶応義塾仮憲法」制定以前の最初の塾長でもあったともいう。後に、幕府海軍に出仕し、戊辰の役の榎本艦隊に従軍し、維新後築地海軍兵学校教官などを務めた。明治九（一八七六）年には中村敬宇らと訓育院を設立している（丸山信編著『福沢諭吉とその門下書誌』慶応通信、一九七〇年、八三頁）。海軍兵学校の関係で近藤とは旧知のなかであり、その交遊関係は家族ぐるみだったことは近藤の書簡からも推測できる（「明治六年五月二七日家族宛書簡」前掲『近藤真琴資料集』一二六頁）。また、ウィーン万博では「一級事務官正院六等出仕」として近藤とともに「出品目録諸著書編集」の職務を担っていた（前掲『澳国博覧会参同記要』）。
18 近藤真琴「第二区第十四類第十五類第十六類」『第二回内国勧業博覧会審査報告書』（『発達史資料』一五六、七～八頁）。
19 吉見俊哉『博覧会の政治学』中央公論社、一九九二年、一三二頁。
20 同前、一二七頁。
21 前掲、近藤「第二区第十四類第十五類第十六類」六頁。
22 同前、七～八頁。
23 詳しくは第5章を参照にされたい。
24 前掲、近藤「第二区第十四類第十五類第十六類」八頁。
25 同前、一三頁。
26 同前。
27 同前、一九頁。
28 近藤真琴の生涯は前掲『近藤真琴伝』の年譜を参照。
29 手島の生涯については『手島精一先生伝』（手島工業教育資金団、昭和四〔一九二九〕年）所収の「編年略記」を参照。
30 同前、二一九頁。
31 同前、五八～五九頁。
32 『教育博物館案内』教育博物館、明治一四（一八八一）年、二～三頁。
33 同前、三頁。
34 同前、四～六頁。
35 前掲『手島精一先生伝』四九頁。
36 『教育時論』第一一号、明治一八（一八八五）年八月五日、八頁。
37 同前、八～九頁。
38 『教育博物館規則』教育博物館、明治二〇（一八八七）年。
39 前掲『手島精一先生伝』五九頁。
40 同前、五〇頁。

41 明治九年一月四日附文部省伺「日本文部省出品」『公文録』明治九（一八七六）年。
42 倉橋惣三・新庄よしこ『日本幼稚園史』東洋図書、昭和九（一九三四）年（臨川書店、一九八三年復刻）一四頁。
43 石附実「フィラデルフィア博覧会と日本の教育」吉田光邦編『十九世紀日本の情報と社会変動』京都大学人文科学研究所、一九八五年、四二九～四三〇頁。
44 前掲『手島精一先生伝』二一八頁。
45 『明治十年内国勧業博覧会出品目録』（『発達史資料』一八四）。
46 『明治十年内国勧業博覧会出品解説』（『発達史資料』第七集《三》）。
47 前掲、倉橋・新庄『日本幼稚園史』一〇三頁。
48 同前、三六一頁。
49 同前、三六六頁。
50 前掲『明治十年内国勧業博覧会出品解説』。
51 手島精一「第五部第一類自其一至其六報告書」『第三回内国勧業博覧会審査報告書』（『発達史資料』一二四、五頁）。なお第三回博覧会から「第五部教育及学芸」が一部門として独立し、審査部長は文部次官の辻新次、審査官は手島の他、普通学務局長服部一三、文部省視学官西村貞などであった。手島は各審査官の意見を総合して報告書をまとめている。
52 同前、四一～四二頁。
53 同前、七頁。
54 同前、一五～一六頁。
55 同前、一六～一七頁。
56 同前、一七頁。
57 同前。
58 同前、一七～一八頁。
59 同前、一八頁。
60 同前。
61 同前。

62　倉橋惣三「幼児の心理と教育」『大正昭和保育文献集』第八巻、日本らいぶらり、一九八三年、七三頁。

第3章

1　明治四四（一九一一）年発行の『実業家人名辞典』（東京実業通信社）によれば、大貫は弘化二（一八四五）年に常陸国旧松岡藩士の家に生まれ、明治七（一八七四）年茨城県拡充師範学校を卒業、福島県に赴任し「学務、地誌編纂、衛生、勧業」等の分野で活躍し賞を受けること六回、同一四（一八八一）年九月文部省に転じ、「褒章課報告局、東京師範学校、文科法科両大学に転職し賞を受くる事五回」、同一九（一八八六）年に「官を退き爾来家庭教育の改良に従事」し、明治二三（一八九〇）年の第三回内国勧業博覧会に「教育玩具」を出品したという。そして同二七（一八九四）年には区会議員になり、『実業家人名辞典』が発行された明治四四年現在も議員として活躍するほか、学務委員、区教育会副会長、兵事会衛生会検疫所の理事などつとめている、と記されている。

2　『東京玩具卸商同業組合史』東京玩具卸商同業組合、昭和一〇（一九三五）年、一四〜一五頁。

3　『東京諸営業員録』編集兼発行人・賀集三平、明治二八（一八九五）年、六九三頁。なお、同書は明治二六（一八九三）年七月頃から実地調査を始め、中等以上の営業家約一万二千名を列挙した、いわば現在の「買物マップ」である。

4　手島精一「第五部第一類自其一至其六報告書」『第三回内国勧業博覧会審査第五部報告書』（『明治前期産業発達史資料勧業博覧会資料一二四』明治文献資料刊行会、一九七五年復刻）一一頁（以下『発達史資料』として巻数のみを記す）。

5　前掲手島精一「第五部第一類自其一至其六報告書」。

6　関谷末松編『内国勧業博覧会独案内』文栄堂、明治二三（一八九〇）年の巻末にある文栄堂の広告を参照。

7　大貫『修身教訓画解説』第二輯、文栄堂、明治二四（一八九一）年、九三〜九四頁。ただし、原本（国立国会図書館蔵）は、この部分が乱丁になっており頁が入れ替わっている。

8　前掲、大貫『修身教訓画解説』九三頁。

9　同前。

10　前掲、手島「第五部第一類自其一至其六報告書」六、一一頁。

11　前掲『内国勧業博覧会独案内』の広告。

12　同博物館の「家庭玩具」の展示は、「体育玩具」「手芸玩具」「知育玩具」「文字玩具」「算術玩具」に分類していた（西村

正三郎「教育博物館縦覧記」(第二回)『教育時論』第一三〇号、明治二一(一八八八)年一一月二五日)という。
13 『第三回内国勧業博覧会出品目録』(『発達史資料』一四一)一二一~一二三頁。
14 前掲、手島「第五部第一類自其一至其六報告書」一一~一二頁。
15 同前、一二頁。
16 小島百藏『自分を語る』小竹書房、昭和一四(一九三九)年、一〇三頁。
17 前掲、小島『自分を語る』『玩統会報』第一巻第五号(日本玩具統制協会、昭和一八(一九四三)年)等を参照。なお、小島は青年時代に出版業界にいた関係から業界の機関紙『東京玩具商報』の発行委員を二〇数年間にわたり担当し業界の情報にも詳しかった。
18 前掲『実業家人名辞典』。
19 前掲『東京諸営業員録』三七四頁。
20 前掲『東京玩具人形問屋協同組合七十年史』三三三~三三四頁。
21 前掲『東京諸営業員録』三七七頁。
22 「教育家秘蔵蒐集会陳列品説明」『教育時論』第一八七号付録、明治二三(一八九〇)年六月二五日。
23 山田徳兵衛「東京堂のレッテル」『トイジャーナル』一九七六年七月号。
24 前掲小島『自分を語る』九九~一〇〇頁。
25 市村尚久「児童理解と教育――アメリカにおける史的展開――」『現代教育問題史』明玄書房、一九七九年、一一二頁。
26 珠玖捨男『日本小児科医史』南山堂、一九六四年、一四〇~一四二頁。
27 前掲、市村「児童理解と教育――アメリカにおける史的展開――」一一七頁。
28 鳥越信『日本児童文学』健帛社、平成七(一九九五)年、一二~一八頁。
29 『家庭雑誌』第四巻三六号、家庭雑誌社、明治二七(一八九四)年八月の巻末の広告。
30 民友社については坂本武人「民友社の婦人・家庭論」同志社大学人文科学研究所『民友社の研究』雄山閣、一九七七年参照。
31 石田雄『現代政治の組織と象徴』みすず書房、一九七八年、二九〇頁。
32 同前、二九〇頁。

33 『家庭雑誌』第一巻一号、家庭雑誌社、明治二五（一八九二）年、三二頁。
34 前掲『子育ての書』第一巻、解説、四四頁。
35 『家庭雑誌』、第一巻五号、明治二五（一八九二）年、七頁。
36 良妻賢母については小山静子『良妻賢母という規範』勁草書房、一九九一年、参照。
37 『幼稚園教育百年史』（ひかりのくに出版、一九七九年）所収の『年度別幼稚園数、幼児数、教員及び五歳児就園率』によれば、明治三四（一九〇一）年の一一園を境に大正六（一九一七）年まで、毎年ほほ二桁の伸びを示している。
38 『日本幼児保育史』第三巻、フレーベル館、一九六九年、三〇頁。
39 浦辺、宍戸、村山編『保育の歴史』青木書店、一九八一年、二五頁。
40 竹内洋『日本の近代一二　学歴貴族の栄光と挫折』中央公論社、一九九九年、一四頁。
41 国立教育研究所編『日本近代教育百年史』第四巻学校教育二、財団法人教育研究振興会、一九七四年、一〇〇九頁。
42 「教育」という語については、石川謙「我国に於ける教育なる語の沿革」（『教育学辞典』第一巻、岩波書店、昭和一一〔一九三六〕年）の教育の項目及び森重雄『モダンのアンスタンス――教育のアルケオロジー――』ハーベスト社、一九九三年参照。
43 広田照幸『教育言説の歴史社会学』名古屋大学出版会、二〇〇〇年、六〇〜六一頁。
44 明治・大正期の『三越』『三越タイムス』は吉徳資料室に所蔵されている。
45 佐藤秀夫『ノートや鉛筆が学校を変えた』平凡社、一九八八年、五四頁。
46 日本金属玩具史編纂委員会編刊『金属玩具史』一九六〇年、一一〇〜一一七頁。
47 「新聞紙に現れたる児童」『児童研究』第三巻二号、明治三三（一九〇〇）年、三四〜三六頁。
48 同前、三六頁。
49 『婦人と子ども』第一巻二号、明治三四（一九〇一）年、七五頁。
50 多田敏捷編『おもちゃ博物館⑭』京都書院、一九九二年、八頁。
51 前掲石田『現代政治の組織と象徴』二九五頁。
52 中村五六・後藤牧太「第一部第一類」「東京勧業博覧会審査報告巻一」『東京勧業博覧会審査全書』、『発達史資料』二三一、一七頁。

53 「こども博覧会について」『日本の家庭臨時増刊　こども博覧会』第三巻四号、明治三九（一九〇六）年、二―三頁。
54 『児童研究』第九巻四号、明治三九（一九〇六）年、一―三頁。
55 前掲『日本の家庭臨時増刊』三七頁。なお、是澤優子「明治期における児童博覧会について（一）（二）」（『東京家政大学研究紀要　第三五集』『同三七集』）を併せて参照にされたい。
56 三越児童用品研究会編「明治年代に於ける児童に関する年表」『三越』臨時増刊第五回児童博覧会記念号、大正二（一九一三）年。
57 前掲中村・後藤「第一部第十六類」「東京勧業博覧会審査報告巻二」一一三頁。
58 和田実「玩具に就いて」『婦人と子ども』第八巻六号、明治四一（一九〇八）年、二七―二八頁。
59 中村五六「玩具の選び方」『婦人と子ども』第九巻二号、明治四二（一九〇九）年、二二頁。
60 『婦人と子ども』第九巻三号、一五―二〇頁。
61 和田実「玩具研究に就いて」『婦人と子ども』第九巻五号、二八―二九頁。
62 『児童研究』第一五巻二号、明治四四（一九一一）年、六一頁。
63 高島平三郎に関する先行研究には、次のものがある。加登田恵子「わが国における児童学の誕生と高島平三郎」（高島平三郎『教育に応用したる児童研究』日本図書センター、一九八五年）、北村三子「日本における近代的青年期概念の成立についての一考察――高島平三郎を手掛かりに――」（東京大学教育学部教育哲学・教育史研究室『研究室紀要』第一一号、一九八五年）、木山徹哉・小島新平「わが国初期の児童研究――高島平三郎を通して――」（『岡崎女子短期大学紀要第二五号』一九九一年）、木内陽一「明治末年における「児童研究」の様態に関する一考察――高島平三郎と松本孝次郎を中心に――」（『鳴門教育大学研究紀要（教育学科編）第八巻』一九九三年）、石井房枝「高島平三郎の小児研究と明治期における児童心理学」（『四日市大短大部紀要』第二九号、一九九五年）。高島の生涯や教育活動については『高島先生教育報国六十年』（高島先生教育報国記念会、昭和一四（一九四〇）年）に詳しい。なお、日本の心理学史については大泉溥『文献選集教育と保護の心理学明治大正期別冊解題』（クレス出版、一九九七年）を参照。当時の児童研究の動向については山本敏子「明治期・大正前期の心理学と教育（学）――子どもと教育の心理学的な動向を手掛かりに――」（東京大学教育学部教育哲学・教育史研究室『研究室紀要』第一三号、一九八七年）がある。また、教授（後に第一三代学長）として長く教鞭をとった東洋大学の図書館には、高島寄贈の文献と彼の主要著書の大半が所蔵されている。詳しくは拙稿「人形玩具と東洋大学――東洋大学に於ける児童研究の発展――」（『日本人形玩具学会第九回総大会・研究発表要旨集』一九九七年）を参照されたい。

64　元良が児童研究を大学院で講じ始めたのは明治三〇年かららしい。「大学院心理学研究は、教授元良勇次郎氏之を指導し、米国にて長く実験心理学を修めたる中島泰蔵氏、元良氏の監督の下に之を助く。学生は文学士松本孝次郎氏一人にして、氏は感知知覚注意等の原理を専攻す。……本学期よりは、新たに児童研究に着手し、既に二回ほど、高等師範学校の附属校と、高等女学校との生徒につき、聯想の試験を為せり……」（『教育壇』第五号、明治三〇〔一八九七〕年六月、六〇頁）。

65　当時の児童研究の動向については、高島平三郎「我国に於ける児童研究の発達」（『児童研究』第一巻二号、明治三一〔一八九八〕年）、前掲「明治年代に於ける児童に関する年表」を参照。

66　松岡信義「アメリカの児童研究運動（Child Study Movement）――その思想と性格――」『教育学研究』第四九巻第四号、一九八二年、三五五頁。

67　前掲、山本「明治期・大正期の心理学と教育（学）」一〇四頁。

68　『児童研究』第一巻四号、明治三一（一八九八）年、六～七頁。

69　同前、第一巻五号。

70　同前、第二巻五号。

71　同前、第三巻二号。

72　同前、第一二巻一一号。

73　明治三七（一九〇四）年に「デパートメントストア」宣言をして、同年一二月より三井呉服店から株式会社三越呉服店と改称し営業を開始する。三越の歴史については、『株式会社三越八五年の記録』株式会社三越、一九九〇年参照。

74　『みつこしタイムス』第七巻七号、明治四二（一九〇九）年、五八頁。

75　「第一回児童博覧会」については『三越タイムス』臨時増刊第七巻八号が詳しい。

76　同前、第八巻六号、明治四三（一九一〇）年、一五頁。

77　高島平三郎「オモチャ会講演について」『三越』第三巻一二号、大正二（一九一三）年、一～二頁。

78　巌谷小波「開会の辞」『三越』第二巻一三号、明治四五（一九一二）年、八～一二頁。

79　『みつこしタイムス』第九巻五号、明治四四（一九一一）年、五頁。

80　神野由紀『趣味の誕生――百貨店がつくったテイスト』勁草書房、一九九四年、一七一頁。
81　吉見俊哉『博覧会の政治学』中央公論社、一九九二年、一六一頁。
82　百貨店については前掲神野『趣味の誕生』、鹿島茂『デパートを発明した夫婦』講談社、一九九一年、北山晴一『おしゃれの社会史』朝日新聞社、一九九一年を参照。
83　『新社会学辞典』有斐閣、一九九三年参照。
84　前掲、森岡『現代家族変動論』六〇～六三頁。なお、家庭という問題は江橋崇「家族の肖像――遊びの世界における」（『かたち・あそび』第四号、日本人形玩具学会、一九九三年）に啓発されるところが多かった。
85　前掲、沢山美果子「教育家族の成立」一〇九頁。
86　竹内洋『NHK人間大学　立身出世と日本人』日本放送出版協会、一九九六年、八四頁。
87　新中間層の教育意識は、沢山美果子「童心主義子ども観の展開――都市中間層における教育家族の誕生」（青木一他編『保育の思想――日本』保育幼児教育体系一〇、労働旬報社、一九八七年）参照。
88　前掲『子育ての書』第一巻、解説、四七頁。
89　大正三（一九一四）年には約七五万五〇〇〇人、昭和五（一九三〇）年には九二万七〇〇〇人に増えている（大橋隆憲編『日本の階級構成』岩波書店、一九八二年、六〇頁）。なお前掲沢山「童心主義子ども観の展開」参照。
90　前掲鹿島茂『デパートを発明した夫婦』一〇四頁。
91　前掲、神野『趣味の誕生』一二四～一二六頁。
92　前掲、鹿島茂『デパートを発明した夫婦』一〇九～一一三頁。
93　前掲、沢山「教育家族の成立」一〇九頁。
94　巌谷小波「小は大を兼ぬる」（前掲『日本の家庭臨時増刊』三七頁）。
95　家族も家庭と同じく、近世の「家」と異なる何ものかを示すために明治の中ごろから大正期にかけて採用されたファミリーの翻訳語であり、夫婦を中心とする近親者の結合という意味である（森岡清美『現代家族変動論』ミネルヴァ書房、一九九三年、八七頁）。
96　『京都法学会雑誌』六巻二号（但し、森岡『現代家族変動論』五七頁）。
97　前掲、森岡『現代家族変動論』五九頁。また、一九世紀末から二〇世紀の初頭にかけて「都市では経済的な分配の諸機能がかなりの程度家業経営を離れて企業に移り、企業などの事業所からの給与所得で家計を支える人々が大きな比重を占めるようになった」。この給与所得に依存するいわゆるサラリーマン人口が都市部で小家族をささえる人々であり、その全世帯に対する比率は明治二一（一八八八）年の約一一％から明治三一（一八九八）年には約二五％、明治四二（一九〇九）年三三・五％にまでたかまっていた（同前、六二～六四頁）という。

98 『児童研究』第一二巻一一号、明治四四（一九一一）年、四二一～四二三頁。

99 『みつこしタイムス』第七巻一四号、二八～三二頁。

100 例えば、関寛之は幼稚園時代（四～六歳）の玩具に雛人形を分類している（『玩具と子供の教育』広文堂、大正一四（一九二五）年）。

101 『婦人とこども』第一〇巻一号、明治四三（一九一〇）年、一二頁。なお、三越の児童用品の購買層である新中間層が支えた「童心主義」の子ども観について、沢山美果子は「土着の共同体の中に生きる民衆の子ども」ではなく「ブルジョア的な意味での子ども発見」であった（前掲沢山美果子「童心主義子ども観の展開」七八頁）としている。

102 倉橋の生涯・著作・研究文献については森上史郎『子どもに生きた人・倉橋惣三――その生涯・思想・保育・教育――』フレーベル館、一九九三年が詳しい。

103 前掲、山本「明治期・大正前期の心理学と教育（学）」九九頁。

104 前掲『東京玩具卸商同業組合史』一六頁。

105 例えば「明治二十九年以降玩具輸出入表」（同前、二八～二九頁）よれば、大正五（一九一六）年の玩具の輸出額は、大戦勃発時の三倍の七一四万円になり、さらに大戦終了直後の大正九（一九二〇）年には二一一八万九千円に達している。

106 同前、一四五頁。なお、『平和記念東京博覧会事務報告書』上・下巻、東京府、大正一三（一九二四）年をあわせて参照。

107 関の主要著書・生涯、玩具の科学的分類表については、前掲拙稿「人形玩具と東洋大学――東洋大学に於ける児童研究の発展――」を参照されたい。

108 前掲、関『玩具と子供の教育』一頁。

109 同前、三三三頁。

110 同前、三三九頁。

111 同前、三三四～三六七頁。

112 同前、一八〜一九頁。

113 関寛之『我子のおもちゃ――年齢性質による選び方与え方』（文化生活研究会、大正一五（一九二六）年）二〜三頁。

114 例えば、大正一五（一九二六）年には「皇孫御誕生記念子供博覧会」、また翌年には、いわゆる「青い目の人形交流」が行われている。また、人形交流については拙稿「青い目の人形交流誕生の背景とその波紋」（『渋沢研究』第五号、一九九二年）、「渋沢栄一・国民外交の行方――日本に於ける世界児童親善会への認識」（『渋沢研究』第六号、一九九三年）、「一九二七年日米人形交流にみられる国民意識――『一等国』日本のコンプレックス――」（『渋沢研究』第八号、一九九五年）を参照されたい。

115 東京市社会教育課『玩具の選び方と与え方』実業之日本社、大正一五（一九二六）年、二頁。

116 「学務課主任会議ニ於ケル普通学務局長指示事項」『文部時報』第二〇七号、大正一四（一九二五）年。

117 『東京玩具商報』第二八三号、昭和二（一九二七）年、三頁の他、前掲小島『自分を語る』二二三〜二二九頁をあわせて参照。

118 『東京玩具商報』第二八七号、昭和二（一九二七）年、二頁。

119 『文部時報』第二五二号、昭和二（一九二七）年九月一一日。

120 拙稿「人形・子ども使節の誕生――昭和初期の国際交流の動向を中心として――」（『人形玩具研究』第一七号、二〇〇七年）参照。

第4章

1 『幼児保育辞典』明治図書、一九八〇年。また、管見のかぎりでは、積木に関する史的考察はほとんどない。文字積木に関する研究としては、中谷陽子「教育玩具『いろは文字積木』の史的考察」（『月刊国語教育』三〇〇号、一九九七年）がある。

2 公文教育研究会『くもんファクトリー』カタログ、二〇〇〇年。

3 現在第十条は、「幼稚園には学級及び幼児数に応じ、教育上及び保健衛生上必要な種類及び数の園具及教具を備えなければならない」と改正されている。これは園具・教具は時代の変化に対応し常に改善されるべきものであるという点から、「個別的・具体的な形での規定」が避けられた結果である。幼稚園の教育環境に関する調査研究協力者会議『幼稚園における教育環境の整備充実の在り方について（報告）』一九九四年一二月一三日、参照。

4　和久洋三「新しい玩具の時代」『日本人形玩具学会誌』第二号、一九九一年、六九頁。

5　同前。

6　文部省幼稚園課内幼稚園教育研究会『幼稚園における園具・教具活用事例集』ぎょうせい、一九九八年、九九頁。

7　対談荘司雅子・和久洋三「フレーベルの教育思想・遊具をめぐって」（『おもちゃの科学一　特集積木』小峰書店、一九八五年、二五頁）の荘司の発言。フレーベルについてはフレーベル（荒井武訳）『人間の教育』上・下、岩波書店、一九六四年、荘司雅子監訳『フレーベル全集』第四巻、玉川大学出版、一九八一年、荘司雅子『フレーベル研究』玉川大学出版、一九八一年、宍戸健夫『保育の森――子育ての歴史を訪ねて――』あゆみ出版、一九九四年等を参照。

8　「ドイツ国内はもちろん、アメリカや日本でも用いられたゴルダマーの幼稚園書（Goldammer, H., *Der Kindergarten Handbuch der Fröbel'schen Erziehungsmethode, Spielgaben und Beschö ftigungen*, 1869）には「3、Dritte Gabe : Der erst Baukasten」としるされている（湯川嘉津美『日本幼稚園成立史の研究』風間書房、二〇〇一年、一七四頁）。

9　荘司雅子「解説」前掲『フレーベル全集』第四巻、八〇一頁。

10　明治九（一八七六）年に設立された東京女子師範学校附属幼稚園は、明治一八（一八八五）年東京師範学校、同一九（一八八六）年高等師範学校、同二三（一八九〇）年に女子部が分離独立し女子高等師範学校、明治四一（一九〇八）年東京女子師範学校附属幼稚園にそれぞれ校名が変更になるが、ここではすべて附属幼稚園と略記する。

11　前掲、湯川『日本幼稚園成立史の研究』一七二頁、一八〇〜一八六頁。

12　『東京玩具卸商同業組合史』東京玩具卸商同業組合、昭和一〇（一九三五）年、三二頁。なお、日本玩具協会発行の『玩具界』一九五二年一一月号には、「木製玩具特集欄」として業界の聞き書きが掲載されている。

13　同前。

14　『東京玩具卸商同業組合史』は「〝人形の部〟を除いてほとんどは小島百蔵氏が執筆された」（『東京玩具人形問屋協同組合七十年史』東京玩具人形問屋協同組合、一九五六年、五四頁）。

15　小島百蔵『自分を語る』小竹書房、昭和一四（一九三九）年、『玩統会報』第一巻第五号（日本玩具統制協会、昭和一八（一九四三）年）等を参照。

16　岡田正章「『博覧会見聞録別記子育の巻』解説」一六〜一七頁。

17 近藤真琴『博覧会見聞録別記子育の巻』博覧会事務局、明治八（一八七五）年（『明治保育文献集』第一巻、日本らいぶらり、一九七七年、七四頁。以下、『保育文献集』として巻数のみを記す）。
18 近藤真琴「第二区第一四類第一五類第一六類」『第二回内国勧業博覧会審査報告書』（『明治前期産業発達史資料　勧業博覧会資料一五六』明治文献資料刊行会、一九七五年復刻、七～八頁。以下、『発達史資料』として巻数のみを記す）。
19 倉橋惣三・新庄よし子『日本幼稚園史』東洋図書、昭和九（一九三四）年（臨川書店、一九八三年復刻）一四頁。
20 『明治十年内国勧業博覧会出品目録』（『発達史資料』一八四、文二ノ四―五）。
21 『明治十年内国勧業博覧会牌褒状授与人名録』（『発達史資料』一八九、東京府三六頁、京都府七頁）。
22 桑田親五訳『幼稚園』上巻、文部省、明治九（一八七六）年（『保育文献集』第一巻）四三頁。
23 『教育博物館案内』教育博物館、明治一四（一八八一）年、五頁。
24 飯島半十郎『幼稚園初歩』青海堂、明治一八（一八八五）年（『保育文献集』第四巻）五五～五六頁。また、六年後の榎本常・平松三木枝『幼稚保育の手引』細謹堂、明治二〇（一八八七）年（『保育文献集』第六巻、九頁）では「木の積立立方体、長方体、方柱体、三角柱ノ木片」で「門、家、橋ノ形」を積み立てるものと説明している。
25 関信三「幼稚園創立法」『教育雑誌』第八四号（「保育文献集」第六巻）二六頁。
26 前掲、倉橋・新庄『日本幼稚園史』九二頁。
27 『文部省年報第一二年報（明治一七年分）』附録（宣文堂書店、昭和四一（一九六六）年復刻）五五六頁。
28 例えば、林吾一『幼稚保育編』金港堂、明治二〇（一八八七）年（『保育文献集』第三巻）、寺井与三郎『幼稚園保育術』大阪教幼書房、明治二〇（一八八七）年（『保育文献集』第三巻）。
29 『教育時論』第一八七号付録（明治二三（一八九〇）年六月二五日）三頁。
30 中村五六『幼稚園摘要』普及舎、明治二六（一八九三）年（『保育文献集』第八巻）五五～五七頁。
31 『玩具と遊戯』民友社、明治二七（一八九四）年、一二一～一三頁。
32 『日用実鑑　貴女の栞（上）』大倉書店、明治二八（一八九五）年、一二四頁。
33 石田雄『現代政治の組織と象徴』みすず書房、一九七八年、二九〇頁。
34 例えば、『教育壇』五号の「フレーベル会記事」同六号高島平三郎「小児研究」など。
35 A・L・ハウ『保育法講義録』岡山県教育会、明治三六（一九〇三）年（『保育文献集』第九巻）二一頁。ハウは前著

36 『保育法初歩』頌栄幼稚園、明治二六（一八九三）年（『保育文献集』第五巻）では、積木という語を使っていない。
37 東基吉『幼稚園保育法』目黒書店、明治三七（一九〇四）年（『保育文献集』第九巻）四五頁。
38 『婦人と子ども』第四巻四号、五一頁。
39 『三越タイムズ』ほか当時の玩具業界の記録は吉徳資料室所蔵資料を参照。
40 中村五六・和田実『幼児教育法』明治四一（一九〇八）年、フレーベル会（『保育文献集』第九巻）。
41 『フレーベル館七十年史』フレーベル館、一九七〇年、参照。
42 『玩具世界』第一巻四号、明治四四（一九一一）年。
43 『家庭と玩具』第二巻一号、大正五（一九一六）年、五頁。
44 『日本遊戯の解説』広文堂、大正一一（一九二二）年、一六三頁。
45 『子供賛歌』フレーベル館、昭和五一（一九七六）年、八二頁。
46 同前。
47 水野浩志「『保育法』解説」前掲『明治保育文献集』別巻。
48 宍戸健夫「幼稚園創立法」解説（『保育文献集』別巻）四六頁。
49 前掲、関「幼稚園創立法」二七頁。
50 湯川嘉津美「小西信八の幼稚園認識」（『人間の探求』第一五号、日本ペスタロッチー・フレーベル学会、二〇〇二年、八六頁）。
51 宍戸健夫『保育の森――子育ての歴史を訪ねて――』あゆみ出版、一九九四年、三六頁。
52 前掲、飯島『幼稚園初歩』第一巻、五五〜五六頁。ただし、飯島は組木という語を使用している。
53 前掲、倉橋・新庄『日本幼稚園史』一五八〜一六〇頁。
54 同右、一六〇頁。
55 同右、一八四〜一八五頁。
56 同右。
57 幼稚園数・就園率等については文部省『幼稚園教育百年史』（ひかりのくに出版、一九七九年）所収の「第一表年度別幼稚園数、幼児数、教員数及び五歳児就園率」による。以下、同様である。

57　東基吉「幼稚園学説及現今の保育法」『教育学術界』第四巻六号、明治三五（一九〇二）年、三〇頁。
58　東基吉「婦人と子ども（幼児の教育の前身）創刊当時のこどもと其頃の幼稚園の状況に就いて」（『復刻幼児の教育』別巻、名著刊行会、一九七九年）参照。
59　森上史郎『児童中心主義の保育』教育出版、一九八四年、八四頁。
60　前掲、東「婦人と子ども（幼児の教育の前身）創刊当時のこどもと其頃の幼稚園の状況に就いて」一八頁。
61　東は明治三五（一九〇二）年六月から「幼稚園学説及現今の保育法」を『教育学術界』（第四巻六号）に四回にわたり連載している。
62　中村は、明治二三（一八九〇）年に女子師範学校附属幼稚園の主任（翌年より主事に改称）となり、明治二五（一八九二）年同校教授に昇任、明治四二（一九〇九）年まで（途中三年間神奈川尋常師範学校長として転任）まで約二〇年間、幼稚園教育界の指導的地位にあった人物である。中村については、湯川嘉津美「中村五六のフレーベル理解——明治期におけるフレーベル受容の一断面——」（『人間教育の探求』第一八号、二〇〇五年）を参照。
63　宍戸健夫「明治中期における幼稚園——女子師範学校附属幼稚園分室の設立を中心に——」（『愛知県立大学児童教育学科論集』第二〇号、一九八七年）。
64　湯川嘉津美「中村五六の幼稚園観——女子師範学校附属幼稚園分室の設立をめぐって——」（『日本保育学会第五六回大会発表用資料』二〇〇三年）、及び、前掲湯川『日本幼稚園成立史の研究』三三一頁。
65　中村五六『幼稚園摘葉』普及舎、明治二六（一八九三）年、五五～五六頁（『保育文献集』第八巻）。
66　諏訪義英『日本の幼児教育思想と倉橋惣三』新読書社、一九九二年、九二頁。
67　「玩具研究部賛助員への配布玩具説明」（『婦人と子ども』第九巻七号、明治四二〔一九〇九〕年、二九頁）。
68　前掲『幼稚園摘葉』五六頁。
69　『京阪神連合保育会雑誌』第一〇号、明治三六（一九〇三）年、巻末の広告。
70　『婦人と子ども』第三巻第三号、明治三六（一九〇三）年、五四～六二頁。同要項は「明治三十三年文部省令第十四号小学校令施行規則」に基づき定められたものである。なお、明治三九（一九〇六）年四月の「女子高等師範学校付属幼稚園保育要項（抄）」が、前掲『幼稚園教育百年年史』（九五三頁）に採録されている。
71　同前、六一頁。

72 東基吉「女子高等師範学校付属幼稚園保育要項につきて」(『教育学術界』第七巻四号、明治三六(一九〇三)年、五五頁)。なお、これは明治三六年三月から六月まで(第六巻第六号、第七巻第二号、三号、四号)連載されている。
73 前掲『婦人と子ども』第三巻第三号、五四〜六二頁。
74 前掲、宍戸「明治中期における幼稚園」。
75 前掲、湯川「中村五六の幼稚園観」。
76 著者不詳「東京の貧民」『時事新報』明治二九(一八九六)年一〇月一一・一八・二五日一一月一・二二・二九日(中川清編『明治東京下層生活誌』岩波文庫、一九九九年)。
77 横山源之助『日本の下層社会』(岩波文庫、二〇〇二年)参照。
78 「女子高等師範学校付属幼稚園分室報告(抄)」(前掲『幼稚園教育百年史』九三二頁。以下、頁数のみ記す)
79 「明治廿八年二月二十二日甲第四四号女子高等師範伺」『文部省普通学務局例規類纂』第二編、明治二九(一八九六)年、(大空社、一九八七年復刻、一八五頁)。
80 尋常小学校の授業料の徴収が原則として廃止されるのは明治三三(一九〇〇)年の小学校令からである。
81 前掲、湯川「中村五六の幼稚園観」。
82 同前、三九頁。
83 前掲、宍戸「明治中期における幼稚園」三六頁。
84 同前、三七頁。
85 前掲「女子高等師範学校付属幼稚園分室報告(抄)」九三〇頁。
86 前掲、宍戸「明治中期における幼稚園」三七頁。
87 前掲「女子高等師範学校付属幼稚園分室報告(抄)」九三〇頁。
88 同前、九三三頁。
89 前掲「女子高等師範学校付属幼稚園分室報告(抄)」九三三頁。
90 前掲、森上『児童中心主義の保育』五二〜五三頁。
91 東基吉「幼児保育につきて」『婦人と子ども』第一巻二号、明治三四(一九〇一)年、六六〜六七頁。
92 前掲、東「婦人と子ども(幼児の教育の前身)創刊当時のこどもと其頃の幼稚園の状況に就いて」一〇頁。

93 東基吉「女子師範学校附属幼稚園保育要項につきて」(『教育学術界』第七巻四号、五一頁)。
94 前掲、東「婦人と子ども(幼児の教育の前身)創刊当時のこどもと其頃の幼稚園の状況に就いて」一二二頁。
95 前掲、東「女子師範学校附属幼稚園保育要項につきて」五五頁。
96 前掲、東「女子師範学校附属幼稚園保育要項につきて」(『教育学術界』第六巻六号、六二頁)。
97 東基吉『幼稚園保育法』目黒書店、明治三七(一九〇四)年(『保育文献集』第七巻、一〇九頁)。
98 前掲、東「幼稚園学説及現今の保育法(三)」(『教育学術界』第五巻二号、四五頁)。
99 高市次郎・フレーベル館については『フレーベル館七十年史』フレーベル館、一九七七年、を参照。
100 高市次郎「我国の恩物について」(高市慶雄『実地調査に基けるフレーベル全伝』フレーベル館、昭和一二(一九三七)年所収)(フレーベル館所蔵)六五〜六六頁。なお、同書はフレーベル館創業三〇年を記念して出版されたものである。
101 『文部省年報第一二年報(明治一七年分)』附録(宣文堂書店、一九六六年復刻)五五六頁。
102 前掲、倉橋・新庄『日本幼稚園史』七七頁。
103 同右、一〇七頁。
104 「土浦小学校幼稚園事項調査」(土浦小学校所蔵『土浦尋常小学校沿革誌備考』所収)。同史料については第5章註20を参照されたい。
105 土浦幼稚園設立の詳細は、第5章を参照されたい。
106 同社の創業は明治一三(一八八〇)年。大阪西区土佐堀裏町にあり、代表者は八木清九郎であった。ちなみに明治期の関西保育界の主要雑誌『京阪神連合保育会雑誌』の印刷も同社である。
107 『京阪神連合保育会雑誌』第七号、明治三四(一九〇一)年一二月、所収の大阪蔡倫社の広告。
108 「大阪蔡倫社幼稚園恩物代価表」『京阪神連合保育会雑誌』第一〇号、明治三六(一九〇三)年八月。
109 和田実「幼稚園問題二つ三つ」『婦人と子ども』第九巻第七号、明治四二(一九〇九)年、一一頁。
110 前掲、中村『幼稚園摘葉』五六頁。
111 同前。
112 前掲、湯川『日本幼稚園成立史の研究』一七三頁。
113 同前、一七八頁。

114 前掲「我国の恩物について」六七頁。
115 同前。
116 『婦人と子ども』第九巻九号、明治四二(一九〇九)年のフレーベル館の広告。
117 「フレーベル館の三〇年沿革小史」(前掲『実地調査に基けるフレーベル全伝』所収、七一頁)。
118 高市次郎「玩具店を開きて以来の余が感想」(『婦人と子ども』第九巻六号、三三一〜三三四頁)。
119 『婦人と子ども』(第九巻一〇号)のフレーベル館の広告。
120 和田実については東京教育専修学校編『和田実遺稿集』一九七六年の他、宍戸健夫「『幼児保育法』解説」(『保育文献集』別巻)、前掲森上『児童中心主義の保育』等を参照。
121 和田実「玩具に就いて」(『婦人と子ども』第八巻第六号、明治四一(一九〇八)年、二四〜二九頁)。
122 玩具の分類そのものは既に児童心理学者高島平三郎によって研究が進められていた。高島は玩具の年齢別分類をはじめ、「教育心理学的分類」「品種的分類」「材料的分類」など、あらゆる角度から玩具の分類を行っている。そして明治四一(一九〇八)年の南葵文庫の玩具展覧会からは「遊び方の分類」をも採用している(高島平三郎「玩具選択の注意」『児童研究』第一二巻第一一号、明治四二(一九〇九)年、四二一〜四二三頁)。その意味では、和田の玩具分類表はその域をでていない。
123 和田実「玩具研究に就て」(『婦人と子ども』第九巻第五号、明治四三(一九一〇)年、二八〜二九頁)。
124 高市次郎編集発行『保育法便覧全』フレーベル館、明治四四(一九一一)年、三一頁。なお同書の原本はフレーベル館にも所蔵されていない。同館の複製本を参照にした。
125 同前、六六頁。
126 同前、四一頁。
127 前掲、和田「幼稚園問題二つ三つ」八〜一二頁。
128 前掲『保育法便覧全』四五〜四八頁より作成。
129 『保育法』国民教育社、明治三九(一九〇六)年、一二八〜一二九頁(『保育文献集』八巻)。
130 『昭和十四年度保育用品目録』(フレーベル館蔵)。
131 『婦人と子ども』第九巻第七号、明治四三(一九一〇)年、二九〜三〇頁。

132 『昭和保育用品目録一九三四』（フレーベル館蔵）一三〜一四頁。
133 同前。
134 前掲『昭和十四年度保育用品目録』。
135 週刊朝日編『値段史年表』明治・大正・昭和、朝日新聞社、一九八八年を参照。なお『帝国統計年鑑』および『農商務統計年表』による、明治四〇（一九〇七）年の日雇い労働者の一人当たりの年平均一日の賃金は四九銭である。
136 同前。
137 前掲『保育法便覧全』の巻末の広告。
138 「構成遊び」は、「製造の遊びとも呼ばれる。物を組み立てたり、絵を描いたりする過程や結果を楽しむ遊び。積木・ブロック・粘土・折り紙・描画などさまざまな材料を用いて行われる……」（『現代保育用語辞典』フレーベル館、一九九七年）。また、『幼児保育学辞典』明治図書、一九八〇年では、構成遊びについて「幼児の空間知覚、空想力、創造力、洞察力、忍耐などを高め、知育にたいへん役立つ。構成玩具の断片はなるべく単純な形のものを、数多く与えるようにし、作る対象を指示せず、自由に遊ばせておくことがコツ。」と記されている。
139 『明治十年内国勧業博覧会出品解説』（『発達史資料』第七集（三）四七一〜四七二頁）。
140 近藤は kindergarten を童子園と訳している。
141 「明治一〇年五月五日学務第三九九号」（東京都公文書館所蔵）。なおこの資料は湯川嘉津美氏より提供されたものである。
142 大貫政教編『修身教訓画解説』第二輯、文栄堂、明治二四（一八九一）年、九六頁（国立国会図書館所蔵）。
143 『教育時論』第一一号、明治一八（一八八五）年八月五日は「手島精一君ガ英国等ニヨテ購求セラレタル教育品解説概目」を掲載している（八〜九頁）。そのなかで「家庭玩具ノ部」で「動物模形」「幼稚園恩物」など九点が紹介されているが「家屋組立木」はみられない。ただし普通教育の展示品に関して手島が中心となり収集したということから「家屋組立木」も手島が持ち帰った可能性がたかい。
144 『教育博物館案内』教育博物館、明治一四（一八八一）年、三頁。
145 田中家では当時東京に出張所があり、これらの玩具は東京で購入されたという。
146 中村五六・和田実『幼児保育法』フレーベル会、明治四一（一九〇八）年（『保育文献集』第九巻）一六二〜一六三頁。

147 『玩具のしをり』（北村玩具店、明治四五年）（国立国会図書館所蔵）。
148 ちなみに「教育品」は「かいてんたんごづかい」「じどうさんじゅつき」「ちきゅうぎ」「がくこうあそび」「さいしきあそび」「えいごあそび」「もんじあはせ」「はめゑあはせ」などである。
149 「新聞紙に現れたる児童」『児童研究』第三巻二号、明治三三（一九〇〇）年、『婦人と子ども』第一巻二号、明治三四（一九〇一）年等を参照。
150 『教育時論』第一八七号付録、二、三、九頁。
151 太田忠恕編『改良珠算術』東山堂、明治二六（一八九三）年の巻末の広告。
152 前掲「我国の恩物について」。
153 なお出典は明らかではないが、『フレーベル館七〇年史』の年表には、恩物を販売する店は佐藤商店と「大阪には明治三六年開業の天真堂」があったという記述がある（八〇頁）。
154 土浦市立土浦幼稚園所蔵。同園には東山堂製「教育玩器排板」も保存されている。
155 五歳児の就園率が三％なるのは大正一〇（一九二一）年、六％になるのは大正一五（一九二六）年である。戦前に限れば昭和一六（一九四一）年の一〇％が最高である。
156 日本保育学会『日本幼児保育史』第三巻、フレーベル館、一九六九年、三〇四〜三一六頁参照。
157 前掲、高市慶雄『実地調査に基けるフレーベル全伝』。
158 幼稚園数・就園率等については文部省『幼稚園教育百年史』（ひかりのくに出版、一九七九年）所収の「第一表年度別幼稚園数、幼児数、教員数及び五歳児就園率」による。
159 『婦人と子ども』第一五巻六号、大正四（一九一五）年の巻末の広告。
160 『婦人と子ども』第一七巻一一号、大正六（一九一七）年の巻末の広告。
161 同前。
162 『幼児教育』第一九巻第一一号、大正八（一九一九）年の巻末の広告。
163 同前。
164 前掲『保育用品目録一九三四』一二頁。
165 同前、二頁。

166 なお、「改良積木」・各パーツの別売りである「バラ積木」も同じである。

167 明治四〇（一九〇七）年から大正一五（一九二六）年の間に白米の小売価格は約二倍に、日雇い労働者の賃金は約四倍に跳ね上がっている（前掲週刊朝日編『値段史年表』参照）。

168 『幼児教育』第一九巻九号、大正八（一九一九）年の巻末の広告。

169 『幼児の教育』第三一巻第四号、昭和六（一九三一）年の巻末の広告。

170 白米の小売価格は昭和八（一九三三）年の時点で明治四〇（一九〇七）年ごろの水準近くまで、また、日雇労働者の一人一日当りの年平均賃金も、大正一五（一九二六）年の二円五銭から昭和六（一九三一）年には一円四〇銭まで下がっている。また、東京における白米の一〇キロ当たりの標準価格も、明治四〇年一円五六銭、大正一五年三円二〇銭、昭和八（一九三三）年一円九〇銭と乱高下している（前掲『値段史年表』一六一頁参照）。

171 山田徳兵衛「東京からみた――木製玩具回顧」『玩具界』一九四七年一月号、一〇頁。

172 『東京玩具商報』第四二五号、昭和一四（一九三九）年四月、二七頁。

173 松沢は明治二七（一八九四）年生まれ、高市と同じ愛媛県小野村の出身者で従兄弟にあたる。フレーベル館の創業間もない明治四三（一九一〇）年に入社し、昭和一六（一九四一）年に退社するまで同社の中核的存在であった。

174 前掲『東京玩具商報』第四二五号、二九頁。

175 同前。

第5章

1 岡田正章『日本の保育制度』フレーベル館、一九七〇年、一九頁。

2 管見の限りでは、各年代それぞれに焦点をあてた個別研究はあるが、これらの問題を全体の流れのなかで扱ったものは見あたらない。例えば、岡田正章「明治一〇年代の幼児教育機関の性格についての研究」（『人文学報』第四七号、昭和四〇〔一九六五〕年）、宍戸健夫「明治一〇年代における幼児保育政策の動向」（『愛知県立大学創立二十周年記念論集』一九八五年）、加藤繁美「幼稚園保育及設備規程の制定経緯に関する研究――第三回高等教育会議の議論を中心に――」（『名古屋大学教育学部紀要』第三三巻、一九八六年）がある。なお、幼児教育史の研究動向は湯川嘉津美「幼児教育史研究の課題と展望」（『日本教育史研究』第一三号）を参照。

3　東京女子師範附属幼稚園開業式の様子を保母豊田芙雄は「……唯々五六十人ばかりの富豪或は貴顕家の愛児を、夫々お附女中のごとき方附添来り、長方形なる講堂（遊戯室）に集合し、風車、蝶々などのうたをうたひて、幼稚にうたわせ、暫くして園児も慣れ、保姆もなれたる頃、皇后様の行啓を仰ぎ……」と回想している（倉橋惣三・新庄よしこ『日本幼稚園史』臨川書店、一九八三年復刻、三六頁）。また、園児には皇族をはじめ政府高官の子息も多かったという。

4　湯川嘉津美「田中不二麿の幼稚園施策とその性格――教育令における幼稚園規定をめぐって――」（『香川大学教育学部研究報告』第一部第八二号、一九九一年、一八四頁）。

5　『文部省第四年報（明治九年）』第一冊、五六頁。なお、明治一〇年代の幼児教育政策の動きについては前掲宍戸「明治一〇年代における幼児保育政策の動向」が詳しい。

6　同前、六二頁。

7　同前、五六頁。

8　前掲、宍戸「明治一〇年代における幼児保育政策の動向」八九頁。

9　『文部省第八年報（明治十三年）』二八頁。

10　佐藤秀夫「解題――一八八二（明治一五）年の学事諮問会と『文部省示諭』とに関する研究」（『学事諮問会と文部省示諭（教育史資料一）』国立教育研究所、一九七九年）を参照。

11　前掲『学事諮問会と文部省示諭（教育史資料一）』七八頁。

12　「学齢未満ノ幼児保育ノ事附説明」、引用は文部省『幼稚園教育百年史』ひかりのくに出版、一九七九年、資料編、五〇二～五〇三頁。

13　『大日本教育会雑誌』第四号、明治一七（一八八四）年二月二九日、四六～四七頁。

14　『文部省第八年報（明治十三年）』二八頁。

15　『大日本教育会雑誌』第七号、明治一七（一八八四）年五月三一日、三二一～三二三頁。

16　前掲、岡田「明治一〇年代の幼児教育機関の性格についての研究」八三頁。

17　同前、八七～八八頁。

18　同前、八八頁。

19　同前、八三頁。

20　「土浦小学校附属幼稚園事項調査」（土浦小学校所蔵『土浦尋常小学校沿革誌備考』所収）は明治一八（一八八五）年一月一八日から明治一九（一八八六）年一二月四日までの幼稚園の開園準備から開園直後の様子を詳細につたえる日誌である。また、現土浦幼稚園には校長が整理した『明治十八年四月起　幼稚園回議綴』明治二四（一八九一）年からの『幼稚園日誌』『保育証授与者名簿』『入園願』『退園願』の他、『明治廿三年五月改正　幼稚園図書器械名簿』『明治廿五年　図書器械名簿』『明治参拾年七月改　図書器械名簿』等が保存されている。これらの資料は一九九八年二月七日から三月二二日まで土浦市立博物館で開催される第二〇回特別展「幼稚園誕生――土浦幼稚園と明治期の教育玩具――」に出品されるとともに、同展図録に主な資料と所蔵目録が採録された。

21　『土浦幼稚園創立百周年記念誌』創立百周年記念事業実行委員会、一九八五年に明治一八（一八八五）年の「土浦小学校附属幼稚園事項調査」が採録されている。

22　『文部省年報』明治十八年、但し引用は前掲『幼稚園教育百年史』七九六頁。

23　『教育時論』第二三二号、明治一八（一八八五）年一一月五日、二二頁。

24　特に断りのないかぎり資料は「土浦小学校附属幼稚園事項調査」による。

25　前掲『文部省年報』明治十八年（『幼稚園教育百年史』七九七頁）。

26　『幼稚園回議綴』明治一八（一八八五）年六月二七日。

27　塚本こうの履歴書は『土浦尋常小学校沿革誌備考』に所蔵されている。

28　前掲『土浦幼稚園創立百周年記念誌』六八頁。

29　『幼稚園回議綴』明治一八（一八八五）年六月八日。

30　堤松子、小池敏子等の履歴書は『土浦尋常小学校沿革誌備考』に所蔵されている。

31　『明治天皇紀』、吉川弘文館、昭和四三（一九六八）年、明治一八（一八八五）年三月二八日条。

32　黒崎千晴「明治前期の土浦」（『土浦市立博物館紀要』第一号、一二頁）。

33　同前。

34　前掲『教育時論』第二三二号、二二頁。

35　『幼稚園回議綴』明治一八（一八八五）年一〇月一九日。なお「定期昇級及卒業試験」の記録から明治一八（一八八五）年一〇月の土浦西、東、女子各小学校の在籍児童数は七六四名であったことがわかる（『土浦尋常小学校沿革誌備考』所収）。

36 前掲『文部省年報』明治十八年（『幼稚園教育百年史』七九七頁）。
37 『幼稚園回議綴』明治一八（一八八五）年六月一三日。
38 彼らの履歴については土浦市立博物館の学芸員諸氏のご教示による。
39 なお、保育料は主に雑費にあて、保母の給料は開園時に積み立てた維持金の利子で支払っている。
40 但し、附属幼稚園は小学校と「性質ヲ殊ニスレハ学区外ノ幼児」が入園しても「学区内ノモノト同一ノ保育料」とするという取決めがあった（『幼稚園回議綴』明治一八（一八八五）年七月四日）。
41 「土浦小学校敷地賣却及教員給料生徒授業料徴収法議案并説明」（『土浦尋常小学校沿革誌備考』所収）。
42 同前資料によれば町民以外の子弟の授業料はやや割高であった。「他ヨリ同居寄留シテ月給金拾五円以上ノ職ニ在ル者ノ子弟ハ授業料金三拾銭……月給金拾五円未満ノ子弟ハ同金拾五銭ヲ収入スルモノトス」とある。
43 明治九（一八七六）年の開園時の女子師範附属幼稚園の保育料は一ヵ月二五銭「但し貧困ニシテ保育料ヲ収ムル能ハサルモノハ其旨申出ツヘシ」という但し書きがあったが、明治一一（一八七八）年二月の規則改正で倍の五〇銭、また入園時に五〇銭の玩器代を収めるように変わった。また、保育時間は毎日四時間であり、年末休業は一二月二五日から一月七日、冬季休業は二月一六日から二〇日、夏季休業は七月一一日から九月一〇日までであった（前掲倉橋・新庄『日本幼稚園史』五〇～五四頁）。
44 『大日本教育会雑誌』第二三号、明治一八年八月三一日、七五～七八頁。
45 前掲『学事諮問会と文部省示諭（教育史資料一）』、七七頁。
46 『大日本教育会雑誌』第二二号、明治一八（一八八五）年七月三一日、一二九～一三〇頁。
47 同前、第三八号、明治一八（一八八五）年八月三一日、一五～一六頁。
48 同前、一七～一八頁。
49 『教育時論』第二八号、明治一九（一八八六）年一月二五日、一三頁。
50 同前、一四～一六頁。
51 『教育時論』第五六号、明治一九（一八八六）年一一月五日、一四頁。
52 前掲、岡田「明治一〇年代の幼児教育機関の性格についての研究」八九頁。
53 『文部省年報第一九年報（明治二四年）』宣文堂書店、昭和四二（一九六七）年復刻、二八頁。

54 「女子高等師範学校付属幼稚園分室報告」（明治廿五年九月至同廿六年十二月）、引用は前掲『幼稚園教育百年史』資料編、九二八頁。
55 五前掲『幼稚園教育百年史』四五頁。
56 『保育学年報』一九六四年、二四〇頁。
57 湯川嘉津美『日本幼稚園成立史の研究』風間書房、二〇〇一年、三六六頁。
58 平出鏗二郎『東京風俗志』富山房、明治三一（一八九八）年（八坂書房、一九九一年復刻）五八頁。
59 『家庭雑誌』第九巻九九号、明治三〇（一八九七）年四月一〇日、二頁。
60 上笙一郎・山崎朋子『日本の幼稚園』（筑摩書房、一九九四年）九七頁。
61 「明治廿八年四月四日未普甲一九四号普通学務局通牒」『文部省普通学務局例規類纂』第二編、明治二十九年（大空社、一九八七年復刻）一八六頁。
62 『教育時論』第二三二号、明治二四（一八九一）年九月二五日、九頁。
63 『家庭雑誌』第一巻七号、明治二六（一八九三）年三月一五日、二七頁。
64 「明治廿六年七月卅一日発送己普甲一〇一八号普通学務局通牒山口県へ」前掲『文部省普通学務局例規類纂』第二編、二四二頁。
65 国分操『日用実鑑　貴女の栞（上）』大倉書店、明治二八（一八九五）年、八〇頁。
66 『家庭雑誌』第九巻九九号、明治三〇（一八九三）年四月一〇日、一〜二頁。
67 『フレーベル会報告』第三年（フレーベル会、明治三二（一八九九）年）三頁。
68 前掲、加藤「幼稚園保育及設備規程の制定経緯に関する研究」。
69 湯川嘉津美「幼児教育史研究の課題と展望」（『日本教育史研究』第一三号、一〇八頁）。
70 『第三回高等教育会議議事速記録』（国立国会図書館所蔵）三〇〜三一頁。
71 同前、三一頁。
72 同前、三二頁。
73 同前、三三頁。
74 この点について加藤繁美は結果的に「中産以上の教育機関」として性格づけられた事実と、政策者の意図とは厳密に区別して論じられなければならないと指摘している（前掲加藤「幼稚園保育及設備規程の制定経緯に関する研究」二二一頁）。たしかに、この点では同感だが、この問題に加藤は十分答えてはいない。むしろ政策者が「自ら推奨してきた『簡易幼稚園』設置促進策をも無視する形で議論を展開した」（同前、二〇八頁）と論じ、彼らがこれまでの幼児教育政策を顧みることもなく、幼稚園教育の性格づけをしたという論旨を展開している。しかし、既に見たように『文部省示諭』以来、保育所的機能をもつものとして幼稚園を普及させるという政策者の意向は一貫していた。また、それを当局者も十分に承知していたはずである。そうでありながら、なぜこの時期に、幼稚園を「中産以上の教育機関」として位置づけなければならなかったのか、ということが問題とされるべきではないだろうか。

75 同前。

76 同前、三四頁。

77 『第三回高等教育会議議事速記録』三五頁。

78 同前、二四七頁。

79 同前。

80 「保児場」の設置をはじめ高等教育会議の議論の内容については前掲加藤「幼稚園保育及設備規程の制定経緯に関する研究」が詳しい。

81 明治三四年には公立一八一園、私立七二園であった。この年から私立は急激な伸びを示し明治四二年には公立二〇八園、私立二三四園と比率が逆転する。

主要参考文献

【著書・史料】

香月啓益『小児必用育草』元禄一六（一七〇三）年
貝原益軒『和俗童子訓』巻之一、宝永七（一七一〇）年（『子育ての書』第二巻、平凡社、一九七六年）
北尾重政『江都二色』安永二（一七七三）年〔吉徳資料室蔵〕
江村北海『授業編』巻之一、天明三（一七八三）年（『子育ての書』第二巻）
山田桂翁『宝暦現来集』巻之二、天保二（一八三一）年（『近世風俗見聞集』第三、国書刊行会、大正二（一九一三）年）
斉藤月岑『東都歳時記』天保九（一八三八）年〔吉徳資料室蔵〕
大蔵永常『広益国産考』第六巻、弘化年間（一八四四〜四七）〔吉徳資料室蔵〕
四壁庵茂蔦『わすれのこり』下、安政元（一八五四）年（『（続）燕石十種』第二巻、中央公論、一九八〇年）
近藤真琴『博覧会見聞録別記子育の巻』博覧会事務局、明治八（一八七五）年（『明治保育文献集』第一巻、日本らいぶらり、一九七七年）
桑田親五訳『幼稚園』上巻、文部省、明治九（一八七六）年（『明治保育文献集』第一巻）
『教育博物館規則』教育博物館、明治一〇（一八七七）年〔国立国会図書館所蔵〕

関信三「幼稚園創立法」『教育雑誌』第八四号、明治一一（一八七八）年（『明治保育文献集』第二巻）
『教育博物館案内』教育博物館、明治一四（一八八一）年〔国立国会図書館所蔵〕
飯島半十郎『幼稚園初歩』青海堂、明治一八（一八八五）年（『明治保育文献集』第四巻）
関谷末松編『内国勧業博覧会独案内』文栄堂、明治二三（一八九〇）年〔国立国会図書館所蔵〕
大貫政教編『修身教訓画解説』第二輯　文栄堂、明治二三（一八九〇）年〔国立国会図書館所蔵〕
中村五六『幼稚園摘葉』普及舎、明治二六（一八九三）年（『明治保育文献集』第八巻）
太田忠恕編『改良珠算術』東山堂、明治二六（一八九三）年〔国立国会図書館所蔵〕
『玩具と遊戯』民友社、明治二七（一八九四）年〔吉徳資料室蔵〕
『文部省普通学務局例規類纂』第二編、明治二九（一八九六）年（大空社、一九八七年復刻）
平出鏗次郎『東京風俗志』富山房、明治三一（一八九八）年
『第三回高等教育会議議事速記録』明治三一（一八九八）年〔国立国会図書館蔵〕
高島平三郎「我国に於ける児童研究の発達」（『児童研究』第一巻二号、明治三一（一八九八）年）
東基吉「幼稚園学説及現今の保育法」（『教育学術界』第四巻六号、明治三五（一九〇二）年）
A・L・ハウ『保育法講義録』岡山県教育会、明治三六（一九〇三）年（『明治保育文献集』第九巻）
東基吉「女子高等師範学校付属幼稚園保育要項につきて」（『教育学術界』第七巻四号、明治三六（一九〇三）年）
東基吉『幼稚園保育法』目黒書店、明治三七（一九〇四）年（『明治保育文献集』第九巻）
菊池貴一郎『絵本江戸風俗往来』東陽堂、明治三八（一九〇五）年
中村五六・和田実『幼児教育法』フレーベル会、明治四一（一九〇八）年（『明治保育文献集』第九巻）
和田実「玩具に就いて」（『婦人と子ども』第八巻第六号、明治四一（一九〇八）年）
中村五六「玩具の選び方」（『婦人と子ども』第九巻二号、明治四二（一九〇九）年）
高島平三郎「玩具選択の注意」（『児童研究』第一二巻第一一号、明治四二（一九〇九）年）
高市次郎編集発行『保育法便覧全』フレーベル館、明治四四（一九一一）年
『玩具のしをり』北村玩具店、明治四五（一九一二）年〔国立国会図書館所蔵〕
東京市社会教育課『玩具の選び方と与え方』実業之日本社、大正一五（一九二六）年

関寛之『玩具と子供の教育』広文堂、大正一五（一九二六）年
関寛之『我子のおもちゃ――年齢性質による選び方与え方』文化生活研究会、大正一五（一九二六）年
『手島精一先生伝』手島工業教育資金団、昭和四（一九二九）年
倉橋惣三・新庄よし子『日本幼稚園史』東洋図書、昭和九（一九三四）年（臨川書店、一九八三年復刻）
『昭和保育用品目録一九三四』昭和九（一九三四）年〔フレーベル館蔵〕
『東京玩具卸商同業組合史』東京玩具卸商同業組合、昭和一〇（一九三五）年
倉橋惣三『玩具叢書玩具教育編』雄山閣、昭和一〇（一九三五）年
高市慶雄『実地調査に基けるフレーベル全伝』フレーベル館、昭和一二（一九三七）年〔フレーベル館所蔵〕
小島百藏『自分を語る』小竹書房、昭和一四（一九三九）年
『昭和十四年度保育用品目録』昭和一四（一九三九）年〔フレーベル館蔵〕
『高島先生教育報国六十年』高島先生教育報国記念会、昭和一五（一九四〇）年
柳田国男『こども風土記』朝日新聞社、昭和一七（一九四二）年
有坂与太郎『雛祭新考』建設社、昭和一八（一九四三）年
『東京玩具人形問屋協同組合七十年史』東京玩具人形問屋協同組合、一九五六年
日本金属玩具史編纂委員会編刊『金属玩具史』一九六〇年
山田徳兵衛『新編日本人形史』角川書店、一九六一年
『東京市史稿』第五三巻　東京都、一九六三年
『定本柳田国男集』第一五・二二巻、筑摩書房、一九六三年
斉藤良輔『日本人形玩具辞典』東京堂、一九六八年
『日本幼児保育史』第一〜三巻　フレーベル館、一九六九年
中田幸平『日本の児童遊戯』社会思想社、一九七〇年
『フレーベル館七十年史』フレーベル館、一九七〇年
岡田正章『日本の保育制度』フレーベル館、一九七〇年
山住正己・中江和恵編『子育ての書』第一〜三巻　平凡社、一九七六年

『明治保育文献集』別巻、日本らいぶらり、一九七七年
石田雄『現代政治の組織と象徴』みすず書房、一九七八年
『復刻幼児の教育』別巻、名著刊行会、一九七九年
文部省『幼稚園教育百年史』ひかりのくに出版、一九七九年
堀尾輝久『現代日本の教育思想』青木書店、一九七九年
東基吉「婦人と子ども（幼児の教育の前身）創刊当時のこどもと其頃の幼稚園の状況に就いて」『復刻幼児の教育』別巻、名著刊行会、一九七九年
フィッリプ・アリエス（杉山光信・杉山恵美子訳）『〈子供〉の誕生』みすず書房、一九八〇年
荘司雅子監訳『フレーベル全集』第四巻　玉川大学出版、一九八一年
荘司雅子『フレーベル研究』玉川大学出版、一九八一年
『大正昭和保育文献集』別巻、日本らいぶらり、一九八三年
『近藤真琴資料集』攻玉社学園、一九八六年
『近藤真琴伝』攻玉社学園、一九八六年
柄谷行人『日本近代文学の起源』講談社、一九八八年
佐藤秀夫『ノートや鉛筆が学校を変えた』平凡社、一九八八年
『株式会社三越八五年の記録』株式会社三越、一九九〇年
永田桂子『絵本観玩具観の変遷』高文堂出版社、一九九〇年
飯島吉晴『子供の民俗学——子供はどこから来たのか』新曜社、一九九一年
小山静子『良妻賢母という規範』勁草書房、一九九一年
速水融『近世濃尾地方の人口・経済・社会』創文社、一九九二年
神野由紀『趣味の誕生——百貨店がつくったテイスト』勁草書房、一九九四年
宮沢康人『大人と子供の関係史序説』柏書房、一九九八年
竹内洋『日本の近代一二学歴貴族の栄光と挫折』中央公論社、一九九九年
近世史料研究会編『江戸町触集成』第一二巻　塙書房、一九九九年

竹内洋『日本の近代一二学歴貴族の栄光と挫折』中央公論社、一九九九年
広田照幸『日本人のしつけは衰退したか』講談社現代新書、一九九九年
広田照幸『教育言説の歴史社会学』名古屋大学出版会、二〇〇〇年
本田和子『子ども一〇〇年のエポック』フレーベル館、二〇〇〇年
鬼頭宏『人口からよむ日本の歴史』講談社学術文庫、二〇〇〇年
湯川嘉津美『日本幼稚園成立史の研究』風間書房、二〇〇一年
上笙一郎編『叢書日本の児童遊戯』クレス出版、二〇〇五年
太田素子『子宝と子返し——近世農村の家族生活と子育て』藤原書店、二〇〇七年

【博覧会関係】

『明治十年内国勧業博覧会出品目録』(『明治前期産業発達史資料　勧業博覧会資料』一八四、明治文献資料刊行会、一九七五年復刻)
『明治十年内国勧業博覧会牌褒状授与人名録』(『明治前期産業発達史資料』一八九)
『第二回内国勧業博覧会審査報告書』(『明治前期産業発達史資料』一五六)
『第三回内国勧業博覧会出品目録』(『明治前期産業発達史資料』一四一)
『第三回内国勧業博覧会審査第五部報告書』(『明治前期産業発達史資料』一二四)
『東京勧業博覧会審査全書』(『明治前期産業発達史資料』二二一)

【土浦幼稚園関係】

『幼稚園誕生——土浦幼稚園と明治の教育玩具』展図録、土浦市立博物館、一九九八年
『土浦尋常小学校沿革誌備考』〔土浦小学校所蔵〕
『明治十八年四月起　幼稚園回議綴』〔土浦幼稚園所蔵〕

『幼稚園日誌』『保育証授与者名簿』〔土浦幼稚園所蔵〕
『入園願』〔土浦幼稚園所蔵〕
『退園願』〔土浦幼稚園所蔵〕
『明治廿三年五月改正　幼稚園図書器械名簿』〔土浦幼稚園所蔵〕
『明治廿五年　図書器械名簿』『明治参拾年七月改　図書器械名簿』〔土浦幼稚園所蔵〕

【雑誌】

『教育時論』
『三越』『三越タイムス』〔吉徳資料室蔵〕
『児童研究』第三巻二号
『教育壇』第五号
『婦人と子ども』第八巻六号
『家庭雑誌』第一巻一号（家庭雑誌社、明治二五（一八九二）年）
『東京玩具商報』
『京阪神連合保育会雑誌』
『文部省年報』
『玩具世界』第一巻四号、明治四四（一九一一）年
『家庭と玩具』第二巻一号、大正五（一九一六）年
『日本の家庭臨時増刊　こども博覧会』第三巻四号
『教育学術界』第四巻六号
『大日本教育会雑誌』第四号、明治一七（一八八四）年二月二九日

【論文】

山田徳兵衛「明治の玩具（上）」『少国民文化』第二巻八号、昭和九（一九三四）年
岡田正章「明治一〇年代の幼児教育機関の性格についての研究」『人文学報』第四七号、一九六五年
佐藤秀夫「解題――一八八二（明治一五）年の学事諮問会と『文部省示諭』とに関する研究」『学事諮問会と文部省示諭（教育史資料一）』国立教育研究所、一九七九年
松岡信義「アメリカの児童研究運動（Child Study Movement）――その思想と性格――」『教育学研究』第四九巻第四号、一九八二年
石附実「フィラデルフィア博覧会と日本の教育」吉田光邦編『十九世紀日本の情報と社会変動』京都大学人文科学研究所、一九八五年
宍戸健夫「明治一〇年代における幼児保育政策の動向」『愛知県立大学創立二十周年記念論集』一九八五年
中内敏夫「『新学校』の社会史」『国家の教師・民衆の教師』新評論、一九八五年
宮沢康人「近代子ども観の発明」『新しい子ども学三　こどもとは』海鳴社、一九八六年
加藤繁美「幼稚園保育及設備規程の制定経緯に関する研究――第三回高等教育会議の議論を中心に――」『名古屋大学教育学部紀要』第三三巻、一九八六年
山本敏子「明治期・大正期の心理学と教育（学）――子どもと教育の心理学的な研究の動向を手掛かりに――」『東京大学教育学部教育哲学・教育史研究室〈研究紀要〉第一三号』一九八七年
沢山美果子「童心主義子ども観の展開――都市中間層における教育家族の誕生」青木一他編『保育の思想――日本』保育幼児教育体系一〇、労働旬報社、一九八七年
宍戸健夫「明治中期における幼稚園――女子師範学校附属幼稚園分室の設立を中心に――」『愛知県立大学児童教育学科論集』第二〇号、一九八七年
皆川美恵子「江戸末期下級武士の日記『桑名日記柏崎日記』にあらわれた玩具」『十文字女子学園短期大学紀要』第二一集、一九八九年
沢山美果子「教育家族の成立」『〈教育〉――誕生と終焉』藤原書店、一九九〇年

佐藤秀夫「近代日本の学校観再考」『教育学研究』第五八巻三号、一九九一年
太田素子「少子化と近世社会の子育て——マビキの社会史」『一家族の社会史』岩波書店、一九九一年
湯川嘉津美「幼児教育史研究の課題と展望」『日本教育史研究』第一三号、一九九四年
湯川嘉津美「教育玩具のパラドックス」加野芳正、矢野智司編『教育のパラドックス／パラドックスの教育』所収、東信堂、一九九四年
太田素子「もう一つの〈子どもの発見〉——一八～一九世紀日本農村における子ども期と子育て文化」『人間発達と心理学』金子書房、二〇〇〇年
鬼頭宏「宗門改帳と懐妊書上帳——十九世紀北関東の乳児死亡率——」『近代移行期の人口と歴史』ミネルヴァ書房、二〇〇二年
是澤優子「明治期における児童博覧会について（一）（二）」『東京家政大学研究紀要　第三五集』『同三七集』一九九五年、一九九七年
是澤優子「『児童研究』にみる近代的玩具観の潮流」『人形玩具研究』第一七号、二〇〇七年

あとがき

本書は平成一九年一一月に大妻女子大学から博士（学術）の学位を授与された学位請求論文「日本における『教育玩具』の受容と展開――幼児教育の普及との関連を中心に――」（博人乙18号）に加筆、修正を加えたものである。参考のため、初出の論文名および掲載誌をあげておきたい。

第1章　「江戸時代後期の育児観にみられる遊びと玩具――教育玩具誕生前史――」（『人形玩具研究』第一七号、日本人形玩具学会、平成一九年三月）。

第2章　「明治前期に於ける幼児教育の普及と啓蒙――内国勧業博覧会を中心とする近藤真琴、手島精一の足跡を中心として――」（『保育学研究』第三三巻第二号、日本保育学会、平成七年一二月）。

第3章　「幼児教育普及に伴う玩具観の変容――『玩具教育観』の受容から浸透まで――」（『児童研究』第七四巻、日本児童学会、平成七年六月）。「教育玩具の時代――児童文化誕生前史――」（『日本人形玩具学会誌』第七号、平成八年六月。共著者：是澤優子）。

第4章　「近代玩具観の受容と浸透(1)――『積木』という翻訳語を中心として――」（『聖徳大学研究紀要』第一三

号、平成一四年一二月)。「近代玩具観の受容と浸透⑵——恩物から積木へ——」(『聖徳大学研究紀要』第一四号、平成一五年一二月)。「恩物批判の系譜——中村五六と附属幼稚園分室の再評価——」(『保育学研究』第四二巻二号、日本保育学会、平成一五年一二月)。「近代玩具観の受容と浸透⑶——教育玩具『積木』の誕生——」(『聖徳大学研究紀要』第一五号、平成一六年一二月)。

第5章「明治期の幼児教育政策の課題と変容——教育対象としての子どもの誕生——」(『保育学研究』第三五巻二号、日本保育学会、平成九年一二月)。「簡易幼稚園の設立経緯とその実像——土浦幼稚園とその時代——」(『幼稚園誕生——土浦幼稚園と明治期の教育玩具——』展図録、土浦市立博物館、平成一一年一一月)。「土浦西小学校附属幼稚園の設立」(『土浦市立博物館紀要』第一一号、平成一三年三月。共著者：湯川嘉津美)。「Acceptance of Childhood Education in the Early Meiji Period —— Kindergartens of Japan in the 1890s」(『聖徳大学研究紀要』第一七号、平成一八年一二月)。

「子ども・玩具・人形・幼稚園」を研究テーマとして一〇数年の歳月が流れたが、在野の研究者から出発した私が、学位論文をまとめることになろうとは夢にも思わなかった。

学生時代は、哲学科に席をおきながら、授業にも出席せず、映画館をはじめ寄席や劇場・美術館などに入り浸る日々であった。これといった将来の目的もなく、大学卒業後はいわゆる「フリーター」として三〇歳近くまで都内の某デパートの玩具売り場で過ごした。田舎の両親は一人息子の行動が理解できなかったようだが、両親を納得させる言葉もなく、日々遊び暮らしていた。息子の将来を案じながら、旅立った亡父には、本当に悪いことをしたと、中学生の親となった今、改めて思う。

ようやくそのような生活に疑問をもち始めた頃、埼玉県の私立東野高校の非常勤講師に採用された。現在の総合学習のような授業を担当することになり、玩具売り場のアルバイト経験があるという安易な理由だけで始めたのが、

「子どもと玩具」という授業であった。

問題意識はおろか専門的な知識もない私が、授業に行き詰るのに時間はかからなかった。授業を引き受けた責任感もあったが、非常勤とはいえ、せっかく射止めた教職をふいにするのがなにより癪で、テーマや資料を求めて手あたり次第いろいろなところを探し求めた。たまたま、浅草橋の吉徳資料室にお邪魔したとき、小林すみ江室長から日本人形玩具学会の設立の話を聞き、誘われるままに事務局を手伝うようになった。そして第四回総大会を東京家政大学の児童文化研究室が中心となり開催したことが縁で、同研究室の助手であった妻と知り合ったことが人形玩具と子どもとのかかわりに目を向けたきっかけであった。

おもえば第3章に当たる論文に着手してから流れた一五年は、それはそのままわれわれの結婚生活であった。その間仕事と乳幼児をかかえて夫婦ともども夜間大学院に入学し、同じ年にそれぞれの大学の専任講師として採用された。従って、通常の研究者がたどるレールにのらなかった私は、本当にいろいろな方々のご好意に支えられてきた。特に、上智大学の湯川嘉津美先生は、一四年前、見知らぬ人間が送りつけた論文を親切に論評してくださったことがきっかけで、幼児教育史の手ほどきから始まり、資料その他、本書の構成の細部にわたる助言とともに、学外副査までひきうけてくださった。本当にお世話になった。日本大学の広田照幸先生は草稿を読み、論旨の根幹にかかわる部分について懇切丁寧な助言をくださり、しかも出版社への仲介の労までとっていただいた。日本保育学会副会長をはじめ、さまざまな要職を歴任する大妻女子大学の柴崎正行先生は、激務のなか主査の労をとっていただいた。

なお本書の下敷きとなったのは、平成一〇年に東洋大学（大学院文学研究科教育学専攻）に提出した修士論文「日本における幼児教育の受容と展開――『教育玩具』と幼稚園の普及を中心として」である。大学院時代の指導教官東洋大学名誉教授松野安男先生との出会いがなければ、論文をまとめることもなかったかもしれない。本研究をまとめるにあたり、いつも折にふれ、読みかえしたのが、修士論文の提出一週間前に速達で送られてきた、先生の詳細な論文の添削であった。そのご好意になかなか答えることができず、日本人形の調査や研究に取り組んでいる間に、一〇年の歳月が過ぎてしまった。怠慢をおわびするとともに、改めて先生の学恩に感謝したい。また、副査であった元東洋大学学長の神田道子先生の講義にも勇気づけられた。これも大学院受験をすすめてくださり、公私ともに心配をおかけした比嘉佑典教授のおかげである。

第3章の明治期の教育玩具の調査では、三重県尾鷲市の土井子供くらし館館長土井由紀子氏に格別のご配慮をたまわった。第4章の積木に関する研究は、児童文化研究家上笙一郎先生のご助言である。第5章の土浦幼稚園の史料は、土浦市立博物館塩谷修学芸係長に紹介していただいた。明治前期の幼稚園の設立経緯と実態をつたえる貴重な史料を発表する機会を与えてくださったことに、心より感謝したい。同史料を読むにあたり、日本教育史の大家であった故佐藤秀夫先生にお世話になった。当時三〇代後半の厚かましい大学院生であった私は、たまたま単位互換が可能であった青山学院大学に先生が出講しているのを知った。これ幸いとばかりに、授業の合間に同史料の疑問点など質問すると、先生はいつも快く的確なアドバイスをくださった。また、特別に私の研究テーマを発表する場を授業内で設け、翌年は他大学での先生の講義の聴講を許していただくなど、二年間佐藤先生の学識の深い講義に接して、史料に接する態度と意味を教わったおもいがする。

大妻女子大学の中村圭吾家政学部長をはじめ、お忙しいなか副査として学位請求論文の審査をしてくださった松本壽昭・金田卓也・田代和美各先生には格別のお礼を申し上げたい。高校の講師で生計をたてるかたわら、週一回吉徳資料室の非常勤研究員として人形玩具関係の資料に直接ふれる機会とご指導を頂いた小林室長、前任校である聖徳大学短期大学部幸田真希教授をはじめ、聖徳大学児童学科の諸先生方及び児童文化コースの卒業生在校生の皆さん、土浦幼稚園の調査にご協力いただいた土浦市立博物館学芸員宮本礼子さんはじめ幼稚園のお母さま方、研究のきっかけをあたえてくれた清水敬作東野高等学校教諭、また図版の掲載にさいして、土井子供くらし館・吉徳資料室・土浦幼稚園・旧開智学校管理事務所・お茶の水女子大学附属図書館の方々にご配慮をいただいた。その他名前を記すことができないがお世話になったすべての方々に、こころより御礼を申し上げたい。

そして、世織書房伊藤晶宣氏のあたたかい心づかいと励ましがなければ、本書は完成しなかった。渋谷で御馳走になった泡盛は心にしみる味であった。

本研究は、平成六年度第八回佐藤（現、日本）玩具文化財団学術奨励金（研究テーマ「教育玩具出現に伴う伝統的人形観、玩具観の変遷――雛人形手遊問屋の終焉――」）及び平成一七年度科学研究費補助金　基盤研究（C）（研究課題名「近代日本の地域社会における幼稚園教育の社会的機能――茨城県土浦幼稚園を事例として」）をうけている。

最後に、児童文化研究の先輩であり、ある時はアシスタント、そして妻である優子と誕生から十四年間、この研究の支えであった娘の櫻子にも一言お礼をいっておきたい。

二〇〇九年二月一四日

是澤博昭

〈著者紹介〉
是澤博昭（これさわ・ひろあき）
1959年愛媛県生まれ。東洋大学大学院修士課程修了。聖徳大学人文学部児童学科専任講師を経て、現在、大妻女子大学家政学部児童学科准教授・博士（学術）
著書に『日本人形の美』（淡交社、2008年）、『公益の追及者・渋沢栄一』（共著）（山川出版社、1999年）、論文に「一九二七年日米人形交流にみられる国民意識——一等国日本のコンプレックス」（『渋沢研究』第８号）、「在米日本人移民からみた日米人形交流——移民法改正運動から国際文化交流へ」（『渋沢研究』第14号）、企画監修に「江戸の人形文化と名工原舟月」展（とちぎ蔵の街美術館、2005年）、「日本人形の美と幻想」展（茨城県立歴史館、2006年）などがある。

教育玩具の近代——教育対象としての子どもの誕生

2009年３月31日　第１刷発行 ©

著　者	是澤博昭
装幀者	M. 冠着
発行者	伊藤晶宣
発行所	(株)世織書房
印刷所	三協印刷(株)
製本所	三協印刷(株)

〒224-0042　神奈川県横浜市西区戸部町7丁目240番地　文教堂ビル
電話045(317)3176　振替00250-2-18694

落丁本・乱丁本はお取替いたします　Printed in Japan
ISBN978-4-902163-41-4